懷德海哲學入門
——超越現代與後現代

楊士毅◎著

序

　　哲學對實際世界的影響雖然間接而緩慢，但卻是永恆的。尤其是較具有豐富原創性且廣博深奧的知識論與形上學。英國哲學家懷德海（A. N. Whitehead, 1861-1947）即是二十世紀屬於上述類型的哲學家之一。

　　懷德海離開塵世已五十多個年頭，而其在東方的最重要知音之一——方東美先生（1899-1977）——也已圓寂二十多年。在這五十多年間，國際社會與學術界的變化也相當多元且複雜。最簡單的區分，即是由「現代」（大約1900-1960）走向「後現代」（1960之後），並即將由後現代邁向二十一世紀。然而，對一個永恆的哲學而言，五十多年實在是非常的短暫，更何況是二十多年。雖然，懷德海的著作全部完成於「現代」，但到了一九九三年，又被人視爲「後現代哲學」的創建者之一；而方東美的哲學，就整體言之，也是蘊涵後現代哲學的濃厚氣息。

　　不過，當我們將上述兩種哲學只單純的隸屬於後現代哲學，又未免太窄化它們。在即將跨入二十一世紀的年代，若我們深入理解這兩種哲學的內涵與後續開展，將會發現：他們是超越了現代與後現代，而邁向永恆的未來，並將產生生生不息的影響。本書將初步證實此點。

　　本書係由筆者於一九八〇年五月完成的碩士論文〈懷海德「事件」概念探討〉的第一章、第二章與附錄擴充而成。自寫完此論文到今日

補充齊全已近二十年。至於該論文的第三、四、五、六章、結論，則將置於計畫出版的《存在、價值與生命──懷德海與方東美》。

在這二十年中，人事丕變，我的心路歷程也數度轉折，但終於重新肯定當年的研究價值。其間曲折的情節，可參閱〈後記〉，所以，誠盼讀者優先閱讀此部分，相信更有助於扣緊本書的基本精神。

其次，筆者將Alfred North Whitehead譯為「懷德海」，其理由無非是「懷德海」中文念起來比舊譯「懷海德」更順口。

最後，願本書帶給您深思中的美好時光，當然更期望為哲學界與文化界注入一股新的生命力。

楊士毅

台灣台北

凡例——懷德海原著之縮寫與註解方式

　　本書中對懷德海原著之引述，概於文後註明出處，不列於附註。其註解形式以英文著作之縮寫再附以頁數，例如：《自然的概念》（The Concept of Nature）第一百頁，則以（CN 100）表之。其次，筆者的所有著作，若寫「cf.」或「參較」、「參閱」某某書第幾頁，即表示和原著的原文在表達上及內容上已略有出入，而無法還原，但可提供讀者去追溯原始資料。至於所引原文中，若有（　），則（　）中之內容係筆者所加。

　　有關懷德海原著之縮寫如下：

PM　　　　　　*Principia Mathematica.* 3vols. (With B. Russell) (Cambridge: Cambridge Univ. Press, 1910-1913)

IM　　　　　　*An Introduction to Mathematics* (New York: Oxford Univ. Press, 1978)

PNK　　　　　*An Enquiry Concerning the Principles of Natural Knowledge.* 1st. ed. (Cambridge: Cambridge University Press, 1919)

R　　　　　　*The Principle of Relativity.* (Cambridge: Cambridge Univ. Press, 1922)

CN　　　　　　*The Concept of Nature.* 3d ed., (Cambridge: Cambridge University Press, 1978)

SMW　　　　　*Science and the Modern World.* 1st ed., (New York:

The Free Press, 1967)

RM   *Religion in the Making.* 3d ed., (New York: The Macmillan Publishing Co., Inc., 1963)

SYM   *Symbolism, Its Meaning and Effect.* (New York: The Macmillan Publishing Co., Inc., 1958)

AE   *The Aims of Education and other Essays* (New York: The Macmillan Co., 1953)

PR   *Process and Reality.* Corrected ed., edited by David Ray Griffin and Donald W. Sherburne 1st ed., (New York: The Free Press, 1979)

AI   *Adventures of Ideas.* 1st ed., (New York: The Free Press, 1967)

MT   *Modes of Thought.* 1st ed., (New York: The Free Press. 1968)

ESP   *Essays in Science and Philosophy* (New York: Philosophical Library, 1948)

SCHILLPP   *The Philosophy of Alfred North Whitehead,* ed., by Paul A. Schilpp.2d ed., (New York: Tudor Publishing Co. for The Library of Living Philosophers, 1951)

DIAL   *Dialogues of Alfred North Whitehead, as recorded by Lucien Price,* (Boston: Little, Brown and Co., 1955)

目　錄

第一章
緒　論

一、劍橋風雲與懷德海的生平

由於英國劍橋大學的大學教育，無論是那一學門，都非常重視邏輯、數學以及通識教育的訓練，因此培養了相當多的人才。也可說，劍橋大學在人類文明史上確實占有非常重要的地位。從十七世紀的古典物理學家牛頓（Sir Isaac Newton, 1642-1727），到十九世紀生物學演化論的集大成者達爾文（Charles Robert Darwin, 1809-1882）；此外，劍橋的浪漫派詩人渥茨華滋（William Wordsworth, 1770-1850）、拜倫（George Gordon Byron, 1788-1824）、濟慈（John Keats, 1795-1821）等更是世界詩壇的風雲人物。

到了一八八〇年至一九五五年，它在各門學科更是人才輩出，引導世界潮流，真是意氣煥發的黃金時代。

物理學方面，劍橋出現了近代最偉大的原子物理學家之一拉塞福（Ernest Rutherford, 1871-1922）、湯姆生（G. P. Thomason, 1892-1975）、愛丁頓（A. S. Eddington, 1882-1944）等諾貝爾物理獎得主等。

在文學與語言學方面，則有開近代傳記文學先河、列名三大傳記文學家之一的史特拉屈（Giles Lytton Strachey, 1880-1952）及著名的文學家——《美麗新世界》的作者赫胥黎（A. L. Huxley, 1894-1963）、《阿拉伯勞倫斯》的作者蕭伯納（S. B. Shaw, 1856-1950）。

經濟學方面，劍橋原本在十九世紀即產生了提出「供給與需求均衡原理與數學曲線」的馬歇爾（B. A. Marshall, 1842-1924）。到了二

十世紀的此期，更出現了富於革命性的凱恩斯（John Maynard Keynes, 1883-1946）。

在史學上，則有崔佛林（G. M. Trevelyan），著有《英國社會史》，其對社會史的定義乃是「不涉及政治的歷史」❶，以有別於傳統政治掛帥及偏重以政治權力更替或鬥爭爲中心的史學或政治史。

在哲學上，更同時出現四位具有革命性與永恆性的大哲學家，那就是：懷德海（Alfred North Whitehead, 1861-1947）、羅素（B. Russell, 1872-1970）、摩爾（G. E. Moore, 1873-1958）以及維根斯坦（Ludwig Josef Johan Wittgenstein, 1889-1951）。本書所要論述的即是其中較年長的哲學家懷德海，但難免會涉及其他哲學家，尤其是其學生羅素之哲學。

懷德海係一八六一年二月十五日生於英國康特省（Kent）鄧納特島（Isle of Thanet）的藍斯格特城（Ramsgate）。祖父湯瑪斯·懷德海是個自立更生者，他創辦了一所男子學校而以「柴桑屋學院」知名，其後該校由懷德海的父親接掌。從這兒，可發現懷德海家族與教育志業的關係非常密切。母親是一位事業成功的軍中裁縫師的女兒。懷氏是他們的么兒。懷德海在童年由於身體虛弱，因此待在家中，由父親教導之，一直到十四歲才就讀於朵賽郡的雪朋學校（Sherbome School）。「他是一位天生的領袖人物，在學校的最後一年，他成了全校學生的首腦（head perfect），負責學生課外紀律的監督工作，並且他還是一位極成功的各運動組織的隊長，他也精通棘手的橄欖球運動」❷。從這兒可看出，人的體質是可以透過後天的努力去改造的。

中學畢業，他進入劍橋大學，研究數學。一八八四年由劍橋畢業

後，任該校三一學院的研究員兼講師，教授數學與力學。一八九〇年，懷氏二十九歲時與薇德女士（Marries Evelyn Willoughby Wade）結婚。夫人強烈的戲劇感與對美的一種異乎尋常的靈敏感受，對懷氏哲學的影響非常基本且重要。最基本的即是「她充滿活力的人生告訴懷德海，德性美與感性美是生存的目的，而且仁慈、愛與藝術性的滿足是達到上類美感的實踐方式。而邏輯與科學則是論述密切關聯的諸多典型，同時促成避免涉及不相干、不切題的事態」（ESP8-9）。一九〇三年，成為三一學院的高級講師（senior lecturer），而成為數學陣容之首。同年被遴選為英國皇家學會會員。不久，又成為三一學院的終身院士。在劍橋時期，由於懷德海有令人愉悅的幽默感與彬彬有禮的文雅風度，因此曾被人取個綽號叫「小天使」❸。一九〇五年獲三一學院理學博士。一九一一年，他五十歲時在倫敦大學學院（University College）任教幾何學與力學。一九一六年擔任數學協會主席，並發表著名的演說──「教育的目的──一項改革的呼籲」。一九一四到一九二四年，擔任倫敦大學帝國理工學院的應用數學教授，後任該大學理學院院長。

一九一八年，時值第一次世界大戰，懷德海擔任飛行員的么兒艾力克（Eric），在戰場上殉職。這個不幸的事件使懷德海非常傷心，也更強化其追求和平與和諧的信念，甚至使他認為建構哲學的最重要目的乃是為了消除任何的對立與紛爭，以走向圓融與和平之境。此外，也影響了其在哲學上對「和平與和諧」的詮釋，而不同於一般人所提出的意義；簡言之，不是完全無生滅、無成毀的那種和平與和諧。懷德海愛好和平，但不是和平主義者。對懷氏而言，羅素的和平

主義過於單純，因此，戰爭期間，懷德海與羅素常由於對和平的不同看法，而相互爭辯。但當羅素爲了反戰而坐牢時，懷德海仍去獄中探望羅素，依然維持摯友之情誼。依據羅素後來的回憶，羅素認爲懷氏所表現的寬容遠超過他當時所能回報的一切❹。

懷德海的樂於助人，使他廣受愛戴。雖然他待人非常謙恭有禮，但毫不軟弱，也不好爭。他精敏、和善、貞靜而固執。他的心智實際而均衡，有良好的機鋒而不尖苛。在懷氏身上乃結合了直觀的特殊天分、心智能力及堅毅與智慧的良善❺。一九一九到一九二四年，懷氏另外擔任倫敦哥德司密學院（Goldsmith College）行政部門的主席，這所院校是某些英國教師的主要訓練機構之一。一九二〇年獲頒曼徹斯特榮譽理學博士。懷德海由於爲人處世充滿善意、臨機應變能力很強、常識判斷也非常正確，因而使他成爲重要會議不可或缺的「會議人」（committeeman）。他曾經是一項「研查古典教育之地位」的會議中，唯一被英國首相指定一定要參加的科學家❻。就如羅素所說的：「他有一種驚人的機智，使他能在會議中，順利地解決各種事情，達到他所要的目的，而使那些把他看作只會處理完全抽象和不切實際事情的人，感到很驚訝。他很可能會成爲一個能幹的行政人才。」❼

懷德海充滿教育熱忱，對學生幫助很大，但也有異於一般教師的教育方式與生活習慣，羅素曾回憶說：「在我由學生漸漸地轉變成爲一個獨立作家的過程中，我得益於懷海德的指導實在太大了，我在發榜的前夕跑去見他，他對我的論文大加批評，雖然他的批評相當正確，但是我仍被弄得垂頭喪氣。當我翌日獲悉我已經被選爲劍橋大學的研究員時，懷海德夫人責備他對我的批評未免太苛刻了，但是他替

自己辯護說那是他能夠以老師的身分教訓我的最後一次機會了……此外，他有一個缺點，那便是他完全不會給人寫回信。關於這點，懷海德為自己辯護說，假如他經常要給人寫回信的話，他就沒有時間從事於獨創性的工作了，我認為他的辯護理由充分，無可非議。」❽因此，接到懷德海回信的學生往往競相轉告，欣喜萬分。

一九二四年，懷德海赴美，擔任哈佛大學哲學系教授，亦即到六十三歲高齡，才正式在哲學系所任教哲學。但立即由數學家、邏輯家的身分，轉化成舉世公認的大哲學家，尤其是形上學家。這種在晚年才教哲學系且成為大哲學家的事例，在歷史上是很少發生的。一九二六年擔任哈佛大學終身教授，一九三一年當選英國學術研究院（British Academy）院士。他在哈佛一直任教到一九三七年。當他在七十七歲高齡退休後，仍繼續從事學術研究與著述，並持續主持著名的「懷氏家中之週日夜談」，一直到其告別塵世。此種由在學學生、畢業生與社會人士參與的夜談內容，曾由參與者普萊氏(Lucien Price)記錄出版一部分，此即著名的《懷德海對話錄》。

一九四五年懷氏獲頒英國榮譽勳章（Order of Merit）。一九四七年卒於美國劍橋家中，享年八十七歲。「無葬禮。未出版的手稿及書信，依其遺願，由其妻毀之」❾。此處「無葬禮」主要是懷氏早已看破俗人的生與死，而且依其多重宇宙觀，塵世中「懷德海肉體」雖然消失，但是「懷德海自身」仍轉化到另一個真實世界，而且隨著整體宇宙不斷地創新，懷德海自身仍不斷地充實其永恆且具有創新性的生命歷程。

二、懷氏哲學在東西方哲學開展的重要地位——研究動機與寫作方式

　　二十世紀的西方哲學有一股非常重要的思潮，那就是：以剎那生滅且相互密切關聯的具體事件之流作為終極真實，並以此去解構傳統西洋哲學自亞里斯多德以來所強調的獨立自存、永恆不滅且是靜態的抽象實體（或譯自立體）（substance）之「實體哲學」，同時也以上述事件理論去駁斥早期柏拉圖哲學的將觀念理型界中完美永恆的觀念理型視為最根源性的真實。最早提出此種事件哲學者乃是英國哲學家兼數學家、邏輯學家——懷德海，但是以此種事件理論去解構實體哲學之快速傳播，卻是經由懷德海的傑出學生，也是著名的哲學家兼數學家、邏輯學家兼充滿實踐力的社會改革者——羅素。懷德海是羅素在劍橋大學時期的數學老師，但他們師徒的事件哲學雖然具有上列共通性，但仍有許多差異。這方面的差異，筆者將在本書中論述一部分，以便凸顯懷德海哲學的特色，並藉此闡明羅素的部分哲學。換言之，本書乃是以懷德海的事件理論為研究主題，並旁通至傳統與現代的某些重要的東西方思潮，藉以邁向未來。

　　在十九、二十世紀面對各種新數學、新邏輯、新物理學、新生物學的發展及其對人類文化的衝激，而能夠全面性深入理解上述種種新科學知識，並予以哲學化的正面吸收，但又理性化的批判上述科技思想與文化的種種缺憾，以締造新哲學的哲學家，除了羅素及當代科學哲學家外，就只剩下懷德海了。

但是科學哲學家的主要貢獻是在知識論與科學方法論，而羅素的全部著作雖然領域非常廣泛與多樣化，也確實可激發人們的人道關懷與追求自由民主的道德勇氣與熱情，並能培養人們寬廣的視野與避免陷入獨斷的流弊；但由於其哲學是以邏輯分析方法為主，並強調哲學必須強化科學性，因而主張嚴謹精確的逐一解決個別問題，而不是對各種知識經驗、哲學各分支部門及整體宇宙作整體性、概括性的綜觀與統會。誠然，英語世界的思想主流是偏向羅素型的精密嚴謹的局部分析，尤其是邏輯分析之研究進路，而且已產生非常豐碩且多樣化的成果。但不可否認的，人類世界不只需要非常嚴謹精確的分析，以深入且細節化地理解個別的存在事態，也需要從高空統觀存在的整體性。亦即人類除了需要羅素型的多元分立且精密分析的哲學，也仍然需要統觀性、整體性、高度概括性的機體哲學系統。後者一方面有助於人們理解整體性的樹林，另一方面也對下列事態，增添前者所遺漏的某些真實事態：(1)個別樹本身的某些內在真實；(2)個別樹與其他個別樹的相互內在關係；(3)個別樹與整體樹林間的相互關係；(4)某一個別樹在整體樹林間的價值與地位。總之，有助於理解身體感應到的有關存在的總體性與普遍性，進而有助於體驗個別存在的特殊性。此外，也可進一步拓寬吾人的視野，以及培養更深入、更廣泛的藝術才情與宗教情操，以便改革世界。懷德海哲學即是具備了上述特色與功能。

　　也可說，由於懷德海是一位非常博學且精深的哲學家，並且擁有多種超乎一般哲學家專長的特殊專長（尤其是數學、邏輯與形上學）。但更特殊的是，處於將哲學各分支部門精緻分工研究為主導的

二十世紀，誠然在各個部門均出現許多小哲學家，但能夠抵擋部分的誘惑，而能像古代古典型哲學家，在語言哲學、邏輯、邏輯哲學、數學、自然科學（物理、生物）、社會科學、知識論、形上學（含本體論與宇宙觀）、倫理學、哲學史、美學、藝術理論（或藝術哲學）、教育哲學、社會哲學等哲學各分支部門，都產生一些原創性的貢獻的哲學家，在當代，也只有懷德海、羅素、杜威、胡塞爾及海德格。但胡塞爾及海德格主要是負面批判科技思維、科技文化的缺憾，並未正面吸納科學知識所蘊含的哲學的正面價值。所以，能夠對科技作正面的吸納與回應且能從事整體性之攝握、同時又負面批判科技思維的缺失的人，就只剩下懷德海與杜威。但杜威對二十世紀的物理學、新邏輯、新數學的吸收能力，並不是非常強化。因此，最後就只剩下懷德海了。就如當代哲學史家李維（Albert W. Levi）所認為的：「在現代世界中，能夠抗拒對部分的誘惑，而嘗試企圖對整體獲得一極其精微的透視——即使此種透視是極其短暫——的哲學家，除了懷德海外，恐怕也只有杜威（J. Dewey, 1859-1952）和柏克森（H. Bergson, 1859-1941）了。懷德海同杜威一樣，他的哲學是一種綜合哲學，它嘗試綜合各種不同分殊學科的洞見，並連結人類常識的證言和普通的官能感覺、且和最難理解的近代物理學的概念相調和，同時又建構一種適切且充足的形上學，以便去克服十七世紀科學及十九世紀價值學說的二元論。」❿他接著又說：「懷氏哲學或許是整個西洋傳統的高峰統會」⓫。

　　但更重要的是，由於懷德海所建構的統觀式、整體性及個體相互關聯的機體哲學，乃是吸收了二十世紀的各種新科學，進而深入融攝

了現代世界的氛圍。因此，又超越了傳統強調整體性的體系哲學家，如柏拉圖、亞里斯多德、康德、黑格爾等。就如波蘭哲學家波亨斯基（I. M. Bohenski, 1905-）所讚賞的：「懷德海被認爲是當代英語界最傑出的哲學家，具有非凡的心智力……在這個全盤托付給二十世紀物理學、數學、生物學和哲學的時代裡，懷氏是居於領導的地位，是最現代化的哲學家。」**⓬**

從自然哲學或哲學宇宙論的長期發展觀之，在古希臘、古印度、古中國或世界各地的未文字文明化的許多原始民族，均曾透過非常豐富的創造想像力，而開展出相當多樣性的人與自然未清晰截然二分的哲學宇宙觀。而柏拉圖則在〈蒂邁歐篇〉（Timaeus）提出目的論的宇宙觀，並指出「非有（或無）是有的一種」（Not-being is a sort of being）（MT 53）**⓭**。亞里斯多德則以「形式—質料與潛能—現實」的互變所形成的「形質說」與「四因說」，去建構具有內在目的性的宇宙觀，以便去解釋宇宙萬有的變動。到了西方的中世紀，基本上還是以柏拉圖及亞里斯多德的宇宙觀爲基礎去開展，但卻蘊含了人與神、自然與神的二分與對立。

文藝復興之後，人與自然則截然清晰二分，並將自然哲學精密數學化，因而開展出伽利略（Galileo Galilei, 1564-1642）的天文學與牛頓著名的《自然哲學的數學原理》，而大幅度改造了人類的宇宙觀與實際生活世界，並影響至今日。

到了十九世紀，達爾文則提出了革命性的生物演化的宇宙觀，法國哲學家孔德（A. Comte, 1798-1857）則運用演化原理去研究人類知識與社會的演化歷程，並提出科學化且兼具歷史性的社會物理學，進

而開展出新的學門——社會學。到了二十世紀，近代物理中的愛因斯坦相對論與蒲朗克量子論又帶來不同於牛頓古典物理學所蘊含的機械論宇宙觀。但面臨此種變局，而能夠積極回應，並建構人與自然和諧交感、探索人與自然未截然清晰二分前的渾然爲一體的大自然、以及透過對整體宇宙的默觀（按：此處的「整體宇宙」意指整合人文社會宇宙、生物宇宙、物理宇宙、數學宇宙、邏輯宇宙、符號宇宙、以及人與自然融爲一體，所形成的整體世界），去建構系統化且圓融的現代形上宇宙觀，以便解消傳統目的論與機械論的對立，在當代也只有懷德海一人。

　　但懷德海的特殊貢獻並不只是如上述。他更如當代著名的歷程哲學家哈茨宏（Charles Hartshorne）所指出的：「懷德海是第一位以相當完整的形上學系統，具體地實現了現代邏輯中的關係邏輯（relational logic），或者說，懷氏乃是第一位將現代符號邏輯中的關係邏輯予以形上學化，進而發展成機體哲學或關係哲學的哲學家。其次，懷德海也可能是第一位將生物學演化原理與細胞理論（如細胞或生命成長、演化與環境互動的有機關係），運用於形上學或形上宇宙論的哲學家。就宗教哲學而言，懷氏是第一位以純粹哲學家身分而成爲偉大的哲學神學家（philosophical theist），而且眞的形成宗教上的神明。」[14]最後者並開展出二十世紀著名的歷程神學。此外，懷德海又將「社會」一詞的意義普遍化到全體宇宙（而非只是專指人類社會），並建構其社會理論。用筆者用語，則懷德海是第一位「形上社會學家」。總之，懷德海擁有多項第一。

　　從哲學史上有關歷程哲學的開展觀之，則依照雷雪兒（Nicholas

Rescher）的分析，它可追溯至古希臘哲學家赫拉克利特斯
（Heraclitus, 大約600 B. C.），其後歷經柏拉圖、亞里斯多德、萊布尼
茲、黑格爾、佩爾士（C. S. Peirce, 1839-1924）、詹姆士（W. James,
1842-1910）、柏克森、杜威以迄懷德海、薛爾登（W. H. Sheldon,
1875-1981）。其中懷德海是最具決定性的一位，他使歷程哲學成爲形
上學的核心，也使歷程哲學成爲專業用語與一門專業的部門或流派；
此外，雷雪兒更將歷程哲學視爲美國本土哲學的重要基礎❺。

　　現代主義思潮（約十九世紀末至一九六五年左右）強調理性、抽
象性、邏輯性、普遍性、一致性、簡單單純性、主體性等等，而後現
代思潮（約一九六五年至一九九〇年或迄今）則強調非理性、具體
性、特殊性、矛盾性、多元複雜性、社會性、取消主體與中心（或積
極提出互爲主體性與多元中心論），甚至更強調另類、邊緣思想與事
態的重要存在價值與對社會進步的貢獻。而懷德海哲學最早期的數學
邏輯思想正好顯現現代主義的某些重要特色，而中後期又預告了上述
後現代思潮的特色。此外，後現代思潮〔例如：法國現象學家梅洛‧
龐蒂（M. Merleau-Ponty）與其跟隨者、以及八〇年代女性主義〕所
強調的「身體」或譯「形體」（body）與知覺、意識發展、女性化思
維方式及意義形成與情慾的相關性等內容，懷德海好像先知似的，早
就在二〇年代即已開始論述身體感受（bodily feeling）的認識理論、
語言哲學、價值哲學與藝術哲學。因此，著名懷德海專家葛里芬
（David Ray Griffin）在一九九三年出版的《後現代哲學的基礎創建
者：佩爾士、詹姆士、柏克森、懷德海及哈茨宏》（*Founders of
Constructive Postmodern Philosophy: Peirce, James, Bergson, Whitehead*

and Hartshorne）一書中，將懷德海視爲後現代哲學的基礎創建者之
一❻，是相當有理的。

　　此外，法國後現代哲學家德勒茲（Gilles Deleuze）亦非常推崇懷
德海。他也建構了類似懷德海哲學的「事件」宇宙觀。德勒茲更認爲
懷德海的《歷程與眞實》是現代哲學中最偉大的著作之一❼，而另一
位法國哲學家伯都（Alain Badion）則認爲萊布尼茲—懷德海—德勒
茲等乃是一系列發展的哲學，而德勒茲的事件世界觀所蘊含的懷德海
成分又多於萊布尼茲❽。

　　不過，從更深入、更完整的整體懷氏哲學觀之，懷德海哲學並不
應該只被視爲後現代哲學之一，它也蘊含了某些現代性，以及預告了
由現代、後現代邁向未來的訊息。亦即懷德海哲學蘊含了橫跨與整合
現代、後現代兩種對立思潮的特質與潛能，而形成其獨特的、且具有
未來性與永恆性的圓融哲學。畢竟在步入二十一世紀的關鍵時刻，人
們不應該只停留在後現代的氛圍中，而應該實現人類原本即潛存的豐
富創造力，以便超越現代與後現代的對立，繼而創造出更圓融、更美
好的未來。

　　以上所述主要是透過西方思潮的流變，來凸顯懷德海哲學的種種
面向與研究價值。底下，即從東方哲學與東西文化交流的角度，去論
述其更豐富的面向與重要地位。

　　就如懷氏所言：「就討論終極實在的基本立場而言，機體哲學似
乎跟中國及印度某些思想比跟某些西亞、歐洲思想更爲接近。」（PR
7）筆者深入研究懷氏哲學後，亦有同感。因此，懷氏哲學與傳統東
方哲學的比較與會通，也就成爲二十世紀部分美國哲學界及台灣哲學

界的重要主題之一，並且成爲東西哲學與文化深入對話的重要橋樑之
一。

　　遠自一九二八至一九三二年，方東美在南京中央大學哲學系任教
時，即曾講授「懷德海哲學與易經」，且計畫他日將開「懷德海哲學
與華嚴宗哲學」之課程⓳。換言之，方東美在年輕時，已明確指出懷
德海與中國哲學可相互會通的具體範圍。當時聽課的學生在後來較著
名的有唐君毅、程石泉與陳康。唐、程日後也曾研究懷德海與中國哲
學的對比，當係受方東美的影響。至於陳康則成爲世界著名的古希臘
哲學專家，並被視爲融貫柏拉圖與亞里斯多德的第一人，因此，他的
著作乃是研究古希臘哲學的必備參考書。

　　方東美於一九四六年來台灣大學哲學系任教。一九五六年，他在
英文版的《中國人的人生觀》（*The Chinese View of Life*）的序言中曾
謂：「此書有些用語近似於柏格森、摩根與懷海德的用語。」⓴一九
六四年，方東美在夏威夷舉辦的第四屆東西哲學會議，發表《中國形
上學的宇宙與個人》，一開頭即標明，其以機體主義之觀點詮釋中國
哲學上一切思想觀念。方東美如此表明㉑：

　　　「中國各派的哲學家均能本『提其神於太虛而俯之』之精
　　神，而百尺竿頭，更進一步，建立一套『體用一如』、『變常不
　　二』、『即現象即本體』、『即刹那即永恆』之形上學體系，藉以
　　了悟一切事理均相待而有，交融互攝，終乃成爲旁通統貫的整
　　體。

　　　職是之故，中國哲學上一切思想觀念，無不以此類通貫的整

體為其基本核心，故可藉機體主義之觀點而闡釋之。機體主義，作為一種思想模式而論，約有兩種特色。自其消極方面而言之，(1)否認可將人物對峙，視為絕對孤立系統；(2)否認可將宇宙大千世界化約成義蘊貧乏之機械秩序，視為純由諸種基本元素所輻輳拼列而成者；(3)否認可將變動不居之宇宙本身壓縮成為一套緊密之封閉系統，視為毫無再可發展之餘地、亦無創進不息、生生不已之可能。自其積極方面而言之，機體主義旨在：統攝萬有，包舉萬象，而一以貫之；當其觀照萬物，無不自其豐富性與充實性之全貌著眼，故能『統之有宗、會之有元』，而不落於抽象與空疏。宇宙萬象，賾然紛呈，然剋就吾人體驗所得，發現處處皆有機體統一之跡象可尋，諸如本體之統一，存在之統一，生命之統一，乃至價值之統一……等等。進而言之，此類披紛雜陳之統一體系，抑又感應交織，重重無盡，如光之相網，如水之浸潤，相與洽而俱化，形成一在本質上彼是相因，交融互攝，旁通統貫之廣大和諧系統。」

誠然，方東美的機體主義與懷德海的機體哲學略有差異，但基本精神是交融互攝、相互會通的。

一九七四年，方東美在課堂上講述《中國大乘佛學》曾以懷德海、羅素的解消永恆不滅的實體概念，去詮釋「因緣所生法，我說即是空」，並認為「無自性即是無實體」❷。在一九七五年講授「華嚴宗哲學」時，更認為：「能與華嚴宗的大宗師的思想最相似的，就是近代英國的哲學家懷海德，他可以在許多的著作中與華嚴宗相契合…

…，近代西方懷海德所講的機體主義（organicism）把他拿來同中國華嚴宗的哲學，作一本體論上的比較、方法學上的比較、概念的比較、思想範疇的比較。那麼你將會在哲學上異常嶄露頭角，給人們以深刻的印象。」❷❸。

香港新亞書院創辦人之一的唐君毅先生（1909-1978），由於受方東美的影響也認爲「懷氏之思想與易經思想甚爲接近」❷❹，此外又指出「懷氏之上帝觀乃西方思想中最同於中國之思想」❷❺。在一九七四年出版的《哲學概論》下冊中更有一節專門討論懷氏之機體哲學❷❻。

和唐君毅中央大學同班的程石泉教授，自美國賓州大學退休後，即返台任教於師大、台大及東海大學；並於一九八二年至一九八四年斷續發表〈懷德海與易經〉、〈懷德海與華嚴哲學〉、〈華嚴與西方新神學〉等方面之小型論文❷❼。並在擔任東海哲研所所長任內，和所內同仁（如英年早逝的蔣年豐教授等）於一九八八年三月二十六日及二十七日，舉辦「中國哲學與懷德海」的會議，共有台大、政大、東海、文化等十位學者發表論文。蔣年豐教授當時還建議成立「懷德海研究會」，可惜壯志未酬。該論文集於一九八九年九月由東大圖書公司出版，名爲《中國哲學與懷德海》。

已故文化大學哲研所所長謝幼偉（1904-1976）早年在哈佛曾授業於懷氏門下，他於一九七四年出版《懷黑德的哲學》（台北：先知出版社）及漢譯了《理性的職能》（*Function of Reason*）（附於《懷黑德的哲學》一書中）與《思想之方式》（*Modes of Thought*）（台北：德華出版社）。他認爲：「英哲懷黑德是現代一位最偉大的哲學家，他在思想上爲一巨人，在品格上爲一完人。學問道德，世罕其儔，古

代的柏拉圖、亞里斯多德、康德、黑格爾諸賢，懷氏足與並駕。今日的柏格森、克羅齊、杜威、羅素諸哲，懷氏應爲其祭酒。」❷又說：「自愧所得不及吾師十分之一。」❷這也顯示懷氏哲學的廣博精深與不易理解。筆者在寫完碩博士論文後，自認同情理解百分之五十，今日大約百分之七十，但已經表達不完了。謝幼偉的著作雖然不是東西比較哲學，但是其中文著述，已開始運用東方哲學的某些術語。例如將actual occassions譯爲「現實緣現」、將神性中的Primordial nature譯爲「根本智」、Consequent nature譯爲「後得智」，都是採用佛學術語❸。

牟宗三在青年時期，也曾鑽研《數學原理》及懷德海早中期的自然哲學與後期價值哲學，並以此爲背景著作了《周易的自然哲學與道德函義》❸。但對《歷程與眞實》的重要細節，著墨不多。

羅光則吸收了懷德海身體理論、生命宇宙觀與神明觀的部分內容，以補強其「生命哲學」；並在《生命哲學續編》轉錄懷特著《分析的時代》第六章之〈懷德海——自然與生命〉❸。

此外，低上列學者一輩或兩輩，而對於懷德海哲學採取肯定且積極吸收的學者，則有林子勛（外交官出身，文化大學教授，早年在美國時，還聽過懷德海的演講）、劉述先（目前在香港中文大學）、趙一葦（政大）、郭博文（台大、清華）、陳鼓應（台大）、黃國彥（政大）、張肇祺（文化大學）、郭文夫（台大）、游祥州（曾任世界佛教青年會理事長）、沈清松（政大）、劉千美（東吳）、傅佩榮（台大）、魏元珪（東海）、蘇景星（東海）、朱建民（中央）、張旺山（清華）、趙之振（清華）、葉海煙（東吳）、林安梧（清華）、蔡鈺鑫（中正）、

喻懿嫻（東海）、李日章（台大、靜宜）、李煥明、楊植勝（靜宜）等教授。而在美國大學任教的華人，則有成中英（夏威夷大學）、唐力權、吳森、孫智燊、陳奎德等人，澳洲則有羌允明（後回文化大學任教）等。國內以懷德海哲學爲主題，取得國內博士學位的，除了筆者，還有蘇景星（東海）、吳金星（東海）。取得國內碩士學位者，除了筆者，另有趙之振（台大）、林如心（台大）、黃國彥（教育哲學方面）、張訓義（文化大學）等人。當然，上列名單，可能遺漏某些前輩與後學。但從上述可發現，有愈來愈多的哲學工作者在直接或間接地吸收懷氏哲學的某些面相，並將其本土化。

　　在美國地區，則於一九七四年十一月四日至八日，由加州克雷里蒙歷程研究中心和夏威夷大學哲學系與宗教系召開了「大乘佛學與懷德海哲學」的討論會；一九七六年四月七日到四月十日又在美國科羅拉多州丹佛市（Denver, Colorado）科羅拉多女子學院，召開了「中國哲學與懷德海」討論會❸。這兩次會議都包含了美國、印度、及台灣、香港的留美學者。一九八二年，紐約大學Albany分校出版社出版了Stere Odin所著之*Process Metaphysics and Hua-Yen Buddhism*（《歷程形上學與華嚴佛學》）。

　　綜上所述，可知，懷德海哲學與東方哲學的對比是相當重要的課題。但由於筆者將在《東方哲學與懷德海》中細述，是以在本書中，我只於適當的脈絡中扼要地將懷氏哲學和易經、佛學作初步的對比與整合。但更重要的是，如果將傳統東方哲學與傳統西方哲學視爲相對立的兩極端，則懷德海哲學正好介於兩極端之間的平衡點，而成爲介於傳統東西方之間的中庸哲學，並可彌補雙方的某些缺憾。

此外，方東美曾計畫著作英文本的《存在、生命與價值》
（*Existence, Life and Value*）❸❹，可惜未能完成。但方東美的基本立場
是主張存在、生命與價值，乃是一體之三面，是無法截然三分的。這
種精神也是傳統東方哲學最重要的特色之一。而在二十世紀的西方哲
學界，最明顯主張上述論點的即是懷德海的機體哲學與價值哲學，以
及柏克森的生命哲學。然而，單論「存在、生命與價值」仍舊少了一
些「知識性」，尤其是「科學知識性」，這也是傳統東方哲學的缺點。
欲彌補此種缺憾，固然可從二十世紀科學哲學、分析哲學、西洋近代
哲學去補充。但上述流派的早中期發展乃是將知識與價值、存在與價
值截然二分，而且較欠缺生命性。因此，在二十世紀有關知識論的種
種流派中，較能夠將「知識、存在、價值與生命」融為一有機整體的
乃是懷德海哲學。

　　懷德海的「知識論」（epistemology）可分四方面：(1)有關認識活
動的認識論（the theory of knowing）；(2)關於自然科學、社會科學、
人文科學的知識理論（the theory of knowledge）；(3)機體知識論：此
乃作為形上學內部的某些側面的知識論，亦即認識論與知識理論都是
構成形上學的某一面相，而包含於形上學的那種認識論與知識理論，
也可說，認識活動與知識乃是存在的某些面相；(4)價值知識論。但
懷德海的機體哲學又將上述四個層次融貫成有機整體，是「同時完成」
的。若從有機開展的角度言之，則懷海德的最終目標乃是要一步一步
地擴大哲學的廣包性與融貫性，而將各種知識、存在、價值與生命性
全部融為一體，而成就其以價值與生命性為內在真實的哲學宇宙論或
形上學。本書與筆者計畫出版的《存在、價值與生命》即是以懷德海

的事件理論爲基礎去論述上列各層次的知識論，以及其機體哲學、歷程哲學與價值哲學，以便闡明知識、存在、價值與生命的相互關聯性與融貫性。至於將此種理論哲學轉化應用於教育哲學、藝術哲學、社會哲學、文化哲學等領域，筆者將另文專著。

在台灣學術界，「作爲哲學界的詩人兼藝術家、宗教家」的方東美先生由於偏好古希臘哲學（尤其蘇格拉底與柏拉圖、希臘的悲劇）、當代的懷德海與歐陸哲學，以及東方哲學的優點（不過，他也批判中國文化中，政治統御學術，箝制思想自由、缺少邏輯理路及道統觀念的流弊）㉟，而「作爲哲學界的科學家兼爭取自由民主的悲劇思想家」的殷海光先生則偏好羅素與英美科學哲學與分析哲學，並以邏輯、民主與科學爲評鑑標準去強烈批判中國哲學與文化的流弊及現實政治的醜陋面。由於雙方及其部分追隨者太過於強調上兩種理路的差異，而忽略其共通性，因而形成雙方長期的強烈對立。但本書及其他相關著作則企圖化解此種不必要的強烈對立。雖然本書只是透過懷德海與羅素的初略對比，去初步化解雙方對邏輯與科學化論述的對立，但透過本書及其他相關著作對藝術、宗教、邏輯與科學化論述等面向的更深入反省，相信有助於化解這兩大學派的對立。

從社會角度言之，則隨著工業與都會文明的興盛，人與人、人與自然的情感關係日益冷漠，相對的，「疏離感」則日益增強，繼而造成當代文化與社會的危機（例如：治安惡化等）。面對此危機，我們有必要提倡關係哲學。而在二十世紀最強調事物間的關係，且將關係視爲非常重要的潛在實存（subsistence）的哲學，乃是「新實在論」（Neo-realism）。而非常類似「新實在論」但又獨樹一幟的懷德海的機

體哲學，則除了將關係視為重要的潛在實存，更強調事物間或人與人、人與自然的關聯乃是本來就存在那兒的本質性的內在固有的關聯，並凸顯身體感受式的感性關聯的特殊重要價值。因此，筆者深信提倡懷德海哲學將有助於喚醒人類重新重視人與人、人與自然原本即存在那兒的親密關係，尤其是感性的情感關係，藉以化解由「疏離」所產生的文化與社會的危機。總之，懷德海哲學蘊含了一套人與自然和諧相處的自然哲學，以及人與人、人與社會相互攝受關聯、互為主體、與利己利人的倫理學與社會哲學，這些都有待人們進一步去闡揚。就政治哲學言之，則懷氏哲學乃是以自由主義為基礎，去調和社會主義，而形成中間偏左的新人道主義者。以政黨屬性觀之，則並不是強烈傾向英國保守黨，而是傾向自由黨與工黨。當然，就個別議題而言，則是就事論事，超越黨派。

最後，由於懷氏的興趣廣泛，他的著作涵蓋了數學、物理學、生物學、心理學、文學、藝術、歷史、宗教與社會等非常廣泛的領域。就如羅素所說的：「懷海德是一個有廣泛興趣的人，他的歷史知識的淵博常常嚇倒我，有一次我偶然地發現他竟以那部極端嚴肅而且相當冷僻的作品——莎比（Paolo Sarpi）的《議會潮流史》當作他的床頭書，提起任何一個歷史掌故，他都能如數家珍地道出縷縷的祕辛來。例如：像柏克的政治見解和他對城市利益的觀點，胡塞特（Hussite）的惑人之論與波希米亞銀礦的關係等。」❸❻因此，美國耶魯大學哲學家《東西方會合》（*The Meeting of the East and West*）一書的作者諾斯羅普（F. S. C. Northrop）在一九四七年懷氏去逝時，特別指出：「自亞里斯多德和萊布尼茲以來，很少人能夠像懷德海，如此的具有原創

性、精確性、又深奧性地接觸如此廣泛的領域。」❸

更重要的是，懷德海的哲學充滿了非常豐富的原創性，懷氏以前的同事，前哈佛大學哲學講座教授哈金（William Hocking）更讚佩其豐富的創造力而曰：「他給人們一種深刻的印象，他的心靈似乎從不願意重複以前的結果，而是要日新其洞見」、「他生命之水好像從活泉不斷湧出的活水，而不是從水龍頭流出來的死水。」❸

綜上所述，可知懷德海哲學是二十世紀涵蓋不同分殊學科最深廣、體系最龐大且最具原創性、最多方面成就、最重要與最具影響力的哲學之一；同時也為東西比較哲學提供適當的題材；而成為東西哲學溝通的重要橋樑之一。此外，也為科學、哲學、宗教、社會的分離，以及世界上各種不同宗教之衝突，提供一條如何融貫、如何和諧相處且具有可行性的新道路。所以，無論從傳統與現代的西方哲學的傳承與創新，抑或從東西方哲學的對比、會通、整合與進一步的創新，懷德海哲學都值得我們去深入研究、補充其不足與擴散其影響層面。

然而，一個人在學術上即使有極大的成就與影響力，假若他不具備高潔的人格，假若他平日的為人處世不夠令人覺得他是心胸開朗的好人，並不會使筆者去欽佩他。在人類歷史上，有許多哲人或名人中，往往只有學術成就而無高潔的人格，而懷氏卻是一位既有學術成就又具有崇高人格的哲學家。他幽默、和藹可親、心胸寬廣、平易合群，對學生更是誠懇熱情、因材施教，而且寫作態度嚴肅。

關於其為人處世的高潔與作為一個良好教師所應該實踐的行為，讀者可參閱筆者著《懷德海哲學》之附錄以及〈師生間的民主〉❸。

另外，懷德海晚年幫忙撰寫的擔任哈佛大學「研究員協會」之研究員的誓約，更可反應其為人處世與教育理想。茲引數段內容與讀者共勉之❹：

　　「你必須承諾，在知識與思想方面，你將致力於取得矚目的貢獻，你將用自己的全部智慧和道德力量去履行這些承諾。對於年高德劭的學者，你必須謙恭虛己，因為透過他們的發現，你才能進一步有所創獲。對於年輕後來的學者，你必須熱誠相助，因為他們將在你的成果基礎上，達到更高的成就。你的目標，是知識與智慧，而非耀眼的榮譽，絕不據他人之功為己有，也不因他人的幸運發現，而心懷嫉妒。你必須捨近利而致遠功，永不滿足你已成就的一切。所有你可能達成的成果和發現，都必須視為知識滄海之一粟；而知識之海的匯成，正是各種不同渠道的真誠學者的奮鬥求知之成果。進入本研究員協會，意味著必須為上述承諾奉獻終生。」

　　綜合上述種種原因、本書後記所提到的私人動機，以及《存在、價值與生命》之附錄中所論述的「懷德海哲學在世界各地的開展──兼論其與二十世紀東西方思潮的相關性」，筆者乃在經過近二十年，又回過頭重新研究懷德海哲學，並將碩士論文整理擴充成本書及《存在、價值與生命》，一方面可與筆者已出版的其他著作產生相反相成的效果，甚至融貫成更健全的哲學系統，以為我國的哲學與文化注入另一股生命力；另一方面則可進一步融合與創造新哲學，以為世界和

平立下更深遠的基礎。

　　底下，筆者即應用懷德海哲學所強調的歷程性與圓融性，去更進一步說明本書的寫作方式。

　　由於懷德海的歷程哲學主張「歷程即眞實、眞實即歷程」；因此，我們若將上述歷程哲學加以延伸與應用，則可轉化成三種歷程式的哲學研究方法：

　　第一種，研究一個哲學家的眞實哲學，除了孤立研究其個別的哲學著作外，我們可由其哲學思想的如何形成、如何發展、如何攝取許多雜多的資料、如何轉折，以至於形成其完整的哲學的形成歷程去研究。亦即哲學家的思想發展歷程，即構成一種「歷程哲學」。雖然從懷氏機體與歷程的哲學立場觀之，清晰且有系統地呈現其哲學開展的歷程往往是透過抽象思考的整理，所產生的已經具有抽象性的結果，這種結果必然遺漏了其完整哲學中的某些更具體、更豐富、但卻有些模糊或混沌的重要內容，但仍有助於理解其哲學的某些重要架構。

　　以懷氏哲學的研究爲例，著名的「在世哲學家」叢書的創始人石立普（Paul A. Schilpp）在編輯《懷德海哲學》時，著名懷德海專家洛伊（Victor Lowe）曾以懷氏哲學開展爲主題，寫了長達一百多頁的論文（SCHILPP 17-124），當時洛伊曾表明若爲了出版的方便，而不能容納如此大的篇幅，則可刪減，但石立普看了之後，卻認爲一點也不能刪減，必須將其一氣呵成。換言之，石立普也注意到此種「歷程哲學」的重要性。相應的，羅素所寫的《我的哲學開展》無疑是上類「歷程哲學」的實踐典範。而筆者則在第二章即精要地論述懷德海學術思想的開展，以實踐上述「歷程哲學」。

第二種，研究哲學家一生的實際生活歷程。艾蘭伍德所著的《羅素傳》及羅素的三卷活生生的《自傳》即是此種「歷程哲學」的實踐。所以，筆者在本章即論述上述「歷程哲學」，亦即精要地論述懷德海的一生。

第三種，將所欲研究的某哲學置於人類整個文明發展史、哲學發展史的發展脈絡中，去理解其地位與價值，甚至臆測其在未來所可能產生的作用與影響。如此也可理解該哲學的更多面相。這又構成另一種「歷程哲學」。羅素的《西洋哲學史》即一方面客觀論述哲學史的開展，另一方面又將自己的哲學置於哲學史的脈絡中。關於懷氏哲學中所蘊含的此種「歷程哲學」，筆者在本緒論中已論述一部分，至於更廣泛的與二十世紀思潮相關聯的開展歷程、懷氏哲學在全世界各地的開展歷程，以及其哲學在各學術領域的延伸、應用與由現在瞻望未來的發展歷程，則將論述於《存在、價值與生命》的附錄——〈懷德海哲學在世界各地的開展——兼論其與二十世紀東西方思潮的相關性〉。

至於最實質的「以歷程為整體宇宙的最後真實性」的歷程形上學，則分散論述於本書第三、四、五、六章，而更系統性的論述則置於已出版的《懷海德哲學》及《存在、價值與生命》。

總之，透過上述種種「歷程哲學」的研究，往往可多元化、多角度且廣泛瞭解所欲研究的某種哲學的許多面向。甚至任何學問均可透過上述方式去理解一部分。

其次，懷德海哲學是一種強調圓融的機體哲學，此處的「圓融」乃意指懷德海力圖解消傳統哲學中任何二元對立的事態。這些對立的

事態如下：主體與客體、主觀與客觀、人與外在自然（人與天）、理性主義與經驗主義、實在論與觀念論、機械論與目的論、一與多、一與一切、一元與多元、科學化與非科學化、理性與感性、事實與價值、實然與應然、如何與什麼、系統與非系統、外部關聯與內部關聯、對稱與非對稱關聯、具體與抽象、單純與複雜、秩序與混沌、清晰與含混模糊、一義與多義、確定與不確定、意志自由論與決定論、潛能與現實、演繹與歸納、邏輯與非邏輯、科學與宗教、一致與矛盾、創造與被創造、造物主（神）與受造物（世界與萬有）、理型（形式）與質料、理法界與事法界（用懷氏術語即永恆對象與事件之流）、永恆不變與變易（演化）、汲取與排斥、有與無（及空）、生命與非生命、自由與紀律、非規則與規則、語言與無言、說話與文字、部分與全體、分析與綜合、邏輯與美學、肉體與心靈、唯物與唯心、現代與後現代、過去—現在—未來、時間與空間、本體與現象、化（becoming）與存有、連續與不連續（斷裂）、「我思故我在」或「我在故我思」、體與用、時間性與非時間性、自然史與人類歷史、共時性結構與歷時性結構、起源區分與協調（或對列）區分。

上述種種對立事態，在傳統上大多被視爲「矛盾對立」，但深入研究之，可發現，它們乃是一種本體存有論的吊詭事態（ontological paradox）；就懷德海而言，則是一種對比的對立所構成的和諧的有機整體，懷氏並盡力合理化每一個正論與反論，並使其獲得適當有效的詮釋與使用範圍，以避免其在使用時溢出有效範圍，由此而使上述吊詭事態得以被理解與融貫和諧化。亦即整體宇宙的完整且具體的眞實原本即是主客未二分、主體中有客體、客體中有主體、是互爲主體

性且互爲客體性、一中有多、多中有一、單純中有複雜、複雜中有單純……，簡言之，其他原本視爲矛盾對立的兩端都可依上列「A中有B，B中有A」的方式去表達。也可說，懷德海認爲具體的整體宇宙的終極眞實性乃是上兩種對立事態之交融互攝、和諧共存所形成的圓融無礙的有機整體。而哲學的最重要職責與功能之一，即是努力解消上述二元對立，以呈現出上述眞實性；相應的，在知識上，則形成圓融無礙的知識，這種知識即是最高級的知識或最高級的眞理。所以，上述任何對立的截然二分，只是人類爲了方便分析與方便表達，透過抽象概念思考與抽象文字所建構的抽象的理論二分，只具有工具價值，而不是本有價值。

此外，懷德海將傳統哲學所區分的邏輯、知識論、形上學（宇宙論與本體存有論）、倫理學、價值哲學、美學、社會哲學、歷史哲學等各部門，全部融貫成一個有機整體，而使上述各部門成爲懷氏機體哲學或形上宇宙論的某些側面與例證，由此而使得各部門不可截然孤立地自成一個圓滿自足的論述。亦即圓融的將各部分融貫結合成一有機關聯的整體，而無任何斷裂與阻礙，且各個部門是相互預設與相互融攝其他部門。簡言之，即各部門與全體是「同時存在」與「同時完成」，更細節言之，則是每一哲學分支，必然攝受到其他各分支部門，而形成「一即一切」、「一切即一」、「一攝一切」、「一切攝一」的事態。這乃是「圓融無礙」的機體哲學的最重要精神之一。因此，我們無法將懷德海哲學孤立地分割成：這部分純粹是他的知識論，這部分純粹是他的倫理學、他的美學、他的宗教理論、他的本體論或宇宙論等。換言之，吾人必須充分理解其形上宇宙論，才能充分理解其

所建構的知識論、邏輯、語言、數學哲學等哲學各分支部門。但反過來，也必須充分理解哲學各分支部門，才更能充分理解其形上宇宙論所蘊含的更豐富的意義與經驗內容。所以，本書與《存在、價值與生命》及《身體、感性與理性》，雖然為了方便讀者理解，而勉強區分語言、邏輯、數學哲學、知識論等部門，但最後仍然必須訴諸於融貫各部門所形成的形上宇宙論。其次，本書所區分的各章節，雖然儘量採取羅素所強調的分析法：(1)語言意義的釐清；(2)先瞭解部分，再瞭解全體；(3)逐一解決問題，以增加清晰度；但由於懷氏哲學的機體圓融性，使得其哲學開展的各階段、哲學各分支、各細部與全體，以及各個問題的解決都是密切相互關聯、「同時完成」的。所以，筆者為了使讀者更能充分理解懷氏哲學，也只好在討論各部門時，在必要時，直接進入其後期哲學中之形上宇宙論；同時，為了更清晰化與達到由淺入深的表達，乃儘量使用邏輯性的直線進程方式去建構本書，但又由於其機體融貫性，而使得前後內容在表面上有些「重複」。但我相信這種「重複」確實有助於同情瞭解懷氏之圓融哲學。更何況，依照「生生」（創造又創造）的哲學，則每一次在不同上下文中「重複」表達，都必然形成不同的「意思或意謂」（sense）❹；而且每次的「重複」對讀者、對世界，也產生不同的影響與作用，由此而形成生生哲學的「韻律與節奏」，也同時形成生命、宇宙與本著作的「韻律與節奏」。

總之，由於懷德海哲學是一種強調具體性與圓融性的機體哲學，因此，研究或吸收懷德海哲學的精華，要注意其如何理性地、圓融地（或融貫地）化解上述種種對立。不過，圓融哲學由於其相互密切關

聯性與同時完成性，經常在表達上很難非常清楚，加上懷德海的專業用語相當多且有些含混，所以，筆者乃進一步釐清其意義，並儘量使表達日常語言化且舉生活上的例子來輔助說明。讀者閱讀時務必研讀例子，才更能默悟該理論所蘊含的很難表達清楚，甚至是不可說的默悟意義（tacit meaning）❷。

最後，對於圓融哲學的研究，我們可由任一面相去一以貫之或一攝一切。而本書的切入點，主要是從懷德海早中期哲學中最具有影響力的「事件理論」為中心去論述，一方面批判抽象概念思考、科學化論述的優缺點，此處的科學化論述包含科學本身、科學化哲學，而科學化哲學又包含傳統西洋哲學的實體哲學與洛克式的經驗主義，以及科學唯物論；另一方面則積極建構事件與機體哲學，以解消抽象與具體、以及各種孤立系統的分殊知識的對立，而將各種分殊科學知識融貫成一整體的知識，以成就其機體圓融的哲學；三方面則論述其認識論，以及機體與歷程哲學的形成背景，並進而運用事件理論去扼要詮釋易經與佛學；同時，也儘量在適切的文理脈絡中，將前後期哲學予以對比，以更能符合機體與圓融哲學的基本精神。

三、本書大綱

本書共分六章：

在第一章〈緒論〉中，我將介紹懷德海的生平及其哲學的整體特色，並指出其在東西方哲學開展中的重要地位，同時相應的論述筆者的研究動機與寫作方式。

第二章〈懷德海學術思想的開展〉。本章將懷德海學術思想的開展區分成劍橋、倫敦及哈佛大學三個時期、五個階段,並扼要論述懷氏每一本著作及各期、各階段發展的相關性,並初步比較其與羅素哲學的異同,以及「事件」語詞的表達與其理論在各期的如何開展。

第三章〈從同質性思考及具體性誤置的謬誤論抽象思考與事件理論——如何客觀地認識自然〉。由於懷德海認為,人是內在於自然中去認識自然,而認識乃是理論與行動合一的活動,且人在認識自然的同時即行動參與了自然的演化歷程;因此認識自然即是正在建構自然。基於此種特殊的自然觀與認識論,懷德海乃透過同質性思考方式與具體性誤置的謬誤的理論去論述如何客觀地認識自然;並由此反思抽象概念思考、科學化論述及具體性思考的優缺點。繼而探索「事件」理論在懷氏哲學系統內的形成背景與基本意義。在結語中,則說明如何以事件理論去解構亞里斯多德式的實體哲學,以及詮釋佛學中之「緣起性空」。

第四章〈具體事件與抽象對象的對比與融貫——認識、知識與存在〉。本章主要在透過「具體事件」與「抽象對象」的對比,提出下列諸論點:

1. 雖然人在不同時候經驗到同一客體時,會產生不同的知覺內容,但仍具有同一性,而非只有家族相似性。

2. 分析認識過程的種種模式即是分析形成存在的種種模式,用懷氏術語,即對象之如何契入事件的種種模式,並指出身體狀況、經驗、習慣、場域氛圍與環境往往影響吾人認識活動的可

靠性，從而定位出科學化的認識活動之如何形成與人類判斷產生錯誤的理由。

3. 科學知識乃是從最具體的眞實——事件互攝之流——所抽離出來的某些高度抽象的結構形式，但卻遺漏了時間性與互攝之關聯等某些感性眞實。然後，指出更完整、更重要、更高級的眞知識乃是對事件之流的整體直觀，其所形成的即是主客合一、物我交融、天人互攝交感的具體知識。

4. 整體具體的眞實——事件之流——是含混不清，但又蘊含著某些清晰、是混沌中蘊含著秩序與規則、是複雜蘊含著簡單單純、是不確定中蘊含著確定的形式、是多中有一，一中有多。人們固然必須追求清晰、簡單、確定的規則去理解它、操控它；但卻不能充分信任它；更何況確切是僞造的。

5. 自然界由於不斷地契入不同的對象，因而不斷地創進與日新，此種自然觀相當類似易經生生不已的宇宙觀。人也只認識自然與客體對象的一小部分，但隨著時間的演變，人的認識就愈來愈豐富；也同時愈參與改變了自然與任何客體對象，因此，眞理固然具有永恆的一面，但更有其變易與演化的另一面，由此即形成了變易中有永恆、永恆中有變易的演化中的眞理觀。

6. 事件之流所構成的世界即相應於佛學中華嚴經所論述的事法界，對象世界即相應於理法界。懷德海與華嚴哲學的機體宇宙觀都認爲事件的交融互攝與對象的契入所構成的理事無礙、事事無礙的圓融世界乃是整體宇宙的終極眞實，而機體哲學即是要描述此種眞實性。

7.羅素早期追求清晰性與確定性的真理觀，正好與懷德海的真理
   觀形成對比的對立。

　　第五章〈從科際整合、自然二分及簡單定位論事件與機體理論〉。本章乃透過懷德海所提出的自然二分法、簡單定位與筆者的科哲觀點去批判牛頓物理學的建構方法、近代科學思想、科學唯物論及洛克初性、次性的二分，以及心物二元論的優缺點；並積極地由身體感受或直接經驗出發，去建構相互有機關聯的事件理論與有機機械論的自然觀，並藉此去融貫機械論與目的論，繼而從事機體形上學式的科際整合。

　　在第六章〈結論——邁向歷程形上學與科學民主之路〉中，則首先綜述抽象概念思考與種種科學化哲學在論述真實時所遺漏的種種具體內容，以及可能產生的文化危機。其次，則論述發展科學民主所需要的心態，以及由西方哲學的開展去解釋西方在文藝復興時代產生科學民主的理由，並以此去批判亞洲文化在科學方面的缺憾、並積極提出如何因應之道。其後，則透過卡納普—殷海光系列指出懷德海的知識論及強調有機整體性所可能產生的缺憾，並認為此缺憾需要當代英美主流中之分析哲學及科學哲學去補充。此外，則對具體性誤置的謬誤之理論，予以價值定位，繼而透過抽象概念思考與具體性思考的對比，並以藝術為例，去論述現代與後現代的差異，繼而反省後現代所強調的「去除中心化」、「另類」、「邊緣」、「顛覆」等概念，以便超越現代、後現代，並邁向更美好的未來。最後，則指出以本書為基礎可繼續發展出下列數個方向：

1.可銜接懷德海所建構的融合知識、價值、存在、生命、機體爲一體的歷程形上學與更開放的宗教信仰。

2.銜接歐陸胡塞爾、梅洛龐蒂的知覺現象學。

3.銜接胡塞爾、海德格、羅素、法蘭克福學派對近代科技思維模式與科技文化的正負面批判，從而建構更完整的科技哲學與更進步、更健康的科技與人文文化。

4.拓展更廣泛、更深入的東西比較哲學與文化。

5.融貫與超越現代、後現代思潮，以建構更美好的未來。

總之，懷德海是二十世紀最重要的哲學家之一，並被視爲後現代哲學的基礎創建者之一。如果傳統東方與西方、英美與歐陸、科技與人文、現代與後現代的思維模式分別是差異性極大的兩端，則懷德海廣博圓融的哲學正好位於平衡點上，可同時彌補雙方的弱點。本書一方面透過懷氏學術思想的發展去闡明懷氏哲學的各種面相及事件理論的開展；二方面則以刹那生滅且相互關聯的具體事件之流去補強自亞里斯多德以來所強調的永恆不滅、獨立自存的抽象靜態之實體概念，進而論述抽象概念思維方式與科學化哲學的優缺點，以便使抽象與具體、理性與非理性、科技與人文、主體與客體等諸對立面相能夠價值定位、並和諧地交融互攝，以成就機體哲學；三方面則以懷氏哲學爲中心去初步創造性詮釋與批判傳統的東方哲學與文化。此外，本書更可爲融貫知識、存在、價值與生命爲一體的歷程哲學及邁向更優質的民主、科學、藝術與宗教立下更健全的基礎，藉以超越現代與後現代的對立，而迎向更美好的未來。

最後，本書的發展乃是機體擴充式的發展，其本身也是一個事件與有機整體，因此，各章各節都是息息相關、不可分割成孤立的存在，並且是相互預設、「同時完成」的。

註解

❶參閱F. Gilbert and Stephen R. Graubard著，李豐斌譯：《當代史學研究》，台北：明文書局，1982，頁25。

❷洛伊（Victor Lowe）著，杜文仁譯：〈懷海德小傳〉，1970年版《大英百科全書》，刊於《台灣大學哲學年刊》，創刊號，1983，頁18。

❸羅素著，林衡哲譯：《羅素回憶集》，台北：志文出版社，1967，頁74。

❹羅素著，宋瑞譯：《羅素自傳》，台北：水牛出版社，1971，頁197-198。

❺同❸，頁77。

❻同❷，頁19。

❼同❸，頁77。

❽同❸，頁73，77。

❾同❷，頁21。

❿Albert W. Levi, *Philosophy and the Modern World.*（Midway Reprint, Chicago: University of Chicago Press, 1977）p.483.

⓫Ibid., 483.

⓬波亨斯基著，郭博文譯：《當代歐洲哲學》，台北：協志出版社，民國58年3月初版，頁172。

⓭Plato, Collected Dialogues, ed. by Edith Hamilton and Huntington Cairns.（Bollingen Foundation, 1961）p.983. Sophist, 240c. "What is not has some sort of being."

⑭V. Lowe, C. Hartshorne, A. H. Johnson, *Whitehead and the Modern World*. （Boston: the Beacon Press, 1950）pp.31-35.

⑮Nicholas Rescher, Process Metaphysics, *An Introduction to Process Philosophy*. （New York: State University of New York Press）1996, pp.1-26, esp.20-23.

⑯David Ray Griffin, *Founders of Constructive Postmodern Philosophy: Peirce, James, Bergson, Whitehead and Hartshorne*. （New York: Albany State Univ. of New York Press, 1993）

⑰Gilles Deleuze, *Difference & Repetition trans.* by Paul Patton. （New York: Columbia Univ. Press, 1994）pp.284-285.關於德勒茲的讚美懷德海，係周伯恆同學提醒我，使我在即將定稿前，再參考德勒茲的著作。

⑱C. V. Boundas & D. Olkowski ed, *Gilles Deleuze and the Theater of Philosophy*. （New York: Routeldge, 1994）p.56.

⑲程石泉：〈回憶近五十年來的中國哲學界〉，台北：《青年戰士報》，中西文化版，1978年7月13日，收錄於《哲學、文化與時代》，台北：民國70年，頁67。

⑳Thome H. Fang, *The Chinese View of Life*. （Taipei: Linking Publishing Co., 1980）Preface.

㉑方東美：《生生之德》，台北：黎明，1979，頁285。

㉒此上課內容，其後整理成書，底下的《華嚴宗哲學》也是如此。方東美：《中國大乘佛學》，台北：黎明，1984，頁401，417。

㉓方東美：《華嚴宗哲學》（上冊），台北：黎明，1981，頁412-13；另請參閱頁339-340。

㉔唐君毅：《中國文化的精神價值》，台北：正中，1968，頁69。

㉕同上。

㉖唐君毅：《哲學概論》，台北：學生書局，1974，頁936-959。

㉗程石泉：〈華嚴與西方新神學〉，台北：《十方月刊》，第一卷第一期，民國71年10月，頁10-12。思想點滴（五）（十）（十二），《十方月刊》，第一卷八期，民國72年5月，頁9-12，二卷六期，民國73年3月，頁10-12，十一期，民國73年8月，頁6-7。〈易經哲學與懷德海機體主義〉收錄於東海哲研所編《中國哲學與懷德海》，台北：東大，民國78年，頁1-20。

㉘謝幼偉：《懷黑德的哲學》自序，台北：先知出版社，1974。

㉙同上，自序。

㉚同上，頁13，84。

㉛參閱牟宗三：《理則學》，台北：正中，1981；《周易的自然哲學與道德函義》，台北：文津出版社，1988，「重印誌言」與頁188-190，314，373，378，399，402-3，405-6。

㉜參閱羅光：《生命哲學續編》，台北：學生書局，1992，頁53；並於頁96-99，直接轉錄懷特著《分析的時代》第六章之〈懷德海──自然與生命〉。

㉝該次會議經過，可參閱：《哲學與文化》月刊，第三卷六期，台北，1976年6月，頁14-18。

㉞在方東美的鉅著Chinese Philosophy: Its Spirit and Its Development（《中國哲學之精神及其發展》，台北：聯經出版公司，1981）中之附錄二（英文著作中之第七條），即表明其計畫出版《存在、生命與價值》，但未完

成。但其內容可從附錄三（Prolegomena to a Comparative Philosophy of Life: Ideals of Life and Patterns of Culture）（比較人生哲學序言：生命理想與文化類型）之大綱中展現《存在、生命與價值》之方向，前者也是一種文化哲學及哲學人類學。另外，也可從其中文講學紀錄《人生哲學講義》（黃振華筆記）中透視出其在這方面的線索，台北：時英出版社，1993。

㉟方東美：《生生之德》，台北：黎明，1979，頁155。《新儒家哲學十八講》，台北：黎明，1983，頁10。

㊱羅素著，林衡哲譯：《羅素回憶集》，頁74。

㊲A. N. *Whitehead: Religion in the Making.*（Ohio: The World Publishing Co., 1963）封底（雙葉書局翻版）。

㊳*Alfred North Whitehead: Essays on His Philosophy,* ed. by George L. Kline.（Cliffs. N. J.: Prentice-Hall, Inc., 1963）p.14.

㊴載於楊士毅：《邏輯與人生》，台北：書林，1987，頁6-19。

㊵陳奎德：《懷特海》，台北：東大，1994，頁283-284。

㊶此乃借用德國數學家、邏輯學家兼語言哲學家弗列格（G. Frege, 1848-1925）的術語。G. Frege, On Sense and Reference.收錄於A. W. Moore（ed）*Meaning and Reference.*（New York: Oxford Univ., 1993）pp.23-42.

㊷參閱楊士毅：《邏輯·民主·科學——方法論導讀》，台北：書林，1992，頁6；楊士毅：《語言·演繹邏輯·哲學——兼論在宗教與社會的應用》，台北：書林，1992，頁49。

第二章
懷德海學術思想的開展

前　言

　　首先，我想回顧一下，十九世紀末、二十世紀初的英國哲學界。當時的英國哲學原本是由樂利主義、效益主義或舊譯功利主義（Utilitarianism）的邊沁（J. Bentham, 1748-1832）、彌爾（J. S. Mill, 1806-1873）的倫理學為主流，並導致人們致力於如何調和自由主義與社會主義、及強化實證法學，以補充近代哲學家洛克（John Locke, 1632-1704）所提倡的古典自由主義與自然法哲學的不足，透過上述整合與創新，而影響了日後法政、經濟思潮與體制的走向，並持續到今日。

　　但是就純粹的理論哲學而言，則效益主義在英國學院哲學的主導地位在十九世紀末、二十世紀初，即逐漸地被英國的新黑格爾主義所取代。所謂英國的新黑格爾主義乃意指被英國本土化之後的德國觀念論。這方面的代表有以形上學及「忠的哲學」聞名於世的柏烈德黎（F. H. Bradley, 1846-1924）（按：著名詩人兼文藝批評家艾略特的博士論文即以柏烈德黎的哲學為主題）、鮑森葵（B. Bosanquet, 1848-1923），以及以美學、藝術哲學及歷史哲學聞名的柯林烏（R. G. Collingwood, 1889-1943）。上述三人均在牛津大學任教。而在劍橋大學任教的則有提倡觀念論式的形上學的麥塔卡（J. M'c Taggart, 1886-1925），但他認為傳統的神明並不存在。也可說，當時英國的學院哲學確實短暫地以新黑格爾主義為主流，但康德的影響很少。而羅素早期也受麥塔卡（是其老師之一）及萊布尼茲的影響，而著作了《萊布

尼茲的哲學》。

　　但是，劍橋另一位以《倫理學原理》（*Principia Ethica*, 1903）聞名於世的哲學家摩爾（G. E. Moore, 1873-1958），卻於一九○三年發表了〈駁斥唯心論〉一文，而使羅素從獨斷的「睡夢」中驚醒。至此，英國哲學界配合近代物理學、近代符號邏輯、新數學（如非歐氏幾何等）的開展乃脫離了新黑格爾主義的氛圍，展開了二十世紀著名的分析哲學與科學哲學運動，至今已全面影響世界各種學術領域，尤其主導英美哲學界已長達八十多年，也使二十世紀特別專注於語言學、語言哲學、邏輯哲學、科學方法論及後設倫理學的研究。

　　約在此時，歐洲大陸也在前述種種新科學以及羅素、早期維根斯坦哲學的影響下，結合人文、自然、社會各種領域的學者建構了維也納學圈（Vienna Circle），並由此發展成著名的邏輯實證論（logical positivism）。邏輯實證論強調語句、命題與理論之所以有客觀的認知意義之檢驗標準乃在於是否具有邏輯一致性（即不矛盾）、以及是否能夠透過實證經驗去檢驗某語句、某理論為真，此即著名的「可檢證性原理」或譯「證真性原理」（the principle of verifiability），其後則發展成卡納普（R. Carnap, 1891-1970）的「可印證性理論」（the theory of confirmation），並由此導致了當時熱門的哲學基本問題「歸納法的正當性問題」，亦即有關統計、概率的可靠性之哲學問題，同時主張傳統形上學缺少客觀的認知意義，但具有撫慰人類情緒的功能與工具價值，而與詩類似。換言之，形上學並不是可客觀認知的真知識（即真理）。此外，則是胡塞爾（E. Husserl, 1859-1938）所主導的現象學運動、及其後存在主義或存在哲學的開展。

但在上述哲學思潮之外，又有人獨樹一幟，此即本書主角懷德海。不過，懷德海哲學的孕育由於和上述思潮同時併進；因此，不可避免地與上述種種思潮產生直接、間接與正負面的相互影響。但懷德海畢竟是富於原創性的大哲學家，所以，又不同於上述種種思潮。

　　最基本的，即他雖然曾受柏烈德黎的直接影響，但並不是唯心論或新唯心論者，更不是黑格爾、柏烈德黎的翻版；雖然，他自稱其哲學為機體哲學，但他也不是單純地為萊布尼茲、黑格爾系列的機體哲學作註解。他的哲學是在吸納及批判二十世紀的數學、邏輯、近代物理學及生物學之後，所創造出來的充滿原創性的新哲學。他努力融貫傳統觀念論與實在論、及唯心論與唯物論的對立。但略偏於實在論，但又和傳統實在論不同，而偏重關係活動的論述，故有些人視其為新實在論（neo-realism）或觀念的實在論或理想的現實主義。但任何研究方便用的標籤，都往往窄化大部分的大師。這也是吾人在研讀任何學問都需要特別注意的。

　　其次，懷德海也注意到羅素的宇宙論——邏輯原子論、分析哲學以及其後的開展。他們之間確實有部分相似，亦即他們都駁斥自亞里斯多德以來傳統西方哲學的主流思想——獨立自存、永恆不變且不滅的靜態實體（substance）之理論，也批判和「實體—屬性」相對應的亞氏「主—述式命題」的邏輯與語言哲學，以及殊相與共相的截然二分。但在消極批判的同時，懷德海與羅素都積極的以「動態且相互關聯的事件之流」作為整體宇宙構成的基本單位或最後的真實，只是懷德海對於相互關聯的「關聯」之意義及如何關聯的論述和羅素與早期維根斯坦相當不同。這方面涉及內部關聯與外部關聯之爭辯。基本

上，懷德海以內部關聯爲主，但也兼顧外部關聯的重要性，羅素與早期維根斯坦則以外部關聯爲主，較排斥內部關聯。由於上述差異，導致懷德海的「事件」理論和羅素、早期維根斯坦以及其後發展出來的英美主流哲學中的「事件」理論逐漸分道揚鑣了。也可說，前者發展成機體哲學，後者開展出非機體哲學式的分析哲學、早期科學哲學之邏輯實證論、與邏輯原子論的宇宙觀、以及種種異於懷德海的教育哲學、政治社會哲學、倫理學與文化哲學。

不過，懷德海也接納邏輯實證論之吸收新數學、自然科學、邏輯分析、與強調可印證性的哲學精神；但是他又強調否定命題、假命題、情緒、情感在知識與存在領域中的特殊重要價值。關於強調否定命題、假命題的特殊重要價值正好可與波柏（K. R. Popper, 1902-1994）的否證論相會通；不同的是，懷氏除了將其重要性置於知識進步的關鍵外，並將其提升到構成形上學的真實的一部分，而不是如波柏只限於方法論。此外，懷氏並不贊成分析哲學與邏輯實證論所主張的價值與事實、應然與實然之截然二分或兩者缺少必然性的邏輯關聯；他反過來強調解消「價值與事實」的不可截然二分性，而主張事實已預設了價值選擇活動中有關「重要感」或「重要性」的涉入。換言之，中性事實只出現在抽象概念的思考過程中，並不等同於最具體的真實。

更重要的，他也不像亞里斯多德主義的太偏重抽象概念思考，以及邏輯實證論、科學唯物論等化約論（reductionism）的研究方式，而強調最具體化的直接經驗、原始的身體感受、以及由上述方式所感受到的具體有機的真實世界的重要，並由此展開他的文明觀，以挽救前述抽象與化約式的思維方式所可能產生的文化危機。綜合言之，他

強調同時使用整體性的統觀（synoptic view）與分析兩種方式去觀照世界，繼而對抽象思考、抽象科學、科學唯物論、化約論予以價值定位，因而他雖然強調整體性，但並不是澈底的全體論（holism）者，而是力求解消抽象性與具體性、化約論與全體論的對立。就其批判科學化抽象概念思考的缺憾，及強調具體性、直接經驗或身體感受的面向言之，則非常近似胡塞爾現象學與後現代的基本精神。

　　總之，他主張抽象形式乃是內存於具體真實中，它仍是真實存在的一部分，只是不能離開具體的真實——事件之流，而孤立存在。他努力解消抽象概念思考與具體性思考及直觀、科學與非科學、科學化與非科學化、科學唯物論與非科學唯物論、化約論與全體論之間的二元對立，以維持兩者間的平衡，繼而建構圓融無礙的哲學。但整體言之，在第三期之第一階段與第二階段仍偏於整體性的統觀方式去觀照世界，雖然他的理想目標不只是如此；因此，我們有必要全盤瞭解其整個哲學思想的如何開展。畢竟綜合各階段的不同哲學內容，才是更健全、更完整的懷德海哲學。所以，在本章中，我即闡明其學術（不只是哲學）的發展歷程。

　　由於懷德海哲學乃是各階段、各部分都相互密切關聯的機體哲學，而且，其學術發展的各期著作也呈現「一攝多」（但不是一切）、「多攝一」的有機關聯。因此，其學術思想的開展並非直線型發展，而是後一期著作整合並豐富了前一期著作的精華，所以很難截然精確的分期，但為了方便，一般人總把他的學術生涯與著作，依照其從事教育的地點，分成三個時期：一是劍橋大學時期（1898-1911），即數學與邏輯時期（此即本章第一節）。二是倫敦大學時期（1911-

1924），即自然科學的哲學與自然哲學時期，但同時涉及其中期獨特的知識論與自然哲學的雛形（此即第二節）。三是哈佛大學時期（1924-1947），即形上學及其延伸與應用期（此即第三、四、五節），此期可分成三個階段：(1)建構系統形上學的前奏曲；(2)系統形上學的完成期；(3)形上學的清晰化、延伸與應用。

第一節　數學及邏輯時期

第一期為數學及邏輯時期，這一期的主要著作以數學及邏輯方面為主。如一八九八年出版《普遍代數論》（*A Treatise on Universal Algebra*）、一九○五年，懷德海應英國皇家學會發表〈論物質世界的數學概念〉（On Mathematical Concepts of the Material World）。一九○六年出版《投影幾何原理》（*Axioms of Projective Geometry*）。

一九一○年，懷德海與羅素合著大英百科全書中的〈非歐氏幾何學〉部門，至於〈幾何學的公理〉部門及〈數學〉則由懷德海獨自撰寫。一九一一年出版《數學導論》（*An Introduction to Mathematics*），「此書到目前為止，仍是同類書籍中的佳構」❶。

一九一○年和羅素（B. Russell, 1872-1970）合著的《數學原理》（*Principia Mathematica*）第一卷第一版出版，而第二版包括一、二、三卷，則於一九二五年及一九二七年出版。這套數學原理的巨著「首先是要說明一切數學都能從符號邏輯中推導出來，其次則是盡可能地提出符號邏輯自身的所有原理」（PM序言）。此書出版後，確實大幅影響純邏輯、數學、哲學與教育等方面的發展，甚至被視為人類智慧

的高峰表現。

上列著作使他成為著名的數學家及邏輯學家。

懷德海在此期,非常強調邏輯思考的重要性。他在一九一七年出版的《思想的組織》(*The Organization of Thought*)〔按:此文收錄於《教育的目的》(*The Aims of Education, 1929*)〕中強調:「邏輯,只要被適當地使用,就不會束縛思想。它會給人以自由。最重要的是,它讓人大膽。缺乏邏輯的思想,在下結論時,會猶豫不決,因為他從來不知道它所指的是什麼,或者它的假設是什麼,他也不知道對假設要信任到什麼程度,或者對假設的任何修改將會引起什麼結果。」(AE 122)。又說:「邏輯是老年人伸給年輕人的橄欖枝,是青年人手中具有科學創造之神奇的魔杖。」(AE 122-123)在同書中,他又強調邏輯與數學、經驗科學的關係,他說:「科學的本質是合邏輯。科學諸多概念之間的集結或譯連結(Nexus),是一種邏輯的關聯,而科學諸細部斷說的根據,是邏輯的根據。……我們可以更確信地說:『沒有邏輯,就沒有科學』」(AE 125)。

由於數學、邏輯及科學都具有簡單單純性、一致性(不矛盾)、確定性、精確性、明晰性、規則性與秩序性等清明理性化的種種特性,同時也易於依照明確固定的公式與規則去運作,因而容易被人們所操控,而形成有效率的應用。所以,懷德海曾說:「思想的運作有如戰場上的騎兵,其數量必須嚴格限制,用馬要精,且只在決定勝敗關鍵時使用之。」(IM 41-42)上列各種科學的特性,也順理成章地成為積極肯定邏輯與科技的正面價值,並以此為中心,所開展出的現代主義思潮與文化的部分特色。但是懷德海在早期及晚期往往認為,

單純性、簡單性、簡潔性、確定性、精確性、明晰性、規則性、秩序性與易於操控及運作，固然是人類追求的目標之一，但卻不是整體宇宙最後、最根本的具體眞實的特性，而是人類抽象概念思考的抽象產物。亦即複雜、矛盾、模糊不確定、非規則、混沌等乃是比簡單單純、清晰精確等更爲根本的眞實性，而且強調，若忽略此種眞實性，往往會導致某種哲學、文化、教育與社會的危機。但無論如何，邏輯與數學的重要性就如柏拉圖所認爲的：「沒有數學，就沒有眞正的智慧。」❷甚至就如Pierre Boutroux所說的：「邏輯是不可戰勝的，因爲要反對邏輯還得使用邏輯。」❸

　　就純數學而言，懷德海略優於羅素，亦即其所精通的部門較廣泛。但是懷德海並沒有發現數學上的新定理。因爲懷德海的興趣與著作大致上乃是普遍化、融貫化已知的數學各部門，同時也賦予哲學化的意義，即使日後有關物理學方面的著作，也是除了在純物理的論述外，另外加上哲學化的詮釋，這一切均註定其在日後必然走向哲學家之途。

　　由於懷德海整體的邏輯與數學思想涉及各期的哲學發展，所以筆者將另文詳述。

第二節　自然科學的哲學與自然哲學時期

　　懷德海學術發展的第二期爲自然科學哲學時期。在此期中，近代物理學的發展對他產生了極大的衝擊。

　　一九〇〇年，蒲朗克（Max Planck, 1859-1947）提出「量子論」

（Quantum Theory）以「定額式的不連續」取代古典物理的「連續」概念。一九〇五年，愛因斯坦（Albert Einstein, 1879-1955）提出狹義相對論，一九一六年提出廣義相對論。尤其後者更強烈地影響了人們的宇宙觀或時空觀。此時，愛因斯坦已提出物理學中的「事件理論」，並且認為「沒有事件發生，就不會有時空」，並將牛頓物理學中的時間與空間之二分，融貫成宇宙乃一四度時空連續體。亦即時空是相互依存、無法二分的，而以相對時空觀取代牛頓的絕對時空觀。

面對物理學上的科學革命或典範轉移。懷德海先於一九一八年發表《自然知識原理的探討》（*An Enquiry Concerning the Principles of Natural Knowledge*）一書。此書已加入馬克斯威爾的電磁學及早期量子論的論述。同時消極性的批判數學（主要是歐氏幾何）及牛頓物理學的基本觀點，並提出下列論點：

1. 人是在自然之內，因此人的認識自然乃是在自然內的一個活動，同時，人的認識自然即已涉入、參與自然的演化。換言之，人與自然是不可能截然二分的，這點類似東方「天人合一」與「參贊天地化育」的心境。
2. 認識只是行動的一個側面。
3. 提出事件理論的雛形。例如：事件乃包含其他事件的一部分（PNK 66），事件有擴延性，故有體積大小及有部分（PNK 66），事件是什麼就是什麼，永不變化，也非永恆，永不重現，也無法被「再認知」（recognized）等。
4. 「事件是具有生命性的，而生命性的強度取決於韻律（rhythm）

之強度的大小」(cf. PNK 95-96, 197)，此種強調「韻律性與生命性」的觀念乃貫穿其整個自然觀、形上學、宇宙觀、美學或藝術哲學、社會觀、文化哲學等，是懷氏哲學非常重要的基本精神。甚至可將懷德海哲學、方東美哲學、易經哲學都視爲具有韻律性、節奏性及生命性的生生（創造又創造）之哲學。

懷德海於一九二〇年出版《自然的概念》(*The Concept of Nature*)，其目的如下：

1. 尋求科學知識及人類認知活動的客觀性之理性根據。在這兒，我必須補充說明懷德海的知識論在其整體哲學的開展。懷氏先由自然科學的認識論（the theory of knowing）出發（可由《自然知識原理探討》瞭解一部分），再發展到知識與社會的客觀結構——即對象論與永恆對象的層級結構；再發展到契入與攝入（即認識模式）的研究；進而在宇宙論中，建構形上學內的知識論，而使知識論成爲形上學的一個側面，最後則形成了價值知識論。換言之，懷德海並不是如傳統哲學的將知識論與形上學截然二分或只是將依照邏輯推論去導入形上學，而是將其融貫爲一不可分割的有機整體。

2. 批判抽象概念思考與孤立系統的缺憾，積極提出同質性思維模式與具體性思維模式，以便超然的認識自然。

3. 提出具體性誤置的謬誤與擴延抽象法，以批判歐氏幾何、近代科學的建構方式等；並強調哲學的解釋必須由最具體的直接經驗出發，去尋求最具體的眞實，再由此種最具體的眞實去解釋

種種抽象的事態，這種最具體的真實即是一直在發生中之「事件之流」。而科學的解釋乃是由最抽象的事態去解釋較不抽象或更具體的事態。

4.建構「事件與對象層級」的對比理論，以便解釋人如何從剎那生滅的事件之流中，去超然地、客觀地認識自然，以形成有關自然的概念。

5.時空乃是事件與事件間的相互關係所產生，沒事件發生，就沒有時空的存在意義。這也是愛因斯坦相對論相對時空觀異於牛頓絕對時空觀的基本差異。亦即在牛頓眼中，無事件發生，時空原本即存在。但懷德海又進一步以簡單定位去批判物理學中的相對與絕對的時空觀，並提出異於相對論時空觀的強調事件相互密切關聯的機體哲學式的多重時空觀（space-time manifold）與事件哲學。

6.批判近代科學及科學唯物論的預設——「自然二分法」及「單純定位」及其所導致的孤立系統的缺憾，而認為其乃犯了「具體性誤置的謬誤」，並在批判的同時，積極提出相互關聯、互相擴延的動態的「事件之流」的理論，並以此種「事件之流」去代替西洋傳統哲學的可孤立自存且靜態的「實體」（substance）及牛頓物理學中「物質」（matter）的觀念。

7.與PNK的觀點類似，懷氏認為，自然科學的哲學的工作之一乃是嘗試綜合各個分殊科學的孤立系統，使其建立相互的關係，但此種綜合不是用價值來綜合；相對的，「形上學的工作則是用價值去綜合能知與所知，以形成最大範圍的形上綜合」（cf.

PNK Vii, CN 5）。所以，在此期，懷德海只融貫了數學與物理學，而必須等到第三期，才進一步以價值爲中心去融貫生物學、社會科學及藝術、宗教、能知與所知，以及與上述分殊知識相對應的種種存在世界，亦即將知識、價值、存在與生命性融貫成一有機整體。

一九二二年出版《相對相關性原理及其在物理學上的應用》（*The Principle of Relativity, with Application to Physical Science*）。

在該書序言，懷氏指出：「這本書是對相對論另一種詮釋的闡明，但它並不是企圖闡釋愛因斯坦早期或其後發展的理論。在我的理論中的一個固有要素，乃是堅持在物理學與幾何學之間作出古老的劃分，物理學是研究關於自然界中的只適合某些事件的種種適然爲眞的關聯（contingent relations）的科學，而幾何學乃是表現其自身所享有的均勻齊一性與一致性的抽象關聯性（uniform relatedness）。」從上述可知，懷德海認爲，物理學與純粹幾何學乃分屬不同的領域，純粹幾何乃是超越物理世界及任何經驗界的永恆的抽象存在，它可以不涉及經驗內容或自然界的具體事態，即可建構而成，因此它是最純粹、最抽象的形式知識、是處於一種完全抽象的知識；亦即純粹幾何並不等同於如愛因斯坦相對論所主張的「物理宇宙乃是一曲面空間，其形式乃是由非歐氏幾何（例如三角形不等於一百八十度）所構成」中之「幾何」，這種「非歐氏幾何」在懷氏眼中，應當隸屬於應用幾何學或物理學中，而不是隸屬於「純粹幾何學」。

其次，懷德海認爲，純粹幾何學蘊含了一種不矛盾且永恆不變的

恆眞式（或套套邏輯）的面向。只是，懷氏在後期形上學，則認爲幾何學並不僅僅是如此，它也是「對於諸多集結（nexus）的型態結構學的探究；以及對永恆對象的關係本質（relational essence）的某些面相的研究。例如點、線段等乃是一種帶有某種明確的抽象形式與關聯的諸多實際存在事物所聚集而成的集結」（cf. PR 302）。

就純物理學方面，懷德海在《相對相關性原理》中，採用異於愛因斯坦相對論的數學表式，並嘗試解消古典物理與相對論的對立，透過其富於原創性的重力場論，他相當成功地預測了相對論中所預測的種種物理現象，而且都比古典物理的預測更精確。「但其理論也與其他流派的重力場論一樣，到目前爲止都未能完全通過下列五個檢驗：(1)理論上在邏輯上是否完備、無矛盾且最低層次的類似是否能和牛頓理論相一致；(2)重力的紅位移之實驗（即厄特弗、狄克、布拉辛斯的實驗）；(3)太陽附近光線的折射實驗及時間的延遲；(4)水星近日點的移動是否能和觀測相符合；(5)地球物理的效果（包含地球潮汐現象以及地球回轉力的變化）。

懷氏所提出的存在著遠隔作用（或譯超距作用）的重力場理論，具有非常簡單的形式，而且可通過前述(1)到(4)的檢驗，但是卻未通過(5)（換言之，懷氏富於原創性的重力場論仍有待修正，但究竟是典範的革命，還是加入輔助性命題或假設即可使其與(5)之實驗值較符合呢？目前沒人知道，但物理學界目前已暫時放棄其模式）。所以，懷氏理論也暫時結束其五十年的生涯。雖然到目前還沒有發現可完全通過(1)到(5)所有實驗的理論，但是，沒有完全被淘汰的還有四種：普遍相對論、普蘭斯·狄克理論、S·S·鄧索爾理論和B·鄧索

爾理論」❹。但無論如何，《相對相關性原理及其在物理學上的應用》使懷德海在近代物理學中的重力場論自成一家之言。

就事件理論與自然哲學而言，懷德海在本書中認為「關於科學的哲學是致力於清晰明確的表達與型構出被觀察到之事物的最普遍特性」（R 5），而自然界的終極事實就是諸多事件。用相對相關性進行認識的本質，就是事件必須借助時間與所在（place）來指定載明，這是事件的能力。但是夢由於無能力通過此項檢驗，故不在考慮範圍（亦即「夢」不算是事件，但在形上學中，則必須透過事件與實際存在事物的理論去詮釋「夢」）（R 63）。

其次，他主張「我們必須拒絕區分真實的自然與純粹心理意義上的對自然的經驗。我們對表象世界的經驗就是自然本身」（R 62）。也可說，懷德海反對將化約成電子、基本粒子、物質或能量的相互作用的科學世界與種種原始身體感受到的或心理上所知覺到的時間、空間等知覺世界作截然孤立的分割，而認為前者才是真的自然本身，後者是表象或幻影，或將其視為兩種異質的真實。因此，懷德海認為，真實的自然乃是一種包含上兩種真實且交融互攝所構成的不可分割的有機整體，它是主體經驗活動與客體相互交融互攝所構成的有機整體的自然。這種自然觀乃是延續《自然的概念》所批判的自然二分的結果之一。

總之，此書並非僅止於「客觀介紹相對論」。它一方面要論述愛因斯坦相對論的「哲學原理」；二方面則將上述原理應用於物理科學上，而形成一種異於愛因斯坦相對論的另一種物理學上的相對論（如新的時空理論、新的重力場論），以解決純科學的問題，以成為自成

一家之言的數學物理學家；三方面又是延續《自然的概念》，而以最直接的具體經驗爲基礎，指出表象乃是眞實的一部分；四方面則提出異於愛因斯坦相對論的「同時」理論，以便去解決哲學上認識論的問題；五方面則是爲建構「任何事件乃是具有相對相關性的機體宇宙論與多重時空觀」立下部分基礎。

由於本書係配合《自然的概念》所發展出來的融貫哲學與物理學爲渾然一體的學問，因此，並不只是單純的物理學。所以若以爲其乃等同於「物理學的愛因斯坦相對論」，那就容易「看不懂」或「誤解」。

相應地，羅素面對二十世紀物理學的新發展，也於一九二五年，出版了《相對論ABC》（*ABC of Relativity*），此書乃是順著愛因斯坦相對論去詮釋，而不是如懷德海企圖發展另一套新物理學及懷氏型的新哲學。從另一個角度言之，這是一本將深奧的相對論及物理概念通俗化的傑出著作。此書更被世人公認是解釋愛因斯坦相對論的第二順位的好書，第一順位，是愛因斯坦本人及巴涅特合寫的《相對論入門》。而懷德海在當時也被公認是少數眞正理解相對論的科學家。他們二人對相對論的詮釋方式雖然有些差異，但都積極吸收相對論中的事件理論。例如：沒有事件發生，時間空間就無意義……等。並使「事件」普遍化成哲學所論述的整體宇宙的基本單位。

羅素如此地指出相對論對哲學的影響：「相對論對哲學家最重要的影響之一，是以空間—時間（space-time）（即時間空間的相互依存，不可孤立討論）來代替空間和時間（space and time）的截然二分。根據常識，物理世界是由一些在某一段時間內持續，而且在空間

中運動的『事物』（things）所組成。某些哲學和物理學把『事物』概念發展成『物質實體』（material substance）概念，並且認為物質實體是由一些粒子所構成，每個粒子都非常小，而且都永久存在。但愛因斯坦則以事件代替了粒子；同時，各事件和其他事件之間有一種叫『間隔』（interval）的關係，可以按不同方式把這種關係分析成某個時間要素和某個空間要素……向來被認為是粒子的一切，將必須被認為是一系列的諸多事件……所以『物質』（matter）並不是構成世界的最後質料（the ultimate material）的一部分，而是收集種種事件以集合成束（bundles）的一個方便方式……物理學一直在使物質的物質性減弱，而心理學則一直在使心靈的精神性減弱……我認為，精神與物質都僅是將事件分組（grouping）的一種方便方式……我應當承認，有些單獨的事件（single events）只屬於物質組，但是另外一些事件則屬於兩種組，因此同時是精神的與物質的，這種理論使我們對於世界結構的圖象產生重大的簡單單純化。」❺

此外，羅素又出版了《原子入門》（*The ABC of Atoms*）、《科學的未來》（*The Future of Science*）、《物質的分析》（*The Analysis of Matter*）等。羅素以深入淺出、平易近人的英文表達方式去論述當時最新的科學發展，立下「尖端科學立即通俗化」與「通俗科學著作」的典範，這點是懷德海所未能做到的。在建構優質民主的社會中，將自然科學、數學及社會人文的專業知識，予以通俗化，以提升一般人的知識水平是非常重要的工作。但表達要通俗，又要正確，又要即時吸收新時代所產生的新知識，是需要相當的熱情與才智，但羅素的著作正好是此種典範的樹立者。

其次，羅素有關自然科學的哲學之著作，主要是順著當時各種科學新知識的研究方向去詮釋，並努力吸收最新的科學知識進入其所建構的新哲學。此外，則是將科學方法引入哲學研究中，而使哲學更精密、更清晰、更精確，以便建構科學化的哲學。簡言之，羅素並不是要從哲學去解決科學問題。相對的，懷德海誠然也吸收最新的科學知識，但由於並不是完全順應當時科學知識的研究方向，而是從哲學化的整體宇宙的具體真實去批判科學方法與科學化的抽象思維方式、科學化哲學等科學化論述的缺憾，尤其是指出其所遺漏的某些非常重要的真實事態，並認爲補充這種遺漏，乃是哲學最重要的工作之一。也可說，懷德海爲了描述科學化的論述所遺漏的某些真實，乃建構了有關事件與實際存在事物的機體哲學、歷程哲學與價值哲學，而且上列三個面相的哲學乃是融爲一體，不可截然分割而孤立存在。

　　以羅素的《相對論ABC》與懷德海《相對相關性原理》爲例：羅素是順著愛因斯坦相對論的思維模式與知識去深入淺出的詮釋。而懷氏則是從愛因斯坦相對論出發，去建構一套有別於愛因斯坦的純物理學的重力場論，同時又想解決哲學上認識論的問題，並努力使相對論成爲其哲學的一個例證。此外，更提出相對相關性的基本理念，以便爲日後所建構的機體與歷程形上學立下更健全的基礎。這些理論筆者將在第三、四、五章中詳細論述。

　　由上述可知，羅素面對科學的種種心態與懷德海並不全然相同。但羅素與懷德海都不是科學主義者，他們都清晰地意識到科學方法對處理價值問題的脆弱，而有其限制。但他們對價值的處理方式正好相反。羅素對價值的處理乃是採取事實與價值的二分與二元對立的方

式。而懷德海則在形上學中主張，價值乃是構成事件的必然內存的眞實性或譯內在本有的眞實性（intrinsic reality），亦即事實與價值並不能截然二分，事實即蘊含了價值。描述即必然包含解釋與評價。所以，哲學即價值選擇之學，哲學即「擇學」。

總之，懷德海與羅素都將愛因斯坦相對論中的事件理論普遍化成形上宇宙論中的事件理論。羅素的描述與詮釋即形成其強調簡單單純且清晰化的形上宇宙觀，此即著名的「邏輯原子論」或「中立一元論」。懷氏則建構了關於事件與實際存在事物的機體哲學，並導致其世界圖象乃是強調多中有一、模糊朦朧蘊含著清晰確定、複雜中蘊含著簡單單純，而不是走向清晰確定與簡單單純一元化；這個基本差異影響了雙方哲學的開展，並對後世產生相當不同的影響。我認爲這兩流派的哲學各有其適用範圍，必須相反相成的相互補充對方的不足，如此才能建構更健全的哲學，及使人生與社會更幸福、更多彩多姿。

第三節　建構系統形上學的前奏曲

懷德海在哈佛時期的學術開展可區分成三個階段：(1)由自然科學的哲學過渡到形上學的階段，此階段可視爲懷氏建構系統形上學的前奏曲；(2)系統形上學的完成期；(3)形上學的清晰化、延伸與應用。本節即論述第一個階段。

此第一階段的第一本專著乃是一九二五年出版的《科學與近代世界》（*Science and the Modern World*）。該書具有下列諸種原創性：

1. 懷氏透過歷史分析認為下列五點造成了西方近代科學的興起：

   ‧希臘悲劇中「命運」之信念

   ‧斯多葛的相信自然法則

   ‧羅馬法的制定與切實執行

   ‧中世紀對神明的合理化所構成的對自然之合理秩序之信念，及牢不可破的科學心態與習慣

   ‧文藝復興時，伽利略與牛頓運用「數學」的定量方式去解釋及描述自然，並突破了自亞里斯多德以來，一直停留在分類及定性層次的知識。亦即度量比分類更重要，是科學的重要本質之一

2. 強調「數學」在思想史研究的特殊重要性，甚至認為忽略「數學」的影響，則這部思想史是等於在莎士比亞《哈姆雷特》的戲劇中，缺少「奧菲利亞」（SMW 24）（按：奧菲利亞乃王子哈姆雷特的未婚妻）。

3. 強調技術工具的改進對社會及科學演化的重要性，此點乃受馬克思歷史唯物論的影響。

4. 比前期更受浪漫詩中所揭露的自然觀的影響。他認為一流詩人透過具體直覺所洞察到的大自然的奧祕，所產生的詩句，一方面有助於人們洞悉宇宙人生的具體真相；另一方面，可反映及批判該詩人所處那個時代所流行的宇宙觀，甚至到晚年還主張：「偉大的哲學近於詩」（MT 174）。

5. 本書描繪十七世紀以來科學唯物論（scientific materialism）之起源、獲勝與衝擊。但懷德海進一步透過具體性誤置的謬誤去

批判科學唯物論，亦即認為該理論乃是以抽象的物質或純物理
能量等科學抽象概念去解釋具體的事態，這種由抽象解釋具體
的方式往往遺漏了具體世界中具體事態相互間的物理性攝受的
有機關聯、價值活動與生命性、目的性等，偏偏這些遺漏的事
態乃是構成整體宇宙（含人生）的非常重要成分，甚至會由於
此種遺漏，而產生文化的危機；因而主張哲學必須由具體的事
態出發去解釋抽象的事態，以補充科學化論述之不足。並由此
出發去建構有機機械論（organic mechanism），以解消傳統目的
論與機械論、唯心論與唯物論的對立。

6. 透過近代科學發展，積極提出：構成宇宙的基本元素即事件，
而事件的相互攝受所構成的攝受統一體，即形成整體宇宙的具
體真相。此外，懷氏又指出價值乃事件的內在固有的真實。換
言之，攝受本身即是一種價值選擇的活動。因此，如何攝受即
是如何實現價值選擇。但有關「攝受」理論更系統化的詳盡討
論，必須等到下一階段的《歷程與真實》，才廣大悉備。至於
價值哲學則需等到本期的第三階段才較完整。

7. 強調「藝術」及審美領悟在促進社會進步及教育的重要性，不
過，此處的藝術不限於繪畫、雕塑、建築、音樂……等八大藝
術，而是偏重廣義的藝術。亦即人們可從任何事態的有機整體
的活動歷程中，去體驗出大自然、社會、工廠、人生或一般藝
術作品中所蘊含的整體動態美與部分美。而教育最重要的目的
之一，即是透過生活化的審美教育去培養人們領悟上述普遍內
存於任何存在及其活動所蘊含的美感。簡言之，即培養對有機

整體美與部分美的審美能力與「習慣」。習慣在哲學上是相當重要的觀念，可參閱本書第四章第三節之（三）。

8. 此書末端也曾初步討論形上學中永恆對象的理論，尤其是抽象的層級結構。此外，也論述了上帝的問題，而嘗試以中庸之道去調和傳統哲學上抽象與具體、一與多、永恆與變易……等兩極對立的問題。他認為，哲學上的神明與宗教上的神明及宗教的本質乃是在尋求觀念的探險與創新，而非只是尋求安全的庇護。然而，上列問題的更嚴密系統化的深入論述，仍有賴第二階段的《歷程與真實》等著作。

9. 懷德海批判性的地吸收豐富的生物學觀念，尤其是演化論，並融貫物理學與生物學，以解消傳統機械論與目的論、機械論與生機活力論的二元對立，而成就其獨創的有機機械論（organic mechanism）。這種宇宙觀相當有助於生物學的發展。就如英國著名生物學者，《中國之科學與文明》一書之作者李約瑟（Joseph Needham）所說的：「在懷德海的哲學裡，生物學家們發現了他們特別適合且欣賞的世界觀，雖然辯證唯物論和層創演化論（emergent evolutionism）也曾教導他們，但是他們認為懷氏是有機機械論最偉大且最精明微妙的闡明者。」（SCHILPP 271）

從上述1.、2.、3.、4.可發現：懷德海非常重視科學史、科學思想史的研究。整體言之，則《科學與近代世界》的主旨乃是：透過科學、哲學交互影響下的思想史之開展作一個批判性的交待，並歸結

出，科學唯物論與機械論的缺憾，而必須以有機機械論與歷程哲學的若干基本觀念（如「事件」、「機體」、永恆對象、神明等），才能解決二十世紀科學的新發展所發現的新問題，也才能更完整且更具體地領悟大自然的真相，進而建構人與自然和諧共存的自然觀。此書一方面可融貫及擴延前期的自然科學的哲學，另一方面也為日後建構系統形上學、宗教哲學及諸多文化教育問題奠下基礎，而成為其建構形上學與後期哲學的前奏曲。

相應的，羅素則在其名著《西洋哲學史》（五南出版社的中譯本較詳盡）中，對於科學發展史的前後對比，及科學對人類文明發展的影響，也著力甚多，這是諸多讀者與大多數哲學史的著作所忽略的。不過，這本西哲史在當年的西方哲學界曾造成洛陽紙貴，甚至發行到出版商沒紙可印。其理由無非是大部分哲學史均是由一般的學者寫成的教科書。哲學家甚少全力著作此類著作。關於羅素《西哲史》的多元化特色，筆者將另文論述。

總之，懷德海與羅素均以「先知型哲學家」的身分在他們的著作中，充分表現他們對科學史研究的重視。我之所以稱其為「先知型的哲學家」，是因為有關科學史的研究，自一九六〇年代以來，由於科學史家兼科學哲學家孔恩（T. S. Kuhn）的提倡，已在西方學術界成為相當重要的顯學之一，甚至有的大學已單獨設立科學史系，而不只是四學分的「科學史」課程或科學史組。在台灣，則遲至一九八八年，才在歷史系或史研所加開「科學史」的課程。甚至大部分歷史系由於設於文學院，根本缺少這方面的師資，而找不到人開課。所以，將歷史系或科學史的課程置於文學院中，並不是非常適當的。至於哲

學系所原本即不應該隸屬於文學院，而應該如民國十六年蔡元培先生擔任大學院長（相當於今日之教育部長）時，將哲學系所獨立爲哲學院❻，以廣招不同知識背景的人來研讀。上述觀點的重要性，在閱讀懷德海《科學與近代世界》與羅素《西洋哲學史》時，往往非常容易感受到。

一九二六年，懷德海出版《演化中的宗教》（*Religion in the Making*）。在該書中，他強調下列五點：

1. 宗教的演化過程，可分成下列四大階段：(1)早期以儀式爲主導因素，情緒、信仰、理性爲輔；(2)其後演化至以情緒爲主，其他三者爲輔；(3)再演化至以信仰爲主，其他三種因素爲輔；(4)然後再演化至以理性爲主導，信仰、情緒、儀式則依序愈來愈弱化（cf. RM 18-28）。目前各大宗教如佛教、基督宗教（Christianity，包含羅馬天主教、東正教、新教）、回教、印度教，在一千多年前均曾演化到以理性爲主導的階段，故存活至今。而且愈以理性爲主導，此宗教愈高級。我們也可將上述評鑑方式普遍化到評鑑個人私有信仰的高低級之化分。不過，懷德海固然強調理性化的宗教，但並不排除神祕性的存在；相對的，他認爲人更必須用理性去解釋它，由此而形成了宗教的探險，並使宗教不斷地在理性批判中生生不息地創新。

2. 虔誠的宗教信仰只有當個人在面對整體宇宙時，在心靈上，感受到最深層的孤寂（solitariness）時，才會形成（cf. RM 16, 19, 58）。亦即眞正的宗教信仰是屬於個人，而不是屬於部落、社

群、社會、教會或國家（cf. RM 35）。上列集體組織均是人所建構的。任何「集體」型態出現的宗教形式，只是一種方便工具與社會現象，只是一種踏腳石，它有時有助於個人去感應神明，但更可能因為此種「集體性」，而將人所建構的世界當作神明世界，甚至有時也會因為集體性的群眾活動或社交活動，而導致宗教性偏差行為。畢竟，在群眾活動中，個人的心理年齡只剩下十三歲，而容易形成不理性、偏執及排斥異己、排斥異教的封閉專制心態與行為。總之，真正宗教的本質是只屬於個人，而不是集體。

3. 企圖使世界各大宗教能夠和諧共存，並協調各種神明信仰，以形成和諧對比的有機整體，尤其是調和極端的內存論（即泛神論與絕對論）與一神論，進而提出可為世人所共同認知及共同接受的神明內涵與信仰、以及培養富有開放性與創新性的宗教性心境與情操。

4. 以神明的善性（例如神明之大慈大悲與博愛）代替傳統神明威權式的旨意、神力（神通）與懲罰（cf. RM 40），後者往往帶有半恐嚇的性質。

5. 其神明理論偏於「萬有在神論」（Panentheism），此乃是當代歷程神學的核心。亦即「一切在神明（道）中，神明（道）也在一切中」、「世界在神明內，神明也在世界內」或「我們在道中，而道也在我們中」。不過，我必須強調懷德海的神明不只具有永恆性，也具有演化的歷程面相，不只具有超越性，也具有內存性及超主體性。也可說，懷氏的神明觀並不完全等同於

萬有在神論。

　　總之，本書一方面繼續發展《科學與近代世界》中之宗教觀，另一方面更爲懷氏日後之著作《歷程與眞實》之神明理論及宗教觀作舖路的工作。

　　一九二七年出版《符號論：它的意義及其效果》（*Symbolism: Its Meaning and Effect*）。此書對於符號學、因果關係及認識能力及美學、語言哲學都有相當獨到的見解。就認識論而言，他認爲人的經驗活動可分成抽象的概念分析與知覺活動，而知覺活動又可區分成下列兩種：一種是關於直接呈現或直接表象的知覺模式（the perceptive mode of presentational immediacy），另一種爲關於最具體的因果效應的知覺模式（the perceptive mode of causal efficacy），這兩種知覺模式均不涉及高度抽象的概念思考（sym 17）。懷德海認爲透過這兩種知覺模式之混合與互動，就形成「符號指涉」（symbolic reference）的知覺模式，懷氏即藉此建構其部分的意義理論。此外，懷德海認爲康德及休謨都忽略因果效應的知覺模式與實際具體存在的事件與其他諸多事件之間的具體複雜的因果效應之流。蓋康德及休謨的因果論述，前者爲先驗的概念形式，後者則是主觀的印象與習慣。但更重要的是，懷德海認爲任何一切活動、一切主體都是由因果效應之流的直接、間接影響，而形成其自身存在的底基，也是人類理性認知、抽象思考與科學知識的基源，這是休謨、康德所忽略或未加詳盡論述的。

　　至於他所論述的符號論就如同他一生的縮寫。亦即，我們可將其一生著作區分成五種符號論：(1)數學及邏輯的符號論；(2)形上學及

知識論的象徵符號論；(3)藝術或美學的象徵符號論；(4)社會符號論（social symbolism）；(5)語言。其中數學及邏輯符號由於不具象徵意義，故只是符號，與符號指涉，而非象徵指涉，但它們卻是高度抽象的產物而非常有助於吾人的思維運作與思維推論，而且這些符號形式與結構或關係系統更是具體真實中的重要形式結構，它們連結了許多游離散亂的大部分具體真實內容，而使其高度組織系統化與秩序化。

社會符號乃如交通號誌（如紅綠燈）、國旗、國家名稱等。它們有一部分屬於技術性符號，並不涉及政治社會意識形態，例如：交通號誌等；但有的則涉及濃烈的政治社會意識形態，例如：國旗、國家名稱、情治單位的招牌等；因此，當一個人在反抗現行社會體制時，往往優先摧毀此類社會象徵符號。一般言之，是先有最具體的活動，才會有符號出現，亦即符號是活動之果，他說：「交通符號是吾人交通行為之果！」（MT 31）但社會符號出現後，確實會使吾人產生非常方便與有效率的運作活動，繼而修訂原有的社會行為與社會秩序，而形成新的社會秩序與包含符號與社會行為所構成的另一層次的社會真實。

基本上，《符號論》一書乃是偏重(2)、(3)、(4)、(5)，但關於此方面之詳細內容仍需再綜合其後期哲學中之形上學與藝術哲學中之身體理論才較完整。這方面，我將在《身體‧感性與理性》中論述。

第四節　系統形上學的完成期——機體與歷程哲學

(一)哲學的意義與科學、哲學、宗教間的關係

　　懷德海形上學的第二個階段即系統形上學的完成期。一九二九年，他發表最重要的一部著作——《歷程與眞實》（*Process and Reality*），其副題爲「論宇宙論之論文」。此書乃積極建構系統形上學，而將「歷程即是眞實」，且「眞實即是歷程」作了非常嚴謹且細節化的討論。在本書中，懷德海對「哲學」提出了下列數種說明，並融貫了科學、哲學、宗教間的關係❼。

　　第一，「思辨哲學乃是嘗試建構出一個融貫（圓融）（coherent）、一致、合邏輯的（logical）、必然的（necessary）系統，同時藉著這個系統，我們所經驗到的每個元素（element）都能夠被詮釋」（PR 3）。「詮釋」一詞指的是：我們意識到的（如：享受到、知覺到、所願望或所思考的）一切，都應當是這普遍系統的一個個例。因此，哲學系統應當是融貫的、合邏輯的；「詮釋」也意指該理論系統應當是可應用的（applicable）且是充分的（adequate）。此處的「可應用的」乃意指：至少存在一個經驗項可以如此詮釋；而「充分的」則意指：沒有一個經驗項不能如此詮釋。

　　從上述定義，我們知道懷氏形上學所欲概括的範圍非常廣泛，這也形成另一種觀念與文明的探險。

　　但我們若把所欲詮釋的對象縮小範圍，則形成各種哲學的分支。

例如：專門詮釋宗教經驗、社會經驗、政治經驗、法律經驗、美感經驗、藝術活動等經驗，則分別產生了宗教哲學、社會哲學、政治哲學、法律哲學、經濟哲學、美學、藝術哲學等哲學的分支。

當詮釋人類的認識活動與知識的結構即形成了認識論與知識論；當詮釋規範人類的「好」、「壞」、「善」、「惡」、「對」、「錯」、「正當」、「不正當」的行為與事態，即形成了倫理學。當詮釋人類哲學的發展史即形成了哲學史。

由於上列各種學問領域都必須使用到基本邏輯與簡單的數學（此乃意指任何領域都必然涉及邏輯、數字、算術、歐氏幾何之運作與相關術語之表述，因而，邏輯與數學就形成了一切學問甚至是人類生活的基礎，我們也很容易看到懷德海的學術發展即是從數學與邏輯開始。不過，在哲學領域，更必須研究數學與邏輯的原理，如此又形成了數學哲學與邏輯哲學。很可惜，在現階段的國內，只有極少數人在研究這種最基礎的學問，尤其在一九七○年代，由於蔣氏政權為了以政治箝制學術，鞏固其統治權，因而以政治力干擾學術，而發生不續聘十多位台大哲學教師的「台大哲學系事件」的醜聞後，這方面的研究更是人才凋零。本書在懷氏第一期哲學之所述僅僅是拋磚引玉。

此外，值得吾人注意的是，此處的「我們所經驗到的每個元素」除了必須包括任何的分殊科學的經驗外，也必須包含語言的經驗、常識的經驗，以及「在『實踐』中所發現的一切」（PR 13）。而語言經驗更必須包含人們最平常使用的命題，就如懷氏所言：「形上學的實際目標之一，是要對命題作精確的分析；不只要分析形上學命題，還要分析非常平常的命題，諸如：『今天晚上有牛排』、『蘇格拉底是

會死的』等等」（PR 12）。至於常識經驗的重要就如懷氏所言：「專業與常識之間不斷地相互影響。分殊科學的一部分就是要修正常識。而哲學則是要將想像與常識結合起來，成為對專家的一種約束，同時也擴大了專家們的想像範圍。透過提供類觀念，哲學可以使我們更容易設想，在自然的母體中，還有無數的個例尚待實現」（PR 17）。從最後者，可知，還要包含「未來可能發生的經驗」。而實踐經驗對哲學的重要則如懷氏所強調的：「如果形上學的描述無法涵蓋『實踐』，則此形上學便是不完備的，而必須加以修正。只要我們仍然對我們的形上學學說感到滿意，我們就不會訴諸『實踐』來彌補形上學的不足。形上學無非就是描述那些應用於實踐的所有細節上的通性」（PR 13）。

　　但是，我覺得哲學的定義應該再加上「透過詮釋而理解人類所經驗及宇宙的事實真相之後，哲學家應該再提出具體的方法去提升與改革現實世界」。誠然，有些哲學家在詮釋世界的過程即附帶地或自然地在改造世界，但這種連帶產生的副產品對社會的改革並不夠直接且有效率，通常需要經過其他學者的進一步系統化的闡明，所以往往需要經過一段較漫長的時間（例如：五十年、百年），懷氏哲學即是如此。因此，哲學家若有多餘的時間，最好能將上述改造與提升現實社會的副產品，另寫專著詳細論述之，甚至親自以行動參與社會的改造。就後者而言，羅素是做得比懷德海更徹底。

　　第二，關於科學、哲學、宗教間的關係，懷德海指出「每一門特殊科學的領域，都限定在某一類事實上」（PR 9）。「而哲學的研究則是要追求更大的普遍通性……並向構成科學第一原理的那些片面真理

（half-truths）挑戰」（PR 10）。「哲學必須與宗教、自然科學、社會科學緊密的結合起來，以避免無用之譏。哲學必須藉著將宗教與科學融合成一套合理的思想系統，來取得其在人類學問與世界中之首要地位」（cf. PR 12）。

至於宗教與科學的關聯與差異如下：「科學在它所處理的知覺中，發現了宗教經驗；而宗教則在融合個別特殊的感性反應與概念經驗中，發現了科學概念」（PR 16）。「宗教關切的重點，在於使理性思考和對由人類經驗所產生的知覺資料中的感性反應取得和諧；而科學則關心理性思考與知覺資料本身的和諧。科學在處理情緒時，所處理的乃是知覺到的資料，而不是直接的激情，換言之，科學所研究的情緒，乃是他人的情緒，而不是自己的情緒；就算是自己的情緒，也是自己記憶中的情緒，而不是當下呈現的情緒」（PR 16）。「宗教所要處理的是經驗主體的形成過程；而科學則處理客體與對象——即在主體經驗中所構成的第一面相或第一階段的資料。經驗主體既是由既有的條件中所產生，同時也是既有條件中的一員；因此科學即是要調和思想與這種第一面相或第一階段的事實；而宗教則是要調和包含在該歷程中的思想，與包含在同一歷程中的（主體的）感性反應」（PR 16）。

第三，數學的首要方法是演繹，而哲學的首要方法是「描述性概括法」（descriptive generalization）（PR 10）。也可說，懷德海認為形上學乃是描述普遍性的描述形上學。

筆者認為「描述」可蘊含下列兩層意義：一種是指「描述性科學」（descriptive science），另一種是指「描述形上學」（descriptive

Metaphysics)。前者乃是主客二分時,主體對客體的一種「客觀性」的描述,例如人與自然截然二分時,所描述的孤立的自然或人。而上述之人與自然截然二分的思維模式、再配合古希臘唯物論、原子論的進一步量化,即成就了文藝復興所開展出來的近代自然科學。當然自然科學各部門的描述性與解釋性的強度並不相同。例如:物理學的科學解釋的強度就遠比地質學、地理學更強化。蓋地理學、地質學較難產生一個較為客觀化且令大家共同接受的理論模式,來科學地解釋自然「為什麼」會如此變化,而物理學較能產生共同遵循的理論模式去解釋與描述現象。

或許有人認為:「科學只是知其然,而不知其所以然;若要知其所以然,必須依賴哲學」。但這句話稍嫌誇張,我們寧可說:「自然科學之『知其所以然』並沒有像哲學追溯到那麼終極,亦即哲學往往追根究底,一直追問到『終極的為什麼』(the ultimate why)。」但更重要的是,哲學的描述與解釋也有可能不是人與自然截然二分式的描述與解釋,而是對人與自然交融互攝所構成的有機關聯的整體之描述。此即懷德海、後期維根斯坦與東方哲學中強調「天人合一」與「梵我合一」的形上描述,這種描述即構成下文所要論述的「描述形上學」。

就描述形上學的層次而言,此種描述並不是描述主客二分時之客體或主體,它乃是描述主客合一、本質現象合一的種種「景觀圖象」、對「整體性」的描述。在此層次,我們可先設定幾個基本範疇,然後由此出發去描述此動態的整體,而構成一套描述形上學。而在描述此種「合一事態」與「整體性」的過程中,我們會自然而然地

發現，文字表達與直線型的描述很難滿足對此種事態的描述。這種描述非常類似中國哲學中對主客合一、天人合一之境界之層層描述。其次，由於沒有主觀性與客觀性、主體性與客體性的截然二分，所以，懷德海式的形上學乃是一種互為主體性與互為客體性的主客交融互攝的描述形上學。

此外，描述形上學並非客觀形上學，也非主觀形上學，它乃是一種超越主客對立的一種學問，但它仍具有普遍性、客觀性（此處客觀性和前述自然科學的客觀意義不同，較適當的名稱當是「超然性」），它的「超然性」、普遍性與客觀性乃植根於人類「共同」的當下即是的具體直接經驗或身體感受。但又允許、包容與企圖整合每個人在生命實踐過程中所產生的「不同」的當下即是的具體直接經驗或身體感受。就此點而言，每個人又可建立具有私有性、主觀性的描述形上學，此又形成了哲學民主。十二年前左右，據說有一班修形上學課程的學生，由於只有一位同學認真作上課筆記，所以期末考前，全班都拷貝她的筆記。筆試時，這位作筆記的同學想到其他同學的答案都是筆記上的內容，因此為了爭取更高的分數，她除了詳細寫出老師所講的筆記內容之外，還多寫了她的觀點。結果，成績發表後全班只有她不及格，其他同學都及格。她覺得很不公平，而且很委屈，就哭著去找這位形上學教授。這位教授重看考卷，仍堅持她自己多寫的部分是導致其不及格的主要原因。這位形上學教授正好實踐了「形上學獨裁」。這種心態是我們研讀哲學，尤其形上學所必須確實避免的。

但我們要注意的是，懷德海認為科學的描述與哲學的描述都必然蘊含了解釋。就如懷氏所言：「如果我們想得到一種對『未經解釋的

經驗』的記錄，我們就必須要求一顆石頭將自己的『生平』記錄下來（但這是不可能的），因此，每一份科學研究報告所『記錄』的『事實』，都必然是經過解釋的」（PR 15）。又說：「因爲根本就沒有獨立自足的『事實』，任何事實都必須被解釋爲某個普遍解釋系統中的一個元素，才能爲人所理解」（PR 14）。我們可從牛頓物理學的被近代物理所修訂或革命的命運獲得啓示，懷氏說：「科學的第一原理是有發展性的；並且這些原理的原始形式，唯有透過對意義的解釋與對其應用範圍的限制，才能被保留下來」（PR 10）。「所以，要理解直接經驗，就必須對經驗作形上學的解釋，而將這種解釋當作是在實際世界中，與該經驗具有系統性關聯的一個元素。當思想登場的時候，它會發現，解釋是實際上所不可或缺的」（PR 14）。而描述與解釋某個個體又必然蘊含與介入價值選擇與評價活動中的強調作用與目的性，就如懷氏所說的：「任何個體之所以會獲得其特有的存在深度，乃是透過限定在自己目的上所作的選擇性強調而形成的。哲學的工作就是要重新恢復因選擇作用而變得模糊的那個整體性」（PR 15）。從最後一句話可知，懷氏心目中的哲學起源乃是：「因選擇作用而變得模糊的那個整體性」，哲學的目的乃是要清晰精確化描述那已具有模糊特質且已蘊含價值的整體眞實，並不是如笛卡爾哲學或數學之尋求清晰明確的前提，然後再由此出發去演繹，相反的，乃是如懷氏所說的：「最後普遍性的精確表達是哲學討論的目的，但不是它的起源。哲學家已經被數學的典範所誤導了。」（PR 8）

第四，懷氏爲了詮釋人類所經驗到的一切元素，乃透過「想像普遍化」的方法，建構了一套全然不同於傳統東西方哲學範疇理論的範

疇綱領（categoreal scheme）。這個範疇綱領共分四大部門：

1. 終極範疇（The Category of Ultimate）：此乃指宇宙萬有最具體、最根源的普遍性之描述，懷德海乃是以「創造力」（或創造性）表述之。

2. 存在範疇（The Categories of Existence）：此乃對宇宙各種可能的存在世界或存在事態，無論是抽象的、具體的、可能性的或現實的各種存在作最高、最根本的分類與界定。

3. 解釋範疇（The Categories of Explanation）：此乃解釋各種類型的存在是什麼。

4. 範疇的職責或規範範疇（Categoreal Obligation）：此乃規範存在，亦即「存在應該是什麼」、「應該做什麼」，即各種存在事態的職責或義務爲何。

存在範疇共分可區分成八種可能的存在：(1)實際存在的事物（actual entities）（簡稱實際存在或實際事物）或實際發生的事態（actual occassions）（簡稱實際事態），這是構成整體宇宙最具體、最根源性、最後的眞實或最基本的單位，是純粹的現實；(2)攝受、融攝或譯含攝活動歷程或只譯攝（prehensions），依上下文而定，由於此術語在本書中已使用甚多，因此，立即在下文（二）之第二點中，舉例說明；(3)集結體（nexus）或社會（societies），諸多實際事態的相互需求、相互攝受所形成的整體；(4)主觀方式或主體的形式（subjective form），即主體攝客體的方式；(5)永恆對象（eternal objects），即理想形式，是純粹的潛能與可能性；(6)命題

（propositions）也叫理論（theories）；(7)多樣性或雜多分離的事態（multiplicities）；(8)對比物或對比或譯「以對比狀態存在的事物或事態」（contrasts）（PR 22）。

對上列各種範疇的細述與靈活的應用，可參閱筆者著《懷海德哲學》、以及計畫出版的《存在、價值與生命》。但基本上，《歷程與眞實》的主旨之一即在清晰化、精緻化、細節化、具體化、應用化上述範疇綱領，其後的著述也是如此。

底下，我將《歷程與眞實》所蘊含的機體哲學與歷程哲學之原創性貢獻，分述於下。

(二)機體哲學與關係哲學

懷德海自稱其哲學乃是機體哲學（philosophy of organism）（PR 18, 19），我則更普遍地稱爲「關係哲學」，其意義如下：

第一，將現代符號邏輯中的關係邏輯（relational logic）予以形上學化，而發展成機體哲學或關係哲學。在機體哲學中，關係或關聯（如a愛b的「愛」）是構成關係項（如a、b）之間的一種「非常重要且基本的潛在的眞實存在」（subsistence），雖然它不見得是肉眼可見，但卻可被吾人的身體隱隱約約，有時甚至可清晰地，感受到它的具體實存。例如：「我愛阿美」或旁觀「一對熱戀的情侶」，我們的身體往往會感受到「我愛阿美」的「愛」及「那對熱戀情侶」之間有某種「愛」的關係的存在。而且就因爲此種愛的存在，才使得我與阿美、上述情侶在形成那一刹那或許多刹那的特殊存在樣態，而有別於其他的存在物。

「這對熱戀的情侶在談情說愛」與「未熱戀前的這對男生與女生在說話」即構成了不同的存在事態，這種差異性的形成，即是因為此兩人間的關係前後產生了變化所造成，所以，與其他存在的「關係」對於某種事態的如何發生以及某種存在的內在構成與外顯的特質，是非常重要的決定因素。

　　此外，要完整的認識他人，除了認識孤立的個人外，更必須認識此人和他人他物的關係，才真的能夠認識此人的真面目。例如認識此人與父母、兄弟、丈夫或妻子、老師、朋友、小孩、陌生人等人的關係（例如：是否和諧相處或者是充滿某種怨氣或恨意等關係活動），甚至還必須瞭解此人如何看待人以外的事物（例如：是否喜歡大自然、或不喜歡小動物、是否珍惜一草一木、桌子、書本、電腦等）。總之，必須瞭解此存在物與上述存在物的種種關係，才能真正認識該存在物。

　　第二，宇宙任何剎那的存在物及其剎那的活動歷程都是密切相關聯，同時任何存在物的每一剎的活動和其他存在物的每一剎那都有某種類型的相互關聯。這種關聯乃是透過「攝」或譯「攝取」、「攝受」（攝取接受）（prehension）或「感受、感應、感通」（feeling）的活動去相關聯。底下，我舉例簡單說明「攝」、「感」、「側面」或譯「面向」、「面相」、「觀點」（aspects）與「一攝多」等懷氏慣用語詞的意義。如此當有助於閱讀本書。

　　例如：我「看到」（攝或感的一種方式）阿美甜蜜的笑容，則上述笑容被我「積極攝入」（即感受）到我的腦海裏，而成為構成此剎那我的內在成分，但是這笑容並不在我的身體裏面占有物理學上所說

的有長寬高的體積，故稱爲構成我的「某些側面或譯面向、面相、觀點」。當然，構成當時的我或該刹那的我也還有許多其他側面，同樣的，構成當時的阿美也享有許多「甜蜜的笑容」以外的其他側面。但當時的我也只是攝取接受她所享有的全部側面的部分側面或特性，而其他諸多側面或特性就被我有意識或無意識的忽略或拒斥掉了。

再如我在課堂上上課時，許多同學看著我身體的某些側面、聽到我的聲音，而攝取一些我講的話、聲音、思想、觀點、熱情與理性，成爲同學內部的構成成分，但同時也有意識或無意識地忽略掉或拒斥掉某些我講的話、聲音、思想、觀點、熱情與理性，並使忽略掉或拒斥掉的側面或部分內容不成爲同學內部的構成成分。此即形成「一（指我）被多（指同學）所攝」或「多攝一」。但就在同時，我也是攝取班上一切同學中的某些同學的部分神情（如臉相、專注、純眞等），此即我攝許多同學的某些性質或側面，而成爲該刹那我的一部分面相，但同時也有意識或無意識地「忽略掉或拒斥掉」某些同學的某些神情或側面，並使忽略掉或拒斥掉的側面或部分性質不成爲我內部的構成成分，上述事態即是「一（我）攝多（一切同學中的許多同學的許多側面或面相）」或「多（同學）攝於一（我）」或「多被一所攝」的例證。上列即形成我攝諸位同學的某些側面，同時，諸位同學也攝我的某些側面，而且是「同時發生」的事態，因而形成「互攝」及相互影響，也可說，我跟同學是「互爲主體」，同時也是「互爲客體」，互相滲入對方的具體存在之構成，而類似「你中有我，我中有你」，因而必須相互尊重，甚至相敬相愛，這種關係也適用同學與同學、同學與父母或未來的夫妻兒女之間。此處的「忽略或拒斥」之活

動過程所形成的消極或負面關聯，即稱爲「消極攝受」（negative prehension）；而積極吸收我講話的神情、內容、聲音、熱情與理性，而成爲許多同學的內在成分或成爲內在心像的活動歷程所構成的我與同學的關聯，則稱爲此同學的「積極攝受」（positive prehension）。懷德海又特別將此種積極吸收式的「積極攝受」，稱爲「感受到」或譯「感應到」、「感通到」。人類可透過記憶而永久保存那些所感受到的某些性質。

由於「攝」乃是一種價值選擇及實現的活動，故宇宙萬有的存在構成與形成任何刹那事態的過程乃是隨時充滿了價值選擇活動，故懷德海哲學又形成以價值實現爲中心的哲學。至於其「攝」何種事物、何種性質，乃是以該事物、該性質對主體的「重要性」強度爲主要取捨標準。所以，任何的「攝」或存在物的活動過程即是「重要感」的具體實現過程。

第三，機體哲學的機體類似生物學的細胞，它強調個體或身體與外在環境的互動關聯。懷德海將生命的基本單位——細胞——及其相關理論，如細胞或生命成長、演化與環境互動的有機關係，運用於哲學，尤其是形上學或形上宇宙論。例如懷德海認爲任何單一事件或實際發生的刹那事態都是由「攝」許多事件或事態所構成。每一事件又包含了許多次級事件的發生。每一個次級事件又包含了許多次次級事件，如此一層一層的包含與互攝，而密切相互關聯，任何個體與整體宇宙即透過此種「攝」之關聯活動而形成有生命性的有機整體。此點非常近似生命機體中之衆多細胞的有機關聯所構成的有機整體。其次，懷氏也強調身體與自然的互動、互融，主體與客體的互動、互

融，及強調環境構成身體與主體自身的一部分，反之，也如斯賓諾莎所強調的人是自然的一部分或存在於自然中。亦即要瞭解身體與主體，就必須瞭解環境及關係場域，而不是孤立地將環境及其影響等條件排除掉，然後去瞭解孤立自存的身體或主體。而身體或實際事物與環境或關係場的關聯，就好像有生命性的細胞與細胞、細胞與環境之如何相關聯，而此種如何相互有機關聯的活動，懷德海稱爲「攝取」。所謂「攝取」即汲取周遭環境的某些重要資料的活動過程。總之，懷氏之機體哲學近似生物學的細胞理論，而強調個體或身體與外在環境的互動關聯，而且此種關聯乃是以內部關聯爲主。

第四，關聯可分爲內部關聯與外部關聯。內部關聯意指兩關係項乃是必然的關聯，外部關聯意指兩關係項乃是不必然的關聯。底下，我從認識論的角度舉例說明，以方便讀者瞭解。

外部關聯的認識方式之例子如下：我要澈底認識張三，我並不需要去瞭解張三和其父母親或兄弟或妻兒的相處狀況，我只單就張三的身高、體重、外形、性向、興趣等去瞭解即可。但內部關聯說，則認爲要瞭解張三這個人，上述認識之所得只是膚淺的表象，我們必須瞭解他和其他人（包含家庭）、他物（包含自然界的貓、狗、花草、山水、宇宙萬物）的相處關係，才是眞的瞭解他。

懷德海則折衷式的主張：一個人除了必須瞭解張三的身高、體重、外形、性向、興趣……等，也必須瞭解張三與他人他物相關聯中的某些重要關聯（例如：若他與父母、兄弟或妻兒的關係非常密切（可能是愛、也可能是討厭），或他對宇宙萬有的某些事態非常感興趣，才算是認識張三的眞相。但有些不重要的關係即可視爲張三身外

之物。但所有關係中，家庭關係一定是內部關係，且構成他的內在真實成分。換言之，家庭相當不和諧，則此人在人格上必有相當的偏差，而有待提升。

就形上學的真實之如何構成而言，懷德海認為實際事態（事件）與實際事態的關係即是一種內部關聯，這種關聯稱為「物理性攝受」或「物理性感受」，實際事態與永恆對象（理想形式）的關係即是一種外部關聯，這種關聯乃是一種「概念攝受」或「概念感受」。

很顯然，懷德海企圖融貫外部關聯與內部關聯，以解消其對立，並形成圓融哲學。因此，他雖然主張內部關聯的必然存在，但又同時同意外部關聯的存在價值，換言之，他不主張極端的內部關聯；但他又不走向極端的外部關聯論，亦即他雖然同意外部關聯的存在價值，但更強調內部關聯的內在存在價值。強調外部關聯，而忽略內部關聯的內在真實價值的乃如羅素所主張的邏輯原子論或中立一元論，以及早期維根斯坦在《邏輯論叢》所呈現的宇宙觀。這種論點是較科學化的研究，而且較容易清晰精確，但也遺漏了被認識對象的某些重要成分。關於此，我將詳述於《存在、價值與生命》。

第五，部分＋部分不等於全體，全體會比部分之相加更多一種由部分與部分相互攝受關聯所產生的影響或作用，而產生異於孤立化的那種部分的內在性質，也異於單純相加的全體；此外，從有機關聯所產生的「一體成形」的角度觀之，部分與全體是同時完成的。沒有全體，就不會有部分的實存；沒有部分，也不會有全體。

第六，宇宙中，就部分與部分個別觀之，也許會發生不對稱、准對稱、抑或正好對稱的關聯，但從神明之眼或由整體宇宙的總體性統

觀之，則宇宙一切事態均相互攝受，而形成對稱的大和諧（Great Harmony），亦即總體性和諧。

第七，懷氏雖然主張機體論，但又偏向本體論上的多中有一的多元論，而不是單純的一元論或多元論，一如黑格爾的機體一元論或傳統中國文化中之機體一元論。

第八，「機體」蘊含了下列意義：

1. 「一攝一切，一切攝一」的相互攝受關聯所構成的有機整體，同時每一個體都是由不同攝受內容所組織而成的具有個別差異與獨一無二的存在價值的「有機整體」。所謂「一攝一切，一切攝一」的互攝乃蘊含「每個實際存在皆在其他的每個實際存在中呈現，機體哲學的主要工作即在澄清『在其他存在中呈現』的觀念」（PR 50），而「有機關聯」即專指上類型的關聯。
2. 化解任何對立與衝突的圓融性，由個體的相互密切關聯與相互作用，所產生的整體性的大和諧，因此可使用「機體圓融」與「機體和諧」表之。
3. 實際存在皆有生命性。
4. 有機關聯的組織性與網際網路的互通性。

第九，融貫了語言哲學、知識論、本體論及社會哲學、宗教哲學等，而這一切又都以「宇宙論」融貫之。此處宇宙論乃是哲學宇宙論或稱爲「形上宇宙論」，物理宇宙論只是其例證之一或印證「形上宇宙論」。

(三)歷程哲學

懷德海的哲學往往被稱為「歷程哲學」，其基本意義如下：

第一，事件或實際存在或實際發生的事態即是宇宙構成的最後真實與基本單位。當我們問「什麼是事件或實際存在或實際發生的事態」即是問：「事件……等是如何生成（becoming）」。此處的「如何生成」即是歷程。

第二，整體宇宙最具體的、最後的真實（或最根源性的事實真相或稱為終極真實），並不是如柏拉圖所主張的永恆不變且完美的理型世界或譯觀念世界，而是如古希臘哲學家赫拉克利特斯（Heraclitus）所主張的：「世界上無任何東西固定不動的，一切都在流動（all things flow）」，意即「萬物均在流轉」以及「一切產生一，從一產生一切」的事態❽。歷程哲學即在分析「如何流動」與「一切如何攝於一，一又如何進入其他多種存在物之中」。此外，懷氏的歷程哲學也不像柏拉圖將永恆不變的世界與變易流動的感官世界截然二分成兩種獨立的世界。懷德海認為永恆不變動的理型（相應於懷氏之對象或永恆對象）乃內存於剎那生滅的事件之流中，亦即此兩種世界乃是渾然融為一體，是一種既超越又內存的關係。也可說，他以歷程作為終極真實，去解消永恆與變易之間的二元對立，以形成「理事圓融無礙」、「以事顯理」的世界，而這才是整體宇宙最後的真實。我們平常所遭遇到的對立世界，乃是「事實」（fact）世界，而不是最根源性的終極真實（reality）。

第三，懷氏吸收及修正了達爾文生物演化論的「演化歷程」的觀

念，並將其普遍化到整體宇宙及每個存在物的生成方式，而不限於生物界。

第四，傳統宇宙觀的建立，可區分成以「人為中心」、「以神為中心」、「以物為中心」等三大流派。但懷德海哲學則進一步想去除上述三大中心論，而嘗試以「存在觀點」去同情理解、觀照、尊重一切的存在，無論是人、神、物，也無論是主流、非主流、結構、邊緣或另類之事態。總之，他始終朝著解消任何對立，而朝著圓融無礙的哲學最高境界邁進。

第五，對於主體、客體二元對立的問題，懷德海一方面就認識論立場，提出古老的主體性原理，亦即，任何存在物至少會被某一主體所感受到，否則無從認識該存在物，也無從確認其是否真實存在。只是此主體不限制在人，也可以指一般動物或神。另一方面，就「存有本體論」（ontology）言之，懷德海也提出存有原理（ontological principle），亦即任何事態（包含形式）必然內存於至少一個實際存在的事物或主體中。此處的實際存在的事物及主體乃可意指任一剎那的人、物或神。

此外，懷德海認為主體在完成其自身時，即同時轉化成客體，而等待被其他的主體所攝受。此時的主體即轉化成超主體（superject）。也可說，主體一方面形成主體，但同時又成為其他諸多實際存在事態的客體，而被某些其他實際存在事態對象化，並內存於其他實際存在事態中。這三個面向（指主體、成為超主體、對象化而內存於其他實際存在事物中）是構成任何實際發生的剎那事態的三種內在構成分；但這三者在實際上，是「同時」完成的。此處的「同時」

或「剎那」，是指具體持續的一段時間，而非抽象的瞬時。但就抽象的理論思考，我們可方便地區分成孤立化的主體、超主體、客體、對象化，而建構出種種處於對立狀態的抽象理論（例如主體性哲學、取消主體等）；其中強調主體性（如作者論等即其一例）也構成現代主義的特色之一，而取消主體中心說或以客體爲中心的論述（如讀者論等），又成爲早期後現代主義的特色之一。但就懷德海而言，這些都是從最具體的眞實、或最具體的實際事物在時間中流變的具體活動歷程中，透過抽象的概念思考所造成的「人造的對立」與「孤立式的截然區分」，並不是終極眞實與最高眞理。

上述之超主體性及對象化而內存於其他實際存在事物中，也可視爲主體的發生作用之「用」，而主體原本即是「體」，因此，完整的懷氏型主體（即主體、超主體及對象化而內存於其他實際存在事物中）乃是「體用合一」所構成的整體或「即體顯用」，而非體用對立。

此外，懷德海發展出一套「形上社會學」。此處言形上，意指此處的「社會」不限於人類社會，它是廣義的，是形上學中任何層級的存在，任何層級的剎那活動，由於相互需求與相互攝受而成的共同體，都可視爲社會的例子。亦即它包含個別的動物、植物、細胞、無生命的星球、原子、電子、質子等類，也包含個別的人、貓、桌子。懷德海並嘗試論述整體宇宙中，各種重要層級的社會之普遍同一性、差異性、相互關聯性、隸屬性與各個層次的社會的個別特徵。關於此還必須參閱《思想之諸模式》。而從集結與社會的內部構成言之，則任何作爲主體的社會成員與作爲此主體的客體的其他成員，往往由於相互需求與相互攝受，而使得主體與客體的關係乃是形成「互爲主體

性」（intersubjectivity），而且是我所謂的「互為客體性」（inter-objectivity），由此才構成社會。只是成員A對成員B的攝受活動，與B對A的攝受活動未必是對稱的，例如：「甲愛乙」未必可推論出「乙愛甲」；「甲愛乙達到H濃度」未必「乙愛甲即達到H濃度」。上述強調「互為主體性」的論述乃是後現代思潮較成熟時的重要特色之一。也可說，前述之作者論或讀者論都必須各打五十大板，畢竟兩者必須同時存在，作品才會產生具體真實且豐富的意義，誰也不構成任何中心、誰也不能宰制誰，此時才走向真正相互尊重的民主社會。

第六，歷程涉及時間性與韻律性，而時間的最基本單位即是「剎那」。不過，剎那是一段時間，而不是抽象的瞬時。但此一段時間或一剎那並不意味著一定是指一秒鐘或一分鐘或任何時間間隔，而是指一個單位的事件或事態發生告一段落所耗費的時間，而一個單位的事件或事態主要是看你所要論述的事件或事態為何來決定。較短時間的事件或事態，例如「我想起A事態」可能零點五秒鐘或一分鐘或十分鐘。時間稍長的事件或事態，例如：「二二八事件」的時間單位則可以是一個多月。在擴大到長時間的事件如「某個大時代——文藝復興」可能算一百年之久，甚至可長達數百年。

此外，時間有兩種意義：一種是微觀時間，即不斷剎那生滅的實際事態中之「剎那」，由於任何實際事態的每一剎那都在不斷變動中，故此種「剎那」無法非常客觀且精確的估算其長短，所以它是一種私有性的時間。另一種是巨觀時間，即是一般人在日常生活中所說的時間，它可被人們非常清晰精確地表達出其長短的時間，所以它是一種公有性的時間。

後者的例子如下：「這個椅子用了二年，壞掉了，不能再坐了。」亦即，人們知覺到這個椅子的模型或典型（pattern）（即主要特徵）已「持續」（endure）了二年都沒變，則在這二年內，就一直被人很明晰地將此物稱為「這個椅子」。一旦這個模型或典型消失了，一般人就不再稱此物為「這個椅子」，因為它已不再存在了。總之，之所以在日常生活中，一直稱其為「這個椅子」或「同一的椅子」，而不認為其乃「另一個椅子」，是因為它有一種由「永恆形相」所組成的「不變模型」所產生的明確特徵，而且一直持續存在著。以人的精神面為例，若正義的人格典型一直持續甚長的時間，則我們稱他為「義薄雲天」。Pattern在此種有高級精神價值的情境中，譯為「典型」較適切。

　　至於前者的例子如下：前述之「這個椅子」，若從微觀系統觀之，則「這個椅子」由於風化、潮解、空氣摩擦力等作用，乃使「這個椅子」在每一剎那都變化成「另一個椅子」，而不是「這個椅子」已持續兩年，很顯然，這種「剎那」實在無法精確的估算其長短。此外，即使「這個椅子」不在持續其模式，而變成另一種事態，但「這個椅子」的模式仍可永恆地內存於吾人的腦海中的抽象概念。但更重要的事例乃是運用於作為高級機體的人類之心靈與精神生活上，人的思想、精神狀態的變化，確實是剎那生滅，例如快樂、痛苦、愛心、慈悲等心態或德性的強度之變化是很難清晰明確的計算出其持續多久的時段，甚至可透過意志力任意改變其時間的長短，此外，人的主觀價值的差異，造成其所認識對象的典型的持續時間的長短，也有不同的評估。故此種時間是私有性的。心理學上所說的「心理時間」即是

此私有時間或微觀時間的一個例子。

　　若是以整個宇宙的演化歷程的某個持續特徵爲標準，例如生物宇宙中，爬蟲類持續當家了數十萬年，則稱爲「爬蟲類時代」，這種分類方式，乃成了「宇宙紀元或時段」（cosmic epoch）。從另一角度言之，則宇宙的演化若比其基本演化速度（筆者按：此乃指刹那生滅的演化速度）要更緩慢，而有助於或足夠慢到滿足人們能夠預測未來及心智上的重建過去的需求，則形成演化的一種基本單位，此即稱爲「宇宙時段或宇宙紀元」（cosmic epoch）❾，此種基本單位的形成，也構成了宇宙與歷史的一種有韻律的脈動。就如懷氏所言：「歷程具有歷程的韻律與節奏，藉著此種韻律與節奏，創造力的作用產生了自然的脈動，每一次的脈動形成了歷史事實的自然單位」（MT 88）。也可說，當某種模型或典型實現於事件且持續一段時間或一刹那，乃是一個時段或紀元。爲方便理解，此種以模型或典型來區分時段或作爲時間與歷程的基本單位，即相應於藝術史之以「風格」來區分藝術史的各個不可分割的基本單位，例如文藝復興時代、巴洛克時代等。同時「在持續該同一模型的時段中，各部分歷程之諸面相或諸階段」必須被視爲一不可分割的有機整體且同時完成。例如音樂的音階在一瞬時，什麼都沒有發生，也談不上有音階的存在，音階的存在必然是一段不可分割的時間（即時段）。再如，當我們表演一首樂曲，必須將整個樂曲視爲一整體，才叫「此樂曲」，而「此樂曲」的形成乃需要一段時間，但此一段時間並不可分割。因爲一旦分割，亦即樂曲只截取其中一小段，則此部分所呈現的意義和整個樂曲所呈現的意義已不相同了，已不能稱爲「此樂曲」。

上述這種以集結（例如前述巨觀系統下的「這個椅子」）之明確典型或特徵之持續為基本時段的區分方式，乃是今日史學上區分時代的方式。換言之，我們可將上述時間觀轉化到歷史研究，則一個時代的「重要時代特徵或時代精神」（即模型、典型）持續一段時間，即劃分成「某某時代」，例如：台灣史上所區分的史前、平埔族與高山族、荷蘭西班牙、明鄭、清代、日本、戰後等時代。當然，每個時代的特徵或精神的持續過程中又包含許多微觀下的小時代精神或次級的模型、典型。這些大時代或小時代，總之，是一個時代，它可以是三年、十年或可能是五十年或一百多年、一千多年，然後轉化成另一個時代的特殊特徵或精神，如此即形成另一個「某某」時代，我們往往稱某個轉折期為「新紀元」或「新時段、新時代的開始」。

換言之，上述形上宇宙論的時間觀也是吾人在研究歷史時，所常用以區分某個時代、某個斷代的形上學根據。只是有些史學工作者並未自覺到上述理論根據，而盲目地按照別人的斷代區分去研究。若瞭解上述理論根據，則吾人即可透過任何史觀，無論是唯物、唯心，無論是以生產工具、生產技術、地理因素、政治、經濟、道德、藝術、宗教等為中心或採用數個中心或其他方式去改寫歷史、重構歷史，並可預測未來發展的大致傾向或未來整個大時段的主要演化趨勢。

總之，上述時間觀稱為「時段或紀元的時間理論」（the epoch theory of time）。

其次，上文所提及的剎那、綿延、時段、持續、韻律與節奏等都是在論述時間的原子性（即不可分割的基本單位）。只是我們要注意：懷德海所講的時間的原子性，並不是單純意指科學化約論式的將

其分割至不可分割的具有同一性的基本構成單位，亦即不可化約至「可孤立存在的原子單位」或「一定是某確定長短的時間間隔」。相反的，懷氏機體哲學所強調的乃是全體論式（holistic）的具有具體特殊性、私有性、個別整體性與機體性之原子性。這種原子性的界定方式是動態、靈活的；例如十分鐘可視為一基本單位，二十分鐘、一秒鐘，甚至一個月，都可視為一種不可分割的基本單位。而且隨著不同實際事態或主體價值觀與心靈作用在不同立足點或不同視角的差異，而有不同的長短。但無論該發生事件或實際事態的單位時間是被視為多長或多短，它們的歷程形式都具有家族相似性。這種歷程形式的家族相似性即是歷程形上學所要探討的重要主題之一。至於筆者偏好使用「剎那」來說明時間的原子性，是因為其較接近日常語言，而且可配合佛學中「攝一切剎趣一剎，一切身趣一身」❿的論點。

由上述，可知，懷德海為時間的原子性（按：「原子」之本意即「不可再繼續分割的基本單位」）提出了一個圓融精緻的合理性根據⓫。

第七，事件或實際發生的事態在空間上有大有小，在時間上有長有短，而形成不同規模的事件或實際發生的事態。最大規模的即整體宇宙的發生及其演化歷程、以及神明。同時宇宙中更包含了許多小規模的事件或更小規模的剎那事態，而且這些事態或事件又相互攝受、相互關聯。但無論發生多大多小、多長多短的事件與實際事態，其發生歷程的結構均有共同的普遍形式或家族相似性。歷程哲學的職責之一即在描述此種普遍的或具有家族相似性的歷程形式，並同時透過此去解釋具體特殊事態的特殊性又如何形成。

基本上，歷程可簡單區分成微觀歷程與巨觀歷程。微觀歷程乃是由「多」發展至形成某種聚合的統一整體（此即「一」或稱爲社會），同時此「一」而成爲新的多中之一；巨觀歷程乃是此「一」又和其他的「一」（可能是遙遠過去或最近發生的刹那事態）構成「新的多」。此「新的多」又發展聚集成「新的一」（此又是微觀歷程）。此「新的一」又和其他的「一」構成「新的多」（此又是巨觀歷程）。歷程就在此種「多至一」、「一至多」、「微觀歷程與巨觀歷程」交互運作的普遍形式與韻律中，不斷地演化下去。「一」意指任何事件或任何刹那發生的事態、甚至任何一刹那的整體宇宙與神明。關於歷程各階段與各面相的進一步區分與描述，我已在已出版的《懷德海哲學》詳述。另外，我也將在《存在、價值與生命》中作進一步的論述與應用。但基本上，歷程哲學即在論述上述各階段、各類型的歷程的細節。並由不同類型歷程的形成去說明各種存在層級的如何逐漸生成與提升，例如低級機體的物理世界與具有知識與智慧的高級機體等的如何生成；同時也相應地描述各種層級的認識活動的如何形成，例如各種判斷、想像、抽象思考、科學知識等的如何形成。

　　更細節言之，則各種實際存在物與生成歷程乃是透過種種不同類型的攝受作用之相互對比、整合，對比的對比、再整合、對比的對比的對比、整合再整合……，而形成各種低高級的存在，每一個存在在某一刹那可能是低級、但在另一刹那則可能是高級。懷氏即嘗試普遍性的描述各種低高級存在的生成歷程。

　　他由低級的物質性存在論述到較高級的生理性、心理性、再到具有高度抽象思考能力與高級精神活動的存在（例如心智活動非常強化

的高級人的活動歷程），而且整合再整合，則所形成的和諧的有機整體就愈來愈複雜，但也愈高級，最後則是整合傳統神明與世界的二元對立，而形成最高級的存在——此即懷氏心目中的神明，這即是整個歷程演化的高峰呈現。

第八，透過剎那歷程的分析，懷德海邏輯推論出懷氏型神明的存在，同時，懷德海並對神性予以詳細的描述，而形成其宗教哲學的核心，而影響了當代思潮。更奇妙的是：神性的構成和一般實際剎那存在的活動歷程之普遍形式非常類似，故神與一般存在仍屬於同一類的存在。只不過，一般的實際事態所攝受到的萬有，往往包容心不夠，而排斥了部分萬有或部分其他事態，而神明（實際存有）則不會形成具有排斥性的消極攝受，因而感應了一切的一切。這是由於神明的博愛所導致的無限包容心。一般事態所能概念感受到的形式或理想，或所實現的理想，始終只是永恆理想或理想形式的一小部分，而神明卻概念感受了所有形式或理想，並隨時誘導任一剎那的宇宙萬有去感受它、去實現於實際世界。簡言之，一般事態只是一感多，但神明卻一感通一切的一切。

第九，懷氏在將「神祕的神明」儘可能理性化後，卻形成筆者所說的「存有的詭論」（ontological paradox），他曾對神明與世界作下列弔詭式的表達：「(1)說上帝是永恆的、世界是變動是真的；就如同說世界是永恆的，神明是流變的是真的。(2)說神明是一，世界是多；和說世界是一，神明是多，都是同樣的真實。(3)說神明與世界比較起來，神明是卓越的現實是真的；和說世界與神明比較起來，世界是卓越的現實，也同樣是真實的。(4)世界內存於神明是真的，就

如同說神明內存於世界也是眞的。(5)說神明超越世界是眞的，也如同說世界超越神明是眞的。(6)說神明創造世界，和說世界創造神明，都是同樣的眞實」（PR 348）。此外，神明是一，也是多，神明是抽象，也是具體；是潛絕，也是現實；是永恆，也是變易、演化中、創新中；是理性，但也是終極非理性及神祕的；是完美的，也是不完美的；是國際化的，但也是本土化的；是秩序化，但也有混沌；是和諧的，也是不和諧的。

　　不只神明（實際存有）具有上述吊詭式的雙重特性，一般的實際事態、剎那事態也具有上述吊詭式的雙重性質。面對上述存有的吊詭事態，懷氏認爲可透過宇宙本有的創造力去使其融合成對比的對立之融合體（PR 348）。其神明理論偏於萬有在神論（Panentheism）。亦即「一切在神明（道）中，神明（道）也在一切中」、「世界在神明內，神明也在世界內」或「我們在道中，而道也在我們中」。不過，我必須強調懷德海的神明觀並不等同於著名弟子——歷程神學大將——哈茨宏（Charles Hartshone）所詮釋的「萬有在神論」，此乃是當代歷程神學的核心。但懷德海的神明不只強調演化歷程性與內存性，也強調超越性與永恆性。也可說，懷氏與歷程神學的神明演化歷程性與內存性補充了傳統西方神明的只強調超越性與永恆性的缺憾；同時也補充了東方某些神明的只強調演化面與內存性的缺憾。

　　此外，他強調以神明的善性（尤其是溫柔的愛）代替傳統神明理論所強調的威權、旨意、法官之角色。最後，西方傳統的神明是一種獨立自存，不依賴萬事萬物而存在的實體或譯自立體（substance）；懷德海則認爲神明的存在固然有其超越性、自主性及永恆性；但也依

賴宇宙任何存在的活動去豐富其本身。換言之，神明與世界並非二元對立，也不是只有世界各種存在物在依賴與分享神明；而是神明也依賴與分享世界的日新月新，而創新不已，並使神明更有新意義與新價值。總之，神明與世界是具有相互依賴、相互共生的關係，並透過此種關係使兩者整合成有機整體與生命共同體。

由於懷德海認為神明參與了世界的創化歷承，而各地皆有不同的風土民情，因此神明也入境隨俗，而在各地呈現不同的特殊樣式與風貌，隨著塵世中的人共同感受歡喜與共同忍受痛苦，而形成本土化或本色化的神明。傳統西洋哲學史所成就的只是哲學上的神或當作工具使用的最後法寶，柏拉圖、亞里斯多德、笛卡爾等均屬之。但是，懷氏卻由哲學上的神，再提升至宗教信仰的神，而且是努力綜合全世界各種不同地區、不同文化、不同宗教的不同信仰中的神，而且使其能夠和諧共存，甚至整合成和諧對比的統一體。至於筆者在《懷德海哲學》第四章中所提出的「神祕眞實的上帝」之論述則整合了更多的傳統東方神明，甚至一般人所說的無神論的信仰，並使其和諧共存，而非誓不兩立，以避免不同宗教間的紛爭。

第十，傳統西方的神學家乃是由先相信「神存在」或透過「神啓」去論述神，這不是哲學家，也不是哲學神學家。這種方式是獨斷的，雖然有些當代神學家也會涉入哲學領域，如系統神學的田立克（Tillich），但後者仍不成為完整的哲學神學家，因為他仍缺少許多哲學內容，但有些內容卻可引入哲學討論，也是事實。相對的，在東方成為哲學神學家（較恰當名稱當是哲學宗教家），則此種人較多，尤其是印度、中國唐代、日本的大多有成就的佛學家均屬之。但不是所

有研究佛教、佛學有成就的，即可視爲哲學化的宗教家（或神學家）。例如大多數僧侶均只是宗教工作者（或佛學工作者）或宗教家，而不具備哲學家的身分。而懷德海乃是較不獨斷的宗教哲學家與哲學宗教家或哲學神學家。

第十一，懷德海發展出一套「創造力」的形上學：懷德海乃以「創造力」作爲任何實際存在物的普遍本質。換言之，此創造力近似亞里斯多德being的地位。也可說將具體普遍的「存在性」之內容視爲創造力或創新力，且任何的刹那的活動歷程都由於此創造力的無所不在，而產生創新性。所以，整體宇宙與神明也是不斷地創新，而生生不已。懷氏更將神明與任何實際存在物均視爲本有普遍的創新力的一個表徵或例證。也可說，神明與人等任何實際存在物都同時且隨時在創新世界，神創造了實際存在物，實際存在物也創造了神。

第十二，綜上所述，懷德海在《歷程與眞實》中，先是把人、神、其他實際存在物均視爲同類；繼而透過歷程演化的進程及存在物起源與生成過程的差異去區分不同存在物的層級高低，甚至更進一步區分不同存在物的刹那活動之不同表現的層級高低。此種「起源區分」乃是透過不同攝受與對比活動的進一步強化，以及感受、認知方式的日益複雜、日益強化，而分別出低高級的刹那事態或低高級的機體。同時也表達了人的認識活動（即感受方式，如抽象思考、想像、創造思考、種種判斷等感受方式）及物質、一般生物、人、神等的結構形式與活動歷程。

第十三，懷氏的攝受理論也可開展出一套倫理學，並消除利己（self-interest）與利他、以及利己主義（altruism）、唯我主義

（solipsism）與利他主義的極端對立。

依照懷氏的攝受理論，任何剎那存在若要自我創造，以成爲他自己或稱爲自我實現，就自然地，有意識到或無意識到的以重要感及興趣爲價值選擇標準，去汲取（即積極攝受或感受）或排斥（即消極攝受）某些資料，此種活動本身即是自利行爲。此種利己行爲乃是宇宙任何存在的本有天性，其本身並無所謂善惡。只是愈低級的實際存在物，其心量較窄，常有意識的排斥許多資料，以有利於自我的實現。誠然，一般人往往會盲目排斥或未注意到某些資料，而不自覺地傷害到對方，而不知道自己已做了壞（bad）事。但當排斥傷害到對方的本質屬性時，尤其是有意識地排斥傷害，即形成惡（evil）活動。相對的，愈高級的，則有意識的排他性就愈少；相對的，圓融性就更強化，就愈可能做好事。

其次，就實際存在物的超主體性言之，當其在完成自我後的同時，又自發地成爲公有物，而等待且必然被其他實際存在物所攝受，以成爲其他存在物的一部分，而有助於其他實際存在物的完成自我。就此而論，任何實際存在物的完整生成歷程乃是在利己的「同時」，也是在實踐利他活動，只是當事者未必清晰的自覺到。但此種利他活動也不必然是好或壞、或道德上的善或惡。這還必須觀其後續影響與形成自我時的主觀方式、主觀目的等因素，才能確定。簡言之，懷德海透過機體與歷程哲學的論述，可發展出一套消除利己與利他二元對立的倫理學。當然其倫理學可論述的仍非常多。

第十四，若我們把《歷程與眞實》一書孤立地研究，而不涉及其他書籍，那麼我們會發現，其書乃是像公設數學（axiomatic

mathematics）或公設物理（axiomatic physics）的系統一樣，是嘗試由一些基本普遍的觀念，如「創造力」等範疇綱領，演繹出一個合邏輯、一致的、且融貫的必然系統，去嘗試解釋人類所經驗到的一切，不過他也瞭解此種哲學系統也只是一種嘗試、一種努力，並非他認為他真的已經圓滿解釋了人類所有的經驗，只是他認為他的研究方向是正確的而已。亦即「創造力」等範疇綱領所描述的「範疇內容」只是此純粹的演繹系統中的基本設定或假設，而缺少了經驗的根據，而該書也只是概念式的宇宙論。

但是我們若從《自然知識原理的探討》出發，經過了《自然的概念》、《科學與近代世界》前半部，則發現《歷程與實在》並非單純孤立的一個演繹系統，也不是一個概念式的宇宙論，而是運用人類活生生的身體對整體世界的原始的整體性的身體感受，配合物理學研究方法，也是由經驗資料出發，經過歸納及創造想像力，以及懷氏所提出的「想像普遍化」（imaginative generalization），去追尋具體普遍性，才建構出此「創造力」等範疇綱領中的種種基本觀念。

第十五，綜合本節所述，可知，懷德海在此階段乃是批判選擇性的吸收柏拉圖哲學的觀念理型論及亞里斯多德的潛能與現實觀念及受到新黑格爾學派的影響，雖然上三者在《科學與現代世界》已有之，但此期更濃。但是都不能歸屬於上述任何一支流派。此書使他成為第一流的形上學家。

第五節　形上學的清晰化、延伸與應用

懷德海形上學的第三個階段即形上學的清晰化、延伸與應用。一九二九年，他出版《理性的職能》（*The function of Reason*）。「職能」意指職責與功能。在本書中，他一方面論述理性的職能與方法論，另一方面又批判式地吸收達爾文生物演化論所衍生的方法論、哲學、社會與歷史思想。關於後者的批判如下：

第一，達爾文強調盲目、無計畫、無目的性的演化論。但懷德海則認爲整體宇宙的演化（含生物演化）是具有目的性或目的因——此即「大和諧」。其次，演化是中性的，它可能向上提升，也可能向下退化墮落。

第二，達爾文主張「適應環境以追求生存（繼續生存）」的「最適者生存」的演化觀。但懷德海認爲高級機體，不只適應環境，而且改造環境（FR 7）。而且生命的存活，是爲了「生活得好」以及「生活得更好」（to live better）（FR 8），而不只是爲了單純的求生存而奮鬥。其次，懷德海認爲任何存在物的價值高低也不是取決於「存在多久」。例如石頭是存在最久的，但是它的價值卻比不上只存在七、八百萬年的人類。

筆者往往將上述理論轉化成歷史哲學與人生哲學。亦即文化存在愈久，並不意味著此文化就愈有價值，說不一定它也只是跟前述之石頭一樣，不是非常有價值。文化的價值，在於其能體現眞、善、美、和平、探險、創新等價值，而提升成文明化的文化，並非只是「繼續

存在」或「存在非常久」。而人類歷史演化的原動力與目標及人生的意義與目標，亦即歷史演化與人活著並不是只為了「求生存」或「存在得更久」，而是為了「生活得好」以及「生活得更好」，但基本的問題即是：「何謂好」及「更好」，由此又進入了「倫理學」的基本課題，什麼是「好」或譯「善」；但此處的「好」或「善」不限於「道德善」，也包含和道德無關的「非道德的好或善」。

第三，懷德海批判十九世紀的生物演化論及社會達爾文主義及任何強調以「起源法」去研究學問的任何流派，他認為他們過於誇大與濫用「起源法」的有效性（cf. FR 11, 43）。他在《符號論》說：「十九世紀誇大了歷史方法的力量，並且想當然耳地假定每種特徵都應當僅僅在萌芽階段去研究，於是，譬如研究『愛情』就必須先從原始人，或在低能者中去研究」（SYM 6）。此外，他也認為此方法與牛頓物理學的科學方法論忽略了目的性對當前事態發生的影響，而有其限制（cf. FR 15-16），但上述方法產生非常豐碩的實用與實踐價值是無庸置疑的（cf. FR 52）。

至於理性的職能（職責與功能）如下：

第一，「理性的職能在於整全的或整體性統觀地理解世界，及尋求實踐行動的直接方法」（FR 11）。理性可分成默觀（或譯思辨）理性與實踐理性。

實踐理性起源於動物生命層創演化成人類之初即有之。思辨理性較晚，在古希臘同時的印度、中國都曾發展。三者都曾展現相當深度的宗教性、哲學性的思辨，但是古希臘多發展出較完美的技術與方法的訓練，而使古希臘的哲學與文化產生更多元化、更豐碩、更有效力

的成果與影響（cf. FR 41）。這也是自文藝復興以來，東方的科技文化會落後西方科技的根本理由之一。

古希臘的默觀（或譯思辨）理性即如柏拉圖式的理性。它尋求完整的、整體的理解之大智慧或理性直觀（FR 11）。由於思辨理性也尋求為理解而理解，而不是只為實用而理解，因而擴大了生命的意義。而關於何謂理解的進一步專論則置於後期的《思想之諸模式》。

古希臘的實踐理性與方法理性即如尤里西斯（Ulysses）之狐狸式的靈巧智慧（fox wisdom）之理性，它尋求實踐行動的直接方式。

上兩種理性的交互影響與融貫所構成的整體理性乃促使理論與行動的相互影響與合一，而形成有意識、有自覺到以高級理論為基礎的實踐行動；同時，也透過實踐，不斷地修正、豐富理論的細節，並促成整體理論結構的創新；實踐也因為主體自覺到實踐活動中所蘊含的更高級、更豐富的理論，而使類似的活動形成更有意義、更有價值的活動。總之，理性促使理論與實踐相互作用、相互整合，而形成不斷創新的實踐行動，並提供行動的直接方法，而強化實踐能力，提升實踐效果。

第二，理性的活動提升了思辨（默觀）自身與方法自身的價值：思辨理性（或理論理性）使我們知道如何汲取、選擇質料（此即方法），而使理論活動獲得了該活動所需要的質料與內容。但每種方法與研究進路，都是某種觀點，都限制了我們的取捨，而有其有效範圍的限制。但理論理性的直觀作用或從後設的角度去反省各種方法的哲學基礎，所形成的方法論，又使我們不斷地自覺所使用的某種方法的限制，而超越上述限制，因而能活用各種方法，但又不至於成為所使

用之方法的奴隸；如此而使理論理性與方法理性在相互作用之下，提升其自身的價值。換言之，方法理性也由於理論理性的默觀或直觀所產生的作用，而超越了其自身的限制。就如懷氏所言：「思辨理性可獲得內容，亦即獲得理論活動在運作時，所需要的質料；同時，方法理性也可透過理論性的洞觀（觀照）而超越了（方法）自身的限制。」（FR 43）總之，他認爲思辨理性可以超越方法理性的侷限性。

例如：理性反省統計三段論、機率、或民意測驗等歸納法的正當性，使我們瞭解若要使上述方法有效成立(或稱爲證成、具有正當性、前提眞，結論必然爲眞)的必要條件，並進而瞭解其限制性及如何改良該方法，如此，則可活學活用上述方法，而不至於迷信該方法，及被該方法限制我們的理性思辨能力⓬。

第三，理性的職能在於提供目的性，並解決經驗與想像的對立。使想像落實於經驗，但又使經驗透過想像而擴充其創新性。如此，才可避免經驗造成人的畏縮。亦即理性所提供的目的性，使我們知道改造環境的改造方向，如此也才會發生具有創新性的事件與知識。

第四，理性可制衡權威與教條，並理解任何方法、教條、權威、部分眞理的有效範圍，當其越界，則予以批判；當然理性也反思及批判理性自身的有效範圍，以促使教條化的目的消失，而使目的產生開放的效力，並避免因方法的重複與韻律的反覆所產生的疲憊，以使每一次的反覆與韻律的重複成爲一種創新，繼而促使世界與理性不斷地開放與創新。就如懷氏所說的 ：「理性是強化創新性的工具。」（FR 20）

第五，理性的職能在於不斷地實現潛能，不斷地實現各種過去未

實現的理想形式，因而理性乃是產生創新性、及觀念與行動的探險的源動力。透過上述創新與探險（或冒險），而使原本非秩序化（如有些混亂或混沌的事態）的諸多個體，調整成新的和諧對比的有機整體。但在此整體中，各個個體仍維持差異性，而不至於因為整體，而淹沒了個體的特殊性與獨特的存在價值；所以理性的功能之一即在於促進整體的和諧與秩序化，但又保存了構成整體之成員的個別差異性，而形成新的多元化又有新秩序的新社會。換言之，一個理性的人乃是正視隨時存在的違反當前社會規則的混亂或混沌的事態，而不是逃避它，同時又吸收它、運用它，而使其協調成具有新秩序的新社會的成分。

第六，提升及促進生活的藝術化──不只適應環境，也改造環境，而使人生活的更好。

第七，理性可產生適切的節制與審慎，一方面節制漫無邊際的玄想與思辨，而使其產生效用，另一方面也節制了過度的感性衝動，三方面則促成秩序。

綜合上述，可發現，懷德海式的理性（英文大寫的Reason）乃是一種整體理性，它融攝了感性（身體感受或感應）、理解（或稱為悟性）與理智，也融貫思辨理性、方法理性、理論理性與實踐理性成一體。如此才使理性發揮更強化的創造力與實踐效果，而使世界不斷地開放與創新不已，並有更大的可能使整體宇宙演化至向上提升之路。

一九二九年，懷德海出版《教育目的及其他論文集》（*The Aims of Education and Other Essays*），此書除論教育外，又收錄了其在早期所著數篇科學及哲學的論文，尤其是對《數學原理》的簡要介紹（上

述論文曾收錄於一九一七年出版的《思想的組織》)。懷德海教育思想的特色如下：

第一，他強調教育應啓發人類的創造想像力與事實的平衡：基於啓發人類的創造想像力，並使人活潑化。他最痛斥僵化的知識（dead knowledge）（AE自序）、惰性或慣性觀念（inert ideas）（AE 13），或我所謂的「一元化與僵化的思考模式」與「慣性思考模式」或「惰性思考」❸，基於創造想像力與事實的平衡，他強調啓發性、培養創造想像力、與生活化的教育方式與內容。

第二，他主張專才教育與通才教育的平衡。愛因斯坦曾說：「專家是訓練有素的狗。」換言之，專才只是「狗」。「但一個人若只是純然廣博浮泛，而無法將各種零星雜多的知識，予以融貫成有機整體，則往往形成浮光掠影，此乃地球上最沒路用的人」（cf. AE 13）。換言之，一個人若只有通才，而無特殊專長，乃是沒有用的人。不過，上類人仍然是「人」，仍比訓練有素的「狗」要好一點，也較有「人味」。懷氏強調通才教育與專才教育的平衡問題，一直到今日仍然是教育改革的重點之一。台灣近年來較重視通識教育，即是不希望訓練學生成一隻「狗」，而希望透過科際整合、人文與科技教育的平衡，以使學生具備通識與培育出健全的人格（即全人格）。這也是懷德海的教育理想。

第三，他提出「教育韻律或節奏（rhythm）說」（AE 27-52, 29, 39）：懷德海將教育歷程分成三種階段：(1)浪漫、想像（romance）階段；(2)精確（precision）階段；(3)概括或普遍化（generalization）階段。若以人生歷程，則大致上相應於：(1)幼稚園、小學階段；(2)

中學階段；(3)大學階段。但上述韻律節奏說，更有原創性的乃是(1)之幼稚園、小學階段，依然可再區分成次級的浪漫、想像的階段、精確階段及概括的階段，至於中學、大學、研究所亦復如是。甚至我們可再推廣到每一年、每一週、每一日學習與教育都必須歷經這三種階段或三種歷程，無論是自我教育或學校教育。其目的都是爲了達成「自由的享有」與「紀律訓練」的平衡。

第四，抽象思考與具體思考訓練的平衡：懷德海將教育區分成三種（AE 58-70）：(1)人文教育（包含哲學、文學、藝術、歷史）等啓發人文素養的教育學科；(2)科學教育：此種教育乃啓發抽象的邏輯思考，但基本上是一種觀察自然現象的藝術的訓練（AE 59）；(3)技術教育：技術教育使抽象理論具體化，甚至成爲最具體的實踐行動。一個健全的教育必須人文、科學、技術等教育的平衡，以促成具體與抽象思考的平衡，歷史上的新發現均起源於這種平衡性的思考模式。懷氏認爲過去數十年或百年的西方教育太偏重抽象思維的訓練，而必須補強具體化的訓練，以達到平衡。他說：「智慧是平衡發展的結果，教育所要達到的目的，正是這種個體的平衡成長……，我個人對傳統教育方法的批評是：過於偏重知識的分析，與求得公式化的材料。我的意思是：我們沒有注意培養一種習慣，對於具有價值且相互作用的個別事實作具體的認識與欣賞，我們所強調的只是抽象的公式，而抽象公式則不管這種不同價值的交互影響。」（SMW 198）又說：「我們不只要教育學生瞭解大氣層的結構、太陽、地球運轉一些問題公式，還要告訴他們夕陽之美，晨曦之美。」（SMW 199）懷氏此處依舊是強調具體化與抽象概括思維、科學與非科學的平衡發展在

教育上的應用。他更認爲科學的產生即是由於抽象與具體思考的平衡，他說：「科學的產生乃由於對個別具體事實中的狂熱及抽象概括的極度傾心，此兩種心態的兼顧達成一種獨特的心理平衡，這兩種心態在各地方均曾單獨發表或失之偏頗，而在某些偉大的文明中，科學研究所需要的這種獨特的心理平衡，只是偶爾出現，並且產生的效果極微。」(SMW 3, 6)

第五，強調審美教育的普遍性：此處「審美教育」並不是狹隘地只限制於繪畫、雕塑、建築、音樂、舞蹈等狹義的八大藝術（arts）之美的分科教育，也不只是探索八大藝術之家族相似性或藝術的本質；而是普遍化到每一門科目，即使是技術教育也可培養審美的感受力。懷德海甚至認爲最直接的審美訓練即是技術教育（cf. AE 58）。例如：訓練學生從工廠生產過程的整個作業流程、設計如何商業服務、如何組織規劃、股票持有者之成爲財富的泉源之投資的藝術，去領悟其中所蘊含的藝術性、有機整體的整體美與部分美，尤其是整體美（cf. SMW 200）。也可說，任何教育工作者都可以從他所教的任何科目、日常生活與工商活動、甚至任何存在活動中，去培養學生廣泛的審美能力。人必須懂得從日常生活世界中去領悟每一刹那、每一事態所蘊含的美，人生才會活得更活潑、更有生命力、更有價值。而教育的最重要目的之一即是培養此種普遍的審美能力。此外，懷德海更認爲人文教育、技術教育與科學教育均蘊含了一種藝術與審美修養的訓練，而有待教育工作者將其外顯化，以啓發培養學生的審美能力。也可說，懷德海嘗試以廣義的藝術與審美活動去融貫上述三大類型的教育，而解消其對立。而二十世紀後半葉迄今，技術美學與科學美學

的被深入鑽研與流行，更印證懷德海的教育理論。

第六，一般人經常認為「商業活動」只是為了賺取更多的錢。尤其在二十世紀初葉，大學教育人員尚未將「商業科目的學習」視為高深的學問，而只視為一種職業訓練，故當時只是「技術學校」或「商專」。但隨著商業活動的日趨多元化、複雜化，商業科目也逐漸成為較有深度、較科學化、哲學化且充滿藝術性的知識，而不只是賺錢的大眾技術而已。甚至到了二十一世紀，「賺大錢」及「負責國家這個大公司的如何維持盈餘，而避免財政赤字的擴大，更是大學問」。一九二八年，哈佛大學商學院的商學館正式落成完工，懷德海應邀致詞，講題為「大學及其功能」。他對商業活動提出異於前述一般人認為只是「賺錢」、「經營公司、國家財政」的論述。他指出：現代的商業活動本身即是創造想像力的具體表現，而在現代成功的商業活動乃是充滿了智力分析及想像的思想與行動的探險。「商業與想像力一同繁榮」（AE 106）。

一九三三年懷氏出版《觀念的探險》（*Adventures of Ideas*）。在此書的序言上，懷氏表明：「這三部書，即《科學與近代世界》、《歷程與真實》與《觀念的探險》，皆志在表達對於事物本質的一種理解方式，並且指出這種理解方式是如何藉著檢查人類經驗的變化的探查加以詳細說明，每一本書都可單獨地研讀，但又可補充彼此的省略和濃縮。」（AI Vii）

至於「觀念的探險」的意義，懷氏也在序上說明：「本書事實上，乃是對文明概念的研究，並嘗試理解文明如何產生。全書均強調一點——『探險性』或『冒險性』（adventure）對文明的保存與提升

的重要性……探險意指某種觀念在促進人類緩慢流向文明化的影響，也就是觀念在人類歷史上的探險；另一種探險乃是說明懷氏自己在架構默觀的觀念綱領以解釋『歷史的探險』的那種探險。」（AI Vii）此書乃是將其宇宙論應用於歷史哲學和文化哲學的著作，由此而使人的存在及所創造的文化活動在其宇宙論中產生特殊存在地位與價值，並澄清共時性結構及動態歷時性結構的相互對比與整合的意義；而使《歷程與眞實》之形上宇宙觀所蘊含的非常多樣性的豐富意義，更清晰化、更易爲人所理解與應用。

　　簡言之，此書乃如洛伊所指出的：「對形成西方文明的演進中，由無知力量推動的部分，和由有關人類、上帝和宇宙的廣泛觀念推動的部分，提出他眼光敏銳，構思均衡的反省。懷氏強調，生命中朝向新奇的推動力及維持社會穩定的絕對需要，以便使混亂中的冒險更豐盛。此書中他也歸結其形上學的要義，並用以闡明美感、眞實、藝術、冒險與和平等構成文明的本質。『和平』意指一種『宗教性的信任與體諒』（religious）態度，亦即『主要是一份對整體美感（或譯大美）（Beauty）之效力的信任』。懷德海認爲『美』是一個比『眞』更寬廣、更基本的概念。美是各項不同的經驗相互間的內在統會，並從而產生了最大的效果；因此，美就涉及眞實的各組成成分間的內在關係，也涉及現象的各組成成分間的內在關係，同時還涉及現象與眞實間的關係。由此，經驗的任何部分都可能是美的，宇宙的目的性就直接指向了美的誕生（AI 265）。」❹

　　此外，此書的歷史文化面也如張佛泉所指出的：「懷德海指出，古代的政治理論家以奴隸制度作爲『預設』，而現在政治理論家，則

以自由做爲『預設』……，十八世紀以來，人類已到了『理智與人權的時代』……；懷氏認爲，這個偉大的法國思想時代，重新制定了現代世界的預設，即科學以及社會科學等方面的前提，這是近代自由思想家所共同承認的。懷氏並解釋曰：『法國接受了英國式的人權觀念，並予以高度理想化，因此，在歐洲大陸產生驚天動地的情緒效果』（按：指爭取自由、平等、博愛的法國大革命）。」❺總之，此書蘊含了一套以機體與歷程哲學爲基礎所形成的文化哲學與社會哲學，而有待後人去彰顯。

在該書第十五章曾探討「哲學方法」。在此精要的論文中，哲學主要是指默觀哲學（speculative philosophy），而懷氏除了討論此類哲學可能使用的幾種方法，同時更以他自己的哲學爲例，去輔助說明。底下，我將其區分成理論與方法、經驗的涵義、語言文字、描述性概括法等四個面向去討論。

第一，理論與方法。懷氏認爲任何一個系統的理論若要進步，則必須具備適當且有足夠能力去處理其特殊論題的普遍假設。理論乃是方便用的諸多工作假設（working hypotheses）。這些假設指引著觀察方向與觀察內容，而且決定了各種不同類型的證據的相關性，以及使用假設來調整有關人類經驗的一般的語詞表達，使其在範圍內的知識更加進步與精細。其次，他又提醒人們：「每一種方法均是一種幸運的簡化，甚至是一種過分的簡化」，所以假設或理論或方法也由於必然內存著不充分性而在將來被修正。同時任何一種方法與理論都有其適用範圍的限制，也可說，每種理論，每組假設均是部分眞理（partial truth）。任何部分眞理原本只能適用於某些相當特殊化的範

圍，可是當它被人們使用時，卻可能超出其有效範圍，而過分普遍化；但也可能由於使用的太狹隘，而弱化了此部分真理的真正價值。像這些應用時的弱點，均必須批判。換言之，「當我們批評一個理論時，我們並不是從批評其為「真」或「假」出發，而是要批評其所適用的範圍，同時注意其超出有效範圍所產生的失敗與危險。若由某種觀點所產生的一個理論或工作假設（working hypotheses）去批評另一個理論或工作假設是錯誤或不真，是無用的。例如由「一」去批評「多」的有效適用範圍及可能產生的流弊，是可以的，但若認為「多」是錯，「一」才對，這是無用的；再如由牛頓力學批評亞里斯多德的物理學或自然哲學之不對或不真，也是徒勞無「用」的。

同樣的，某些專門術語也只適用此理論，而不適用於另一理論；因此，任何一個專業術語在任何一個哲學家的理論系統中，其意義是大不相同，經常是同形異義；因此，有時為了更清楚起見，哲學家不願用舊名詞而創造新名詞，也可說創造新名詞是有其必要。但創新者必須解說，並區分新舊語詞在意義上的差異，懷氏及多數哲學家都是如此，因此對於初念哲學者，這種舊詞新義是必須特別留意的。懷氏則舉例解說其所規創的術語在意義範圍與柏烈得黎的差異。

懷德海上述觀點非常類似科學哲學家孔恩「典範論」的論點。

第二，經驗的涵義。哲學所處理的即是經驗，問題在於「何謂經驗」，其經驗的涵義與涵蓋範圍何在？基本上，經驗必須包含：我們「已經」經驗到什麼？我們「能夠」經驗到的是什麼？以及我們「正在」經驗到的是什麼？甚至未來可能經驗到什麼？此即涉及到期望、遠景等問題。懷德海認為傳統西方哲學忽略了我們「正在」經驗到的

是什麼？因而懷氏努力去闡述之。

此外，懷氏又批評近代哲學將經驗侷限於狹窄的五官與意識經驗的分析，且視其爲研究人類經驗的唯一途徑，尤其太侷限於視覺經驗。誠然，這五種感官對於科學的觀察非常重要，尤其是其中的視覺，但是哲學不能忽略掉在五官未將已存在的既定資料作清晰的分別之前的原始身體經驗所體驗到的渾然爲一整體的眞實事態。這種經驗是近代哲學所忽略的。而懷氏則闡明之，並凸顯其特殊重要性。此種經驗更進一步論述於《思想之諸模式》。

總之，懷氏認爲「經驗」不應該只限定於上述之五官及意識所能或所已經經驗到的事態而應該比上述更廣泛，且具備了整體整合性。他認爲任何一種經驗的成分都不能忽略掉，他並舉例說：「經驗到酒醉及清醒、經驗到睡眠與甦醒、昏昏欲睡與清醒、自覺與忘我、心智與肉體的、宗教信賴性的與懷疑的、焦慮與無憂無慮、期待與回顧、幸福快樂與憂傷、被情緒所操控與自我節制、或經驗到光明與黑暗、正常與失常等」（AI 226）都應該是哲學所要處理的經驗。尤其更不可忽略身體「正在」經驗的活動歷程與所正在經驗到的主客相互交融的最根源性眞實。

第三，語言文字。懷氏認爲上述非常廣泛的赤裸裸的經驗乃是儲存在：(1)語言文字；(2)社會制度；(3)行爲。但是對(2)、(3)的詮釋又是儲存在語言文字上，甚至對語言文字經驗的詮釋還是儲存在語言文字上，此即後設語言。簡言之，語言文字即是赤裸裸的經驗之家。由於語言文字是如此重要，因此，懷德海又論述了文字表達與意義的問題。

首先，他指出哲學長久以來均是一個令人困惑的主題，究其原因之一，乃在於日常語言之含混模糊性，所以，哲學的主要目的之一，即是要深入考察表面上非常清晰的日常用語。

　　其次，語言文字是非常片斷與不完整地在表達具體的眞實及使用者所欲表達的意義，因此，研究形上學必須儘量擴延形上學語言的意義，並注意形上語言的隱喻所蘊含的豐富意義，但也必須理解其適用範圍。若一個人毫不批判地相信文字可完全充分表達形上學或默觀哲學的意義，則這個人是「文盲」。

　　此外，由於人類語言的弱點，所以，我們若從傳統亞里斯多德式的形式邏輯與二十世紀的二值平面邏輯來表面理解某些形上學語言時，往往會認爲其乃是矛盾的。例如：柏拉圖在〈辯士論〉（Sophist）所提到的：「無是有的一種形式」（Not-being is a form of being）。再如懷德海哲學中之「一攝多而多又攝一」或「神明是永恆也是變易、是超越也是內存、是無限但也是有限」等等表達，似乎都是矛盾的語言，但這並不是胡言亂語。相反的，面對這種矛盾語言一定要詳細解說，進而指出其有效範圍，以闡明此種語言所蘊含的部分眞理。懷氏認爲人類由於具有靈光一閃的洞察力或頓悟能力（flashes of insight），因而人們可透過字面意義、文字的不完整性及片斷性去瞭解其背後所所指涉的豐富思想及意義。亦即，人先天上有一種默悟能力，因而能超越上述語言文字的表達及文法結構所不可避免的種種弱點，以便去瞭解該語言所眞正要指涉的深層意義，尤其是「不可說」、「不可說」之形上眞理之整體性。

　　第四，描述性概括法。此法在《歷程與眞實》中曾論述過。在

此，懷德海又進一步澄清。在亞里斯多德式的形上學中，其主要是採取抽象概念思考所產生的異中取同的方式，以便尋求抽象普遍性，然後再由此種抽象普遍性去解釋具體特殊性。但懷德海除了採用上述方式外，又為了避免具體性誤置的謬誤，所以更強調由人類的身體感受與直覺出發，以便能在「異中取同」中，又能同時做到「同中存異」。其所建構的是具體普遍性與具體特殊性、同一性與差異性的並存，而所謂的抽象普遍性乃是內存於具體真實中，只是無法具體孤立而存在。總之，研究哲學必須由特殊事實出發，異中取同，但同時又要同中存異，而不忽略諸實際存在的具體特殊性、差異性與具體普遍性。上兩者均是要達到哲學概括化的必要程序。

　　細節言之，當我們由種（species）提升到更普遍的類（genus），但由genus我們又可將不同genus加以各種可能的組合，而產生新的可能性，發現可能發生的新的特殊事實。換言之，我們可由異中取同，層層上躋，但又同中取異，而在同一與差異的層層對比中，獲得某些終極的形上學觀念，但這些觀念是同時存在、同時發生、相互預設，且吾人必須對其意義做最適切的擴延，但同時也必須指出各個觀念的成功有效範圍與失敗無效的範圍。甚至從二值邏輯或傳統形式邏輯觀之，這些形上觀念有時還是矛盾的（contradictory）。例如：傳統的內存的神明觀或超越的神明觀都有各自的成功有效的範圍，但也有其失敗無效的範圍，而且從二值邏輯或傳統形式邏輯觀之，它們是矛盾的對立，但懷氏一方面指出其限制，二方面又從內存與超越兩種神明觀中，異中取同，但又同中存異，提出一個融貫上述兩種似乎矛盾性質的新神明觀，亦即建構了既內存又超越的神明觀，其中的「內存又超

越」就文字的表面意義言之，似乎是矛盾的，但在懷氏整體哲學中卻不是矛盾，而是一種對比的對立所構成的有機整體，透過懷氏的論述，更豐富了神明的意義與價值。

最後，懷氏強調研究形上學必須由具體特殊的眞實出發，去解釋較抽象的事實，如此才不會犯了具體性誤置的謬誤。所以，建構形上學除了由異中取同外，更要強化同中存異，才能避免犯上述謬誤。

在本書的後半段，懷氏提出其文明哲學的大綱。他認爲眞、美、冒險、藝術與和平乃是構成文明人與文明社會的基本要素，並對上類各種理想價值提出原創性的見解。其後更指出：「如果缺乏（溫柔的）愛，則追求眞、美、冒險和藝術將變爲無情的、艱苦的和殘忍的行爲。」（AI 284）上類論述又可結合於其宇宙觀，亦即宇宙與人生乃是在、也必須在不斷地創新探險中，形成當下即是的動態的、整體性的廣大和諧；這種和平的心境是由某種深邃的形上洞見所造成。它是一種美感，也是一種不可言說的和平寬廣的心境，並由此可產生卓越的善人格。簡言之，上述構成文明的五大要素，又可融攝成一有機整體。

一九三四年，懷氏出版在芝加哥大學演講的「自然與生命」。懷氏主張：「吾人必須把自然或整體宇宙看成是有生命性的，如此，才能眞正瞭解自然，單單把自然或整體宇宙看成是無生命的，或機械論，是無法澈底瞭解自然。」（MT 148）此文後來收錄於一九三八年出版的《思想之諸模式》（*Modes of Thought*）。懷氏至此乃更明確的總結出其從早期的PNK開始，所一直想建構的具有生命性的宇宙觀。關於此種具有生命性的宇宙觀，我將在《存在、價值與生命》中細

述，另外，也可參閱筆者著〈易經與懷德海〉**⑯**。

一九三八年，懷氏出版《思想之諸模式》，本書最重要的特色與原創性如下：

第一，在文字表達上，他脫離了《歷程與眞實》所使用獨特且系統化的形上學術語，而使用較容易理解的一般性語言去表達。

第二，他強調原始的身體感受（bodily feeling）或身體經驗（即體驗）（bodily experience）與價值之重要性。也可說，任何近代哲學（如洛克等）所說的感官知覺、理性、悟性所產生的種種知識，均是由此種身體感受及所感受到的一切經驗內容抽象而成，而且都遺漏了某些無以名之的感受內容。而科學知識無疑是由此最原始的身體感受或經驗中的最具體世界所高度抽象出來的知識，因此，他認爲「具體世界乃在科學的網孔中溜出去了」（MT 18）。而上述遺漏乃是由於價值選擇活動所形成的「強調作用」（emphasis）所產生的。因此，懷德海乃建構以價值爲中心的哲學以補科學之不足。而最普遍的價值形式或價值總綱即是「重要性」（importance）或「重要感」，藝術、宗教、道德、科學等都是此總綱下的細目。懷氏並由此解消事實與價值的二元對立。關於懷氏之價值哲學，我將在《存在、價值與生命》中細述。

第三，懷氏認爲「身體乃是人類情緒、情感、感受和有目的之經驗的基礎」（MT 141），而原始、直接的身體經驗（即體驗）乃是存在的基礎，也才是人類最根源性的認識活動，也是價值活動的根源，只是此時乃是主客未二分的渾然一體狀態，亦即我的身體和自然是互相交涉成一整體、且充滿價值選擇與評價的整體世界。但這種經驗活

動與世界是模糊不清，而不易被人們覺察清楚。但哲學的重要職責之一，即是要普遍性描述及清晰化此種事態，以便使人自覺到且理解此種事態。關於身體經驗的分析，我已在〈身體、感性與理性〉一文中述及**⑰**，並將收錄於《身體、感性與理性》一書中。

第四，本書也蘊含了一套語言哲學，它討論了語言的功能、文字與言說的差異。懷德海對於語言的功能有一個原創性的觀點。亦即語言固然是和他人對話的工具，但也具有和自己對話的功能。後者意指人類透過語言將自己的過去所包含的某些密切關聯的資料（sensa），在現在予以重造（MT 40），而使過去能夠清晰的呈現於現前，並由此而塑造了現在的我，並由此走向未來。但此時的重造或透過語言在現在去表達任何經驗活動時，它已抽象化，而缺少具體的經驗活動，即使是和他人對話也有上述事態的發生。簡言之，語言乃是自己的過去對自己的現在的一種「抽象表現」。其次，人類記憶力的強化即是透過語言和自己的過去之對話所產生。沒有高級的語言，人的記憶力就會如其他動物一樣，非常短暫，而很難演化至更美好的社會。

對於文字與言說的差異，他指出文字比言說更抽象。文字的表達乃隱於某一書卷中，可在不同的時間及不同的地方，抽離開持續堅定的環境，去打開來閱讀的（MT 39），是較抽象的真實。而「言說」（尤其是和他人對話）則是浸入於社交環境的直接性中，是較具體的真實。但是，一本書（文字的表達）一旦被高聲朗讀，不只改變了閱讀文字者，而且被其他聽者所收播到，則上述社交環境的直接性又進入抽象的書寫文字中，而形成寫與說之混合的例證之一。就如懷氏所言，「說與寫」有時是混合在一起的（MT 48）。所以，大聲朗誦是

一門藝術，朗誦者使自己的身心大腦與被朗誦的文字本身的意思與單純的文字閱讀產生極大的差異，因此，教育必須培養學生「朗誦的藝術」。其次，他認為語言中的聲音或說話是先於文字而存在，它是人類純粹感性的活動，是針對非常具體化的特殊情境的一種表現方式；但是文字的產生至今不過五、六千年，遠遠晚於言說。但更重要的是，文字乃是從具體化的「聲音」抽象出來的抽象結果，因而可普遍運用，但卻脫離了部分的具體化的特殊情境，因而遺漏說話時所產生的某些非常重要的感性效果。總之，「說話保存下列三種特徵：情緒的表現、發信號及上兩者的混合。但是理智化、文明化的文字，卻使這些特徵消失於幕後。」（MT 37）

第五，懷德海在本書中開創了一個美學上的新議題，那就是將「美學與邏輯」去作類比。

懷德海認為兩者的共通性如下：

1.兩者都享有一個組合的全體、並且全體的各個組合部分、各個細節均是相互作用、相互關聯而產生，而且是由一與多之相互倚賴、相互感受而產生，是一種共生關係（MT 74）。
2.兩者都集中於已結束的事實（MT 76）。

兩者的差異則如下：

1.邏輯集中於高度的抽象，而美學則儘量接近具體（MT 74）。不過，我必須提醒讀者：在二十世紀現代主義的抽象藝術（包含現代主義的建築、繪畫）上，荷蘭蒙得里安（Piet Mondrian,

1872-1944）的新造型主義（Neo-Plasticism）或稱風格派（De
stijl）、康汀斯基（V. Kandinsky, 1866-1944）及美國帕洛克
（Jackson Pollock, 1912-1956）之抽象表現主義（Abstractive
expressionism），則具有高度的抽象性與邏輯性。換言之，懷氏
之所言必須略加修正。但是，上述抽象藝術仍遠比邏輯更具體
化，也是事實。

2.邏輯式的理解是從細節開始，亦即細節在全體之前，再進入到
　所要達成的邏輯建構。例如由「或者」、「不是」的細節語詞
　的定義及眞假開始，再到命題的建構，再到命題與命題的如何
　合邏輯地連接或推論，然後再發展至整個複雜的許多命題結構
　所建構成的更複雜的整體理論的論述。它是由多而至一（此
　「一」意指邏輯建構所產生的有機整體之邏輯體系）；美學的
　理解則由有機整體之整體美感之理解開始，再到雜多之細節之
　理解，亦即是「全體在細節之前」，它是由一至多。而且美學
　常強調有機整體的對比美，至於「細節和諧」則可爲了整體
　美，而被破壞。但邏輯在細節方面，並不被破壞。

3.邏輯誠然運用符號去運作與表達，但未進入「象徵」符號主義
　中（Symbolism）。但美學與藝術則一開始即進入象徵符號主
　義。

　　第六，在《思想之諸模式》中則使用更接近日常生活的語言將社
會的「協調且對列的區分」（即指社會的層級結構）區分成四大層
級：最低級的乃是無生命的集合物、其次是植物、動物。但在其他地

方又進一步區分成六個由高級而低級的類型（MT 157）：(1)人類存在，其身體與心靈；(2)人以外各種動物生命如昆蟲、脊椎動物及其他類；(3)植物生命；(4)活的細胞；(5)一切較大的無機物的聚集，即無機物，如我們日常生活所看到的桌子、椅子、岩石、礦物；(6)由近代物理學之精細分析而發現的非常小的物理事態。並論述各層級的差異。關於此差異與層級中低高級的評鑑標準，可參閱筆者著《懷德海哲學》第三章。底下是進一步補充。

從更根源性的活動能力去區分層級的差異與低高級，則懷德海主要是以對記憶、回憶、期望與物理性目標的實踐強度為中心，去區分人與一般存在及各種層級的差異。其次，本書仍繼續補述文明的哲學。但此處之言「文明」，是為了表明人與禽獸的差異。因而底下即論述人與禽獸的差異：

1. 作為高級人類身體活動由於心靈及靈魂的作用，因而不只如低級存在只為求生存及順慣例而生，更重要的是主動地引進新異性、目的性，且具有比一般動物更強化的意識作用。因而，可表現出科學、藝術、道德、宗教等活動。而人與禽獸的差異，也在於人會受神的本性所蘊含的理想之引誘（或吸引），而去實現種種未曾實現過的理想，而形成具有創新行動的人。

2. 人之優於禽獸，是因為他可以自覺到細節乃是對於全體的反應，並從全體中去理解部分，及維持部分與部分、部分與全體的和諧關係；而不是像禽獸，只能看到細節、只依賴外在感官且只感受到細節。植物之所以高於石頭，即因為植物能在動態

的成長變易中，仍然和其起源的土地（泥土）維持適當的、動態的、整體性的生態平衡的關聯。

3. 誠然，人的身體經驗與對整體的體悟乃優於一般動物，但其感官經驗的明晰性未必較優越（cf. MT 139）。如獵犬的嗅覺、鷹的視覺均超出文明人，但獵犬、老鷹並沒有比人文明化。但反過來，文明人也必須強化其逐漸退化的感性能力與個別感官的知覺與反應能力，以形成更健全的人與社會。

4. 人的記憶、回憶、期望與物理性目標的實踐遠比一般動物更強化。

5. 人與一般動物均會有道德感及道德實踐活動，此外，一般動物也可能有一些零散的審美感受，但由於其邏輯思考及語言能力卻非常弱化，因此，只有人才產生宗教與藝術、與科學。這是人異於一般動物之處。所以，懷德海在教育上，又特別重視培養高度抽象思考（如數學邏輯、科學的訓練）、由身體感應所產生的整體普遍的審美能力、宗教情操、以及語言結構及功能的分析能力，是有其哲學宇宙論及哲學人類學的合理性根據。

6. 人比一般動物更能意識到存在的基層所蘊含的「價值選擇活動感」，而上述價值選擇的經驗活動與意義的形成是根源於身體經驗。但這種價值活動並不必然值得吾人去歌頌其偉大。因為這種價值活動之存在，是存在自身為了維護其能持續存在及其自身的特性，所產生的價值選擇活動，這是一種自利的活動；但就如前述，主體同時也自然地提供自己成為公有的事實，以便讓宇宙其他存在也可為了其自身而共同享有或感受它，這是

一種利他的活動。此外，人更比一般動物更能感受到、自覺到、意識到自己是有價值的，且這種存在感是獨一無二的、是無法被其他存在物所取代的。很顯然，文明人之所以優於一般存在物是因為他能夠化解自利與利他的衝突，並知道如何圓融地利己且利人。其次，文明人與社會總是努力提升上述價值活動，並盡力將理想價值（例如：真、善、美、藝術、創新與冒險等）實現於實際世界上，而人在此方面的實踐能力遠比一般動物更強化。

由上述種種根源性的能力差異，使得人優於禽獸。當人類發揚人高於禽獸的種種優越性，並強化逐漸退化的個別感官的感應能力，就能使個人與社會更文明化。

在懷德海絕大部分著作出版後，當一九四一年，西爾普（Paul Schilpp）主編的「在世哲學家」叢書，由於要編《懷德海哲學》，因此他請世界著名的懷德海專家與某些哲學家撰文評介懷氏哲學。按慣例，被批評的哲學家往往為自己辯護，並將此辯護刊於叢書之後半段。但懷氏可能由於年齡因素，也可能由於其雍容大度與圓融的心態，而認為每種評論都有其片面真理的存在價值，所以，並未個別的回答或辯護，而只以〈數學與善〉及〈論不朽〉兩篇論文作為綜合性的間接答覆。

一九四七年，懷德海出版生前最後一本著作《科學與哲學論文集》（*Essays in Science and Philosophy*）。此書除了零星的科學與哲學論文外，還有簡略的自傳及數篇有關教育的論文。而上文所提及的「〈數

學與善〉及〈論不朽〉也收錄其中。這兩篇是非常重要的價值哲學的論文。他的價值哲學並不只是倫理學式，而且是一種形上學式的價值哲學，一如其形上的社會哲學。總之，他嘗試以此種價值哲學去統貫其哲學各分支。

在〈數學與善〉中，我們很明顯地可聯想到下列兩點：(1)就懷氏個人人生之旅，他似乎又回到其身為數學家、邏輯學家的起點，而想把其學術起點與人生終點之所思，作最後的融貫；(2)企圖將最抽象的數學、次抽象的事實、以及最具體的價值經驗，尤其是正面價值，融貫成一有機整體。

首先，懷德海把數學視為「典型範式」(pattern)，並主張任何的「典型範式」之本身是無善、無惡的、也無所謂正負價值。但一旦涉入具體實際事態或實際的有限世界，即形成正負面價值（即英文小寫字母的好壞、善惡、美醜、真假之區分）。這種「典型模式」也是研究任何學問（如文法學、物理學、生物學、心理學、生理學、社會科學、藝術、美學等）所要追求的重要目標或結果之一。例如：文法學即在尋求研究種種句型(sentence pattern)，以便應用句型去創造出種種不同的句子，此外，也可透過句型，使種種句子產生相互關聯性或家族相似性。而A句型與B句型除了可再抽象成更抽象、更基本的句型外，A句型與其他句型也可以組合與對比成其他各種可能的新句型，進而創造出新語句與新表達。數學也是如此，只是數學在此方面的研究最為成功，也可說，數學是最美好的範例，故吾人必須優先學習數學。

其次，他認為，價值的形成乃是起源於「有限（指現實世界、實

際發生的事態的有限）與無限（指理想形式所構成的無限可能存在的理想世界，即永恆對象、觀念理型所構成的世界）的結合」。只有孤立的無限、或孤立的有限是虛無或不存在，並無任何意義與價值。可是，透過無限與有限、空無與有、理想與現實的結合，才產生實際世界，因而實際世界的任何具體真實發生的事態，都是內在固有地包含了價值選擇活動，亦即價值乃構成了實際世界、任何事件、任何實際事態與實際事物（包含任何神明）的內在、本然地真實。也可說，由於價值選擇的實現與作用，才會有具體事件與實際事態的發生。

換言之，一般人所說的「客觀中立（免除價值或價值中立）的事實（facts）」，乃是由人類運用抽象思考作用抽離了具體實存的價值活動而形成，它並不等同於實際世界的最具體的終極真實或真相（reality）。因而，實際世界並不是由上述抽象的事實所構成，而是由以「價值實現歷程作為內在真實之具體的事件或實際存在」所構成。「事實」只是抽象思想中的抽象概念式的抽象存在。若「事實」真要為吾人所具體直接經驗到，則「此事實」必然和「價值」相結合，人們才能經驗到。亦即人類經驗到某個事實時，已有意識、但也可能不自覺的涉入價值選擇與評價，其中「未自覺到自己的價值已介入的活動」，筆者稱為「價值走私」。不過，對此種以價值為內在真實的整體宇宙的真相的描述也是具有客觀性，只是此種客觀性，比一般人所說的「客觀或價值中立的事實」之「客觀性」更深入、更終極、更具體。簡言之，上述一般人所說的「客觀的事實」或某些科學化論述所提出的「價值中立或免除價值的客觀事實」，並不是最具體的「真」，它乃是過於理想化、不切實際的「抽象的烏托邦」。

總之，懷德海後期的價值論乃將價值活動，普遍化到形上學、宇宙觀以及廣義的認識活動（非傳統的狹義的認知或再認知論），甚至語言、邏輯、數學中；而形成以價值活動爲中心的圓融哲學。亦即懷氏的圓融哲學乃是將前述傳統哲學之各分支，全部以價值選擇活動（即攝受活動、萬有相關性）爲基礎，去旁通統貫，甚至不只嘗試融貫哲學各部門，而且嘗試融貫人類各種知識，進而解消了傳統哲學中主體與客體、主觀與客觀、事實（存在）與價值、實然與應然、抽象與具體、一與多、無限與有限、同一與差異、各種知識與存在、生命與非生命等種種二元對立。而使上述各分立的任何學問或各種對立的事態均成爲其圓融哲學的部分面相（或側面）或一個例證，並使其相互依賴，形成和平共生、共存的關係，並由此連接、融貫成和諧對比的不可分割孤立的有生命性、有價值選擇活動介入的有機整體。由此而整合了各分支的學問。

　　在該書所包含的簡略自傳中曾提及：「哲學乃是努力以有限制性的語言去表達無窮宇宙的企圖」（ESP 14）。這句話可說是其建構哲學的基本目的之一。另一個目的即是要建構一個更文明的宇宙。

　　此第三期使他成爲最具原創性、最傑出的哲學家之一，尤其是形上學家與宗教哲學家，至於其延伸與應用仍有待人們進一步發揚光大，例如：其倫理學、價值哲學、文化哲學、美學與藝術哲學、社會政治哲學等等。畢竟人生是非常有限的。所以懷德海只好選擇最重要、最艱深、也最難用語言表達的部分，優先具體化的外顯成文字。

　　一九四七年，懷德海去世於美國的劍橋。

　　一九五八年，懷氏得意門生之一詹森（A. H. Johnson）將懷德海

散落在各個著作的有關文化與文明的哲學論述，整理出系統，並加上詮釋，而出版《懷德海的文明哲學》（*Whitehead 's Philosophy of Civilization*）。一九五九年，詹森又將懷氏生前在《大西洋月刊》等雜誌所發表的有關社會哲學、國際關係，以及教育方面的文章，予以收集，並且加上詮釋，而出版《懷德海社會哲學美國論文集》（*Whitehead 's American Essays in Social Philosophy*）。

結語──「事件」語詞與理論在懷氏整個哲學系統中的演變

從懷德海的生平及學術開展，可發現，就一個哲學家的一生，懷氏是很不尋常的。先是第一流的數學家、邏輯家，後又成爲自成一家之言的物理學家、科學哲學家。然後卻一直到六十三歲年齡相當大時，才正式擔任哲學教授，並成爲第一流的哲學家，尤其是形上學家。

其次，綜合本章所述，可知懷氏哲學的主要淵源有三：(1)近代數學及近代物理學諸觀念的暗示，再加上生物學演化論與細胞理論；(2)就整個的西洋傳統古典哲學而言，特別正面吸收的重要哲學的乃赫拉克利特斯、柏拉圖、亞里斯多德、新柏拉圖等，以及現代的柏克森及新黑格爾學派；(3)詩人對自然的直覺，尤其是英國浪漫派華茨華茲（W. Wordsworth, 1770-1850）及雪萊（P. B. Shelley, 1792-1822）的詩所蘊含的自然觀。

由於本書主要是以懷德海的「事件」理論爲中心去闡明其哲學，

並襯托式地對比東方哲學，所以底下即扼要論述「事件」語詞與事件理論在懷氏整個哲學系統中的演變。

「事件」理論乃是懷氏受了近代物理學中，愛因斯坦相對論所強調的以「事件」作爲物理時空世界的基礎之啓發，同時配合人類身體最具體的直接經驗而產生（就此點而言，則涉及一流詩人對整體世界的直觀）。不過，在第二期《自然知識原理的探討》及《自然的概念》中，亦即在懷氏自然科學的哲學中，對於事件理論的探討，乃是暫時把主體活動中的價值或評價問題存而不論，且只提事件具有「擴延性」，可擴延至其他事件，也被其他事件所擴延，而不用「攝受」（prehension）一詞；但是在《科學與近代世界》一書中（此時已進入其所建構的形上學領域中），則事件乃是透過具攝受其他事件而形成，此時不再用「擴延」一詞。因而事件有時亦名爲「攝受統一體」（prehensive unity），有時稱爲「時空統一體」（spatial-temporal unity）（SMW 72），但此時已把價值視爲事件的內在眞實性（intrinsic reality）。亦即若無主體的價值選擇與評價活動，則不會有任何事件發生。但在此書的第十章〈抽象〉中，已出現了其系統形上學時期的系統專業用語，亦即有時使用「實際發生的事態」或譯「實際事態」、「實際緣現」、「現實情境」（actual occasions）去代替「事件」的地位，但出現頻率仍沒「事件」多。也可說，「一個自然事件僅是一個完整的實際事態的抽象狀態，完整的事態包括了在認識的經驗中表現爲記憶、預測、想像與思維的一切」（SMW 170）。此處言「自然事件」乃有別於已包括主體、主體價值選擇及主體認識活動的「事件」。亦即「自然事件」仍未涉及價值，而後者之「事件」與「實際

事態」的發生則必然涉及主體的價值選擇活動。

當發展至《歷程與真實》所展現的成熟期之體系形上學中，則自然科學的哲學中，作為構成大自然終極真實或基本單位的「事件」，已全然被系統形上學時期的系統專業用語「實際存在」（actual entities）或譯「實際存在的事物」、「實際事物」、「實際實有」、「現實存在」與「實際發生的事態」（actual occasions）或譯「實際事態」、「現實情境」、「顯相」所取代。就一般而言，「實際存在」與「實際事態」的意義是可相通的，只有在討論神明時才加以區分，亦即神明是「實際存在」而非「實際事態」（PR 18, 88）。蓋懷氏所論述的神明，除了具有如「實際事態」的現實性與剎那生滅的動態演化的時間性與歷程性外，也保有無限可能性與永恆性；而「實際事態」雖然是不朽的，但缺少神明式的超越性、永恆性與無限性。此外，「事件」的意義已轉化成「諸多實際事態」相互攝受而成的「集結」（a nexus of actual occasions）（PR 73），而不是最基本單位，但仍是具有某種程度的具體性與抽象性的公有的具體事實，只是不能視為最具體、最根源性的真實，並且出現頻率不如「實際存在」或「實際事態」多。但無論是SMW的「事件」、PR的「實際存在」或「實際事態」都是把價值視為其內在必然的真實性，甚至「事件」、「實際存在」或「實際事態」的發生或顯相都是一種價值理想的具體實現過程。到了《觀念的探險》或《思想之諸模式》，則出現「經驗情境」（occasion of experience）等表達方式。

本書與《存在、價值與生命》的寫作順序，大致上，依照上述事件理論的發展順序來討論。但在論述形上學時，則經常以「事件或實

際存在」、「實際存在的事物」、「實際事物」、「實際發生的事態」、「實際事態」或「實際發生的剎那事態」或「剎那事態」、「剎那存在」的語詞表達之。此處言「剎那」是因為歷程哲學所強調的時間性之基本單位乃是「剎那」，而且不同的剎那即發生不同的事件或實際事態，甚至神明在每一剎那也演化成不同的神明或實際存在。

其次，就懷氏言，宇宙人生乃是由諸多事件所組成。我的一言一行，或一草一木的活動，甚至整體宇宙，均可稱為「事件」。但是，懷氏為了區別個別特殊的事件，常常在事件之前加上形容詞。比方說，人類活生生的身體活動是個事件，故稱為「身體事件」（bodily event）（SMW 73）；自然界發生的不含人類價值判斷的事件，稱為「自然事件」；而所謂沒有任何實際事態發生的事態則稱為「空虛事件」（empty event）（cf. SMW 153）（例如古典物理中所定義的「真空」，不過，在近代物理中，真空也是有某些實際事態的發生，例如電磁波）；相對於空虛事件，則某些具有確定性的現實物或實際發生的事態，亦即不是空虛的事態，即稱為「實有事件」（occupied event）（cf. SMW 104）。此外，如宇宙事件、物理事件、電子事件、歷史事件等等，都可依此類推，而本論文則可稱為「論文事件」。

由於懷氏哲學思想的發展，是機體擴延的開展，因此，他的整個哲學系統本身即是一個機體，也是一種事件。從機體哲學的立場言之，我們可由任何一個事件擴延至每一其他事件，亦即我們可以以懷德海的「事件」與「實際存在」的理論為中心，去貫通懷德海的整體哲學，並進一步澄清、補充與修正懷氏哲學。本書、《懷德海哲學》與《存在、價值與生命》都是朝此目標邁進。

註解

❶洛伊（Victor Lowe）著，杜文仁譯：〈懷海德小傳〉，1970年版《大英百科全書》，譯文刊於《台灣大學哲學年刊》，創刊號，1983，頁19。正文懷德海的生平主要參考此文。

❷轉引自陳奎德：《懷特海》，台北：東大圖書公司，1994，頁25。

❸同上。

❹參閱周東川審定：《相對論的宇宙論》，台北：銀禾出版社，1984，頁18-23。

❺B. Russell, *History of Western Philosophy,* and its Connection With Political and Social Circumstances from the Early Times to the Present Day,（George Allen Unwin, 1946）pp.786-787。

❻《唐君毅全集》卷二十六——《書簡》，台北：台灣學生書局，1990，頁518。

❼本部分討論懷德海論「哲學的意義」與科學、宗教的關係之懷氏原著之譯文均曾參閱張旺山譯：《思辨哲學》，然後再修飾。台北：《台灣大學哲學年刊》，第二期，1983年10月，頁74-82。

❽引自B. Russell, *History of Western Philosophy.* p.62.

❾V. Lowe, C. Hartshorne, A. H. Johnson, *Whitehead and the Modern World,* （Boston: the Beacon Press, 1950）p.36.

❿大正藏，第四十六冊，諸宗部三十部二門指鈔卷下，唐荊溪尊者湛然述，頁717c。此乃天台宗之範圍，換言之，天台宗與華嚴宗有許多交集。吾人需要超越宗派主義，以更寬廣的心胸，廣納各派。

⓫V. Lowe，C. Hartshorne, A. H. Johnson, *Whitehead and the Modern World*, p.37.

⓬參閱楊士毅：《邏輯‧民主‧科學——方法論導讀》，台北：書林，1991，頁52-69，94-98。

⓭關於慣性思考與反慣性思考或稱爲逆向思考，請參閱楊士毅：《邏輯‧民主‧科學——方法論導讀》，台北：書林，1991，頁276-285。以及楊士毅：《邏輯與人生——語言與謬誤》，台北：書林，1976，頁28-36。

⓮同❶，頁21。

⓯張佛泉：《自由與人權》，台北：台菁出版社，頁182，291，292。

⓰此文收錄於東海哲研所編的《中國哲學與懷德海》，台北：東大，1989，頁121-144。

⓱楊士毅：〈身體‧感性與理性——懷德海「身體感受」理論之分析、延伸與應用〉，台北：《世新人文學報》，第六期，1997年1月，頁1-44。

第三章

從同質性思考及具體性誤置的謬誤論抽象思考與事件理論──如何客觀地認識自然

前　言

　　本章旨在透過懷德海所提出的自然觀、同質性思考、與具體性誤置的謬誤去論述下列三點：(1)初步論述如何客觀地認識自然；(2)抽象概念思維方式與科學化論述的優缺點；(3)事件理論在懷氏哲學系統內如何產生及如何透過此理論去解構傳統亞里斯多德式的實體哲學，進而去詮釋佛學之「緣起性空」。

　　在第一節中，我先扼要指出懷德海的認識論與自然觀所蘊含的某些特殊性，並提出數種思維模式去處理由上述特殊性所導致的某些哲學問題。不過，在本章中，我只論述其中的同質性思考及具體性思考兩種模式。第二節則分析懷氏所提出的「自然對心靈是封閉的」（Nature is closed to mind）（CN 40）與「同質性思考模式」之意義，以便初步理解懷氏如何「客觀地認識」自然，此處「客觀地認識」即指「認知或再認」（recognize），後者可進一步參閱本書第四章。在第三節中，則論述懷氏哲學中非常重要的理論，即「具體性誤置的謬誤」（The Fallacy of Misplaced Concreteness）（cf. SMW 51, 58, PR 20）。此謬誤主要在批判抽象概念思考、及透過此種思維模式所建構的自古希臘哲學以來任何抽象化的種種科學化哲學及抽象科學本身的缺憾，例如：批判「亞里斯多德式的實體哲學」、「科學所論述的自然是唯一的最眞實的自然」、「科學是唯一的眞理」、以及「科學化的論述遺漏了具體眞實世界的許多重要內容，進而導致某種文化與社會的危機」等缺失（按：筆者認爲此處的批判不只適用自然科學，也可推廣到社

會科學）。爲了彌補上述抽象概念思考的缺憾，懷德海乃積極地建構以「身體的直接經驗」或「身體感受」、「身體實踐」爲基礎的具體性思維模式，並由此去建構其認識論與事件理論。但筆者在本節中，特別補充抽象概念思考與科學化論述的優點，以便與上述批判相對比，以形成更高層次的整合，而更有益於哲學、科技與人文文化的健全開展。在結語中，則先論述懷德海認識論的特色；其次，則由「具體性誤置的謬誤」與刹那生滅且相互依存的事件理論去解構傳統亞里斯多德式的實體哲學；最後，則透過懷氏之無實體與事件的理論去詮釋佛學之「緣起性空」。

第一節　懷德海認識論與自然觀的特殊性

（一）身體行動參與自然演化的認識論

　　懷德海認爲人類認識活動的基源處與知識的起源，並非透過反思或理性的思考、抽象概念思考或想像而產生，而是身體直接經驗或身體的直接感受 ❶，它是一種以身體爲認識主體（簡稱「身體主體」）的無語言的直覺與行動。但由於身體是自然的一部分，同時身體與自然無論在何時何地（即任一刹那的時空）均潛意識地或有意識地從事密切的交往行動。例如：我在呼吸時，我的身體（如鼻子、嘴巴、毛細孔等）有許多的氧氣、灰塵、二氧化碳等要素在進進出出，反過來，由身體呼吸時所排出的二氧化碳等許多要素或事物也時時在進出「體外的自然」。這些要素都分別滲入與作用於身體、經驗活動、與

「體外的自然」，同時上述三者乃透過相互滲入與作用而構成不可分割的有機整體之場域。此外，「被知覺到的自然」或「體外的自然」的氛圍與結構除了滲入或影響我生理層次的身體，也滲入我身體中的情緒、意識、與精神活動。反過來，當我的身體產生種種活動（例如：過於情緒化的激動或產生有目的的經驗活動或心智活動等）也影響與滲入「被知覺到的自然」或「體外的自然」。我的身體的實存性與經驗活動、以及被知覺到的自然或「體外的自然」都在每一剎那密切相配合或相互連鎖反應，而形成一種很難分割清楚的有機整體或說其界限非常模糊。更何況，活生生的人是身體與心靈的相互密切結合所構成的複合體，尤其心靈的介入或滲入自然，乃是無形的，因而身體、人、經驗活動，自然更難截然孤立地分割，並判明其界限。

此外，認識自然的認識活動本身並不是人在自然之外的認識自然，乃是在自然之內的認識自然，而且一旦開始進行認識自然的活動，即同時以行動參與及介入自然的演化，甚至「認識自然的認識活動本身」乃是發生於自然內的一個事件，是構成自然界的重要成分之一。亦即自然的整體真相乃是包含了認識自然的認識活動本身。所以論述整體自然的完整真相的宇宙論或形上學已經包含或必須包含認識論的論述。因此，懷德海在《歷程與真實》所論述的形上學，乃是將認識論視為形上學的側面之一，由此而提升及豐富了認識論的價值與地位；使認識活動及知識本身必然成為構成存在的內在真實的一部分或說是構成存在的奧祕之不可或缺的要素。加上認識自然本身即是一種實踐行動，所以認識、知識、行動與存在是不可截然分割的。

總之，所謂客觀的認識自然的「客觀」，並不是將自然視為外在

於身體主體的客體，然後才去外在地觀察此種主客二分後的「抽象的自然」或「外在於身體主體的孤立的自然」，而是身體主體在知覺到自然的同時，即參與、介入自然，並且此時的身體主體乃是與自然隨時密切地相互交流，而形成人與自然乃是不可截然分割爲二的有機整體。就如懷德海所說的：「我們對（具體的）自然界中所正在發生的（具體的）事件和對自然界中的（抽象的）對象的知覺都是內在於自然內的一個知覺，並不是外在地無干涉到、無滲入自然地去冥想整體自然的一個知覺。」（PNK 12）又說：「身體是自然的一部分，其中人類經驗活動的每一刹那皆與身體密切合作與相配合，在身體的實際存在性和人類經驗活動之間有許多要素（factors）在流入與流出，所以每一要素皆分享另一個要素的存在。人的身體提供給我們自然中各種實際事物與事態的相互作用的最親近的體驗。」（MT 115）總之，從懷德海的自然觀、認識論與存在論言之，人與自然，實際活生生的身體、體驗活動與構成自然的許多要素是不可截然分割的。

其次，懷德海在論述有關自然的知識、認識活動、身體實踐行動與自我認知的相關性時，曾作下列的陳述：「行動（action）的意義如下：行動乃是吾人對於自然的知識（與認識活動）中之本質因素，它顯示出知識（與對自然的認識活動）乃是自然中的某一基本要素，行動乃是對於自己與整體自然各方面的動態關聯的自我認知。關於自然的知識只是行動的另一側面而已。」（PNK 14）又說：「向前運動的時間性即是展現了經驗活動（歷程）的特性，這種特性即是行動的本質。自然的遷流不已，或用其他語言去表達，即自然的創進，乃是自然的基本特性；傳統有關自然的諸多抽象概念乃是企圖補捉缺少遷

流不已特性的自然。」（PNK 14）

從上兩段引文可瞭解，懷德海認爲知識或認知活動蘊含了下列諸側面：

1. 認知與有關自然的知識乃是身體實踐行動的一個側面，行動乃是產生認知活動與知識的根本要素或必要條件；沒有身體實踐行動，就不會有認知活動與知識的發生。當然產生認知活動與知識的因素，除了實踐行動，還有其他因素（例如下章所要論述的認識到具有同一性的抽象對象等）。但主體一旦知覺到或認知客體或自然，即以行動及構成此知覺或認知活動的種種其他因素，去介入、參與客體或自然的存在了。

2. 對自然的認識是一種在自然內發生的活動歷程，也是事件的一種，它也是身體實踐行動的諸多側面之一；而知識與理論是行動與認識結果的一部分。

3. 認識自然的活動本身與認識結果即是構成自然的一部分；亦即自然界乃是包含了人對自然的認識活動與知識，吾人並不是在自然之外去認識自然。

4. 主體在認識自然與客體時，也同時涉入、參與了自然與客體的演化或變動，並同時使自然、自我、主體、客體，以及自然與人、主體與客體間的關係更進一步演化；因而改變了前一刹那或本來存在那兒的自然、自我、主體、客體以及兩者間的關係。人必須感知與自覺到身體主體與自然的相互變動與相互涉入的變動中的具體的動態關聯，才算是眞正且完整的認識自我

與自然。亦即一個人只有在自覺到自己是和自然融爲一體的同時（即提升至天人合一之境時），才算是眞正完成了實踐行動，也同時完成了眞正且完整的自我認知與自我實現。簡言之，行動的產生與完成乃是一種知覺到自己與自然相互關聯所構成的自我認知的歷程，當完成自我認知，也才算是行動的完成；反過來，自我認知也因爲行動的完成，才算眞正的完成。

5. 行動與自然都是在時間之流中不斷地向前邁流、創進與創新，因此有關自然的知識也不斷地創新。但是傳統抽象概念思考中的科學化論述所形成的有關「自然的概念」或近代科學知識卻缺少此種具有時間性的具體的創進與創新不已的特性，也遺漏了3.與4.所提及的種種具體的相互關聯。這個缺憾即是懷德海的整體哲學所要補充的重點之一。下文所提到的有生命性的自然即是懷德海想要補充上述缺憾所採取的重要方式與內容之一。

6. 有些哲學都是把對自然的認知視爲外在認知，而不涉及對主體的自我認知，並把道德認知與實踐視爲唯一涉及影響自己人格的成長、自我認知與自我實現的實踐活動。當然也有的哲學將藝術認知與實踐視爲唯一涉及自我認知與自我實現的實踐活動，或將道德與藝術認知與實踐均視爲涉及自我認知與自我實現的實踐活動，但仍排斥對自然的認知。但懷德海則認爲一般對自然的認知也涉及自己人格的成長、自我認知與自我實現。甚至在中後期形上學中主張，必須天人合一、參贊宇宙化育才是眞正完整的認知整體自然，也才是眞正澈底完整的自我認知

與自我實現。

綜上所述，可發現懷德海的認識論至少有下列兩點特殊性：(1)認識自然即是一種參與、介入及構成自然的行動；(2)有關自然的知識、認識活動、身體實踐行動與自我認知乃是不可截然分割成互不相干的孤立事態。

(二)各種自然觀與活生生的自然

人與自然的關係之「自然」一詞在不同哲學家的心目中是非常歧義的。因此，筆者綜合上述（一）與東西哲學諸流派，從認識論的角度，將其區分成下列數種層次，以便進一步理解懷德海心目中的「自然」：

1.一般人所說的「認識自然的眞相」意指：人在認識自然的過程，並不會干擾到自然本身，這種自然本身乃是一種孤立外在於人的自然。但依懷德海的自然哲學，則這種孤立外在於人的自然乃是人類透過抽象思考，而概念化的抽象的自然，是素樸的自然，並不是最具體、最眞實的自然。

2.人在認識自然時，運用抽象符號所建構的「符號自然」，這個符號自然本身也構成一種「自然界」，但是這種「自然界」仍然和最具體眞實的完整的自然仍有一段距離，而且不同時代的人所用的符號也不同因而形成多種的「符號自然」。

3.不同的人運用不同的認識方法去認識自然時，也建構了不同的自然。例如：不同時代的人或不同的科學共同體與個人由於遵

循不同的典範（paradigm），而觀察到種種不同面向的不同的自然，以及透過某特定典範所建構的特定符號形式（即行話或專業術語）所指涉的種種自然。

4. 主張人類認識自然與言行必然地干擾了被知覺到的自然的眞相，而使自然眞相不斷地在變動，因而使自然界的眞相愈來愈複雜。換言之，沒有一個具體的永恆不變、外在於人的孤立自然在等待我們去認識，若有的話，那是人類所建構的抽象自然及符號自然，因此，自然的眞相並不是有唯一的標準答案，也不是只有一種眞相，而是多元化、多樣性的眞相。甚至從巨觀角度言之，則不同的大時代，即演化成具有不同重要特徵的各種自然的眞相，若以此種重要特徵的重大轉變，來區分不同的宇宙年代，即形成懷德海所說的「宇宙的紀元或宇宙的時段」（cosmic epoch）。若從微觀角度言之，則每一刹那都產生不同的自然，而形成更多元化、更多樣性的自然。

5. 把自然界看成是有生命性的或無生命性，後者乃如機械般的運作。但懷德海乃傾向前者。他認爲，若要眞正澈底瞭解整體自然及生命的眞相，就必須將自然視爲有生命性的自然，或自然必須包含了生命性的概念，而不可將生命性從自然中抽離開（MT 148）。反過來，要瞭解生命性的概念，也必須包含自然的概念。生命性與自然是相互預設其存在，同時並存的。而有生命性與活生生的自然之「生命性」或「活生生」乃是蘊含了下列數種特性（cf. MT 152）：(1)自我享有的絕對性與直接性；(2)自我創造與創新性；(3)目的性與價值感。

6.吾人必須把前述1.到5.各層次的各種不同的自然全部融貫整合才是最廣包的大自然。簡言之，這個最廣包、最複雜的自然界，即是人與自然未截然明晰二分前，人與自然渾然融為一體的最具體的大自然（此即東方哲學中天人合一、天人交感、天人相感應、梵我合一所構成的渾然為一體的大自然）。這種最完整、最具體、最複雜的整體宇宙即是懷德海哲學所要論述的自然。

依照本節之（一）及上述5.之自然觀所發生的困擾如下：由於「人的身體既然在自然之內，而不是在大自然之外，而且是構成自然的一部分」，同時「人在知覺自然時，必然涉入且參與自然的演化」、甚至「人、整體自然、實際活生生的身體、體驗活動、與自然的許多要素是不可截然分割的」，因此，人並無法外在於自然，然後「客觀地」去觀察此「外在的自然」。也可說，人在觀察自然時，不只是觀眾，同時也是演員。在這種狀況下，真正的問題如下：

1.身為觀眾兼演員的人要如何思考、如何做才能「客觀地」認識人所涉入、所參與的自然？才能認識「人、身體、經驗活動與自然不可截然分割」所形成的「那個自然」？
2.如何形成有關此種自然（即最真實完整的自然）的科學概念或科學知識？
3.如何融貫諸多層次的科學概念或科學知識，使其產生相互關聯，以形成科際整合的整體知識？
4.用東方哲學的講法，即我們要用什麼方法或思維模式去認識

「天人合一」與「梵我合一」的具體世界，以及在此種宇宙觀下，科學知識及其客觀性必須如何產生？

上述問題分別是懷德海第二期與第三期的哲學所要論述的主題之一，也是本章及以下數章所要論述的主題之一。

但就思維模式言之，懷德海提出下列數種思維模式去解決上列諸問題：

1.同質性的思維模式、以及由此種思維模式所延伸而成的懷氏形上學中之超越以人、以物、以神爲中心所產生的同情理解或感同身受的思維模式。

2.具體性思維方式。例如：以身體的直接經驗或體驗爲主的知覺方式、原始的身體感受方式，甚至身體實踐的思維方式。

3.想像普遍化的思維方式。

4.非文字的思維方式。

5.擬生命化的思維方式，亦即把自然看成是有生命性的自然。

其中，1.與2.將在本章中論述。此外，2.之身體感受方式，筆者已論述於〈身體、感性與理性〉。3.、4.則在《懷德海哲學》討論過。至於5.的基本意義乃如本節（二）之5.所述，但我將進一步論述於《存在、價值與生命》。

第二節　從「自然對心靈是封閉的」及同質性思考論事件

　　懷德海為了如何客觀地認識自然，曾在自然科學的哲學時期，提出「自然對心靈是封閉的」與「同質性思維模式」的理論，其蘊含下列三層意義：(1)不必思考到思想本身；(2)未增添心理附加物；(3)避免純私有性的主觀價值介入科學化的觀察中。底下即分述之。

(一)不必思考到思想本身

　　「自然是獨立於思想的」（CN 3），不過並非獨立於知覺者的心靈；心靈是自然地、本然地和自然相遇。懷德海隨後又補充說：「我的意思是說，我能思考自然，而不必思考到思想本身」（CN 3）。至於要如何思考及客觀認知自然，懷德海則提出「同質同類（homogeneously）的思考自然」，而不可「異質異類（heterogeneously）的思考自然」。他說：「當我們想到自然而沒有同時想到思想和感覺意識本身時，那麼我們就是在『同質同類』地思考自然。當我們想到自然時，也隨同想到思想或感覺意識，或者將後二者連結起來而一起思考時，那麼我們就是在『異質異類』地思考自然。」（CN 5）

　　此處所論述的「不必思考到思想本身」、「沒有同時想到思想或感覺意識本身」，其涵義如下：

　　科學研究的起點或最根源性的基礎，並不是一開始即抽象概念思考、邏輯推理等，而是起源於對人與自然在未截然二分前的一種整體性的直覺或身體的直接經驗（immediate experience）或我所謂的「具

體性思考」及「直觀方式的思考」。這種思考並不等同於「止思」,而是相當近似胡塞爾（E. Husserl, 1859-1938）現象學（phenomenology）的將「抽象概念、符號、哲學史上的各派理論、已主題化的各種孤立的論述暫時『存而不論』,所形成的『本質直觀』的思維方式」。懷氏與胡氏所強調的非抽象概念化、非傳統邏輯化、非近代科學化的具體化思維模式,可說是對科學化、邏輯推理等抽象概念思考模式的批判所產生的結果,這也是一九六〇年代後現代思潮（包含藝術、文學、史學、女性主義）的主要思維方式。用懷德海在《符號論》與《思想之諸模式》所提出的另一種表達方式,即是用人類活生生的身體去直接經驗主客未截然二分前的最具體世界所產生的身體感受（感應）（bodily feeling）或稱為直接的身體經驗（即「體驗」）（bodily experience）,這種身體感受或具體性思維模式乃是人類一切認識活動或客觀認識自然、以及產生科技知識的基礎❷。

由於上述強調身體直接經驗的思維模式乃起源於人性的本能,所以科技乃是起源於人性。其次,透過身體直接經驗所認識到的自然,才是最具體真實的自然。形上宇宙論所要闡明的即是此種自然的真相,此即懷氏名著《歷程與真實》所詳細論述的內容。而科學中所論述的有關自然的理論即是由此種具體整體的自然抽象而成的概念系統。在此,我必須提醒讀者,懷氏之身體感受並不等同於英國經驗主義哲學家洛克的感官知覺,後者乃是從最具體的身體感受中抽離出來的已主客截然二分的知覺活動,是具有抽象性、明晰性與確定性的,其所知覺到的乃是抽象世界,而身體感受乃是主客未二分前渾然一體的知覺活動,是具體的、模糊不清、不明確的,其所感受到的乃是最

具體的萬有相互關聯的機體世界。

（二）未增添心理附加物

「心靈對自然是封閉的」並不是指心靈與自然是可分割成兩個截然不相干的孤立系統，或一個系統是內在的心靈世界、一個系統是外在的世界，也不是指「心與物」之截然孤立二分及認識主體與被認識客體的截然孤立二分。相反地，心靈與自然是密切相關聯的有機整體；只是懷德海認為當心靈在客觀地認知自然時，乃是起源自下列眞實狀況：心靈乃親密地、自然地、輕輕地、直接地與自然界相接觸或相遭遇（encounter），此時的心靈並不對自然加上一點心理的附加物（psychic additions）（CN 27, 29, 30-31），亦即懷德海認為心靈既不帶有任何康德式的先驗範疇形式、或笛卡爾所說的「生來具有的先天觀念」（innate ideas），但也不會增添英國哲學家洛克（John Locke）所說的「次性」，例如顏色、冷熱等心理的附加物，以及主體的私有價值。

上述這種以最自然、最原始、最缺少心靈加工的方式和自然界直接相接觸或相遭遇所產生的認識活動，即形成一種整體性的直覺或直接經驗（immediate experience）；此種經驗活動在懷氏形上學的《歷程與眞實》中則發展成更普遍化的「物理性感受」或譯為「自然的感受」（physical feeling）（PR 23）。在後期哲學，例如在《思維之諸模式》中，則發展成「形體感受」（bodily feeling），若以人為主體，則可譯為「身體感受」（MT 72）。

簡言之，這種直覺式的經驗活動或身體感受，乃意指人的心靈或

身體主體（body-subject）未在從事任何抽象思考之前的最根源性的經驗活動或認識活動。它一方面主動地直接經驗到具體的整體自然，另一方面又被動地直接接受自然所給予的資料，這種事態即是人類產生任何層級、任何種類的知識的根源，其所認識的成果及認識活動本身也是最具體、最根源性的真實（reality）。這種有關自然的最根源性、或最後的真實、或人所直接經驗、直接感受到的經驗內容，若使用含混籠統的描述，即是下一節所說的「某些事態在發生著、進行著」（something is going on），亦即正在發生「許多事件」（events），同時這些遷流不已的諸多事件即構成「事件之流」（the stream of events），而整個世界或自然即可視為「由許多剎那生滅的事件之流所構成」。

更重要的是，上述諸多事件或剎那事態乃是相互滲入、相互關聯。機體哲學的目的之一，即是澄清與描述這些含混不清、但內涵非常豐富、廣泛、複雜、多元化的關聯性活動及事件之流所構成的動態活動歷程，這種關聯與動態活動歷程乃是整體宇宙的終極真實之特性；縱然，一般人對此種真實性經常是無意識的感知或未注意到。

(三)避免純私有性的主觀價值介入科學化的觀察中

科學就算如科學史兼科學哲學家孔恩（T. S. Kuhn）所主張的，在一個科學社群中，有其共同遵循的典範，這種典範乃蘊含了此科學社群的每個成員所享有的某種「共同或公有的價值觀」。換言之，吾人在科學觀察個別經驗事態或整個自然中，由於隸屬同一科學社群的成員在從事常態研究活動中，一方面必須遵循上述共同價值觀，另一方面更必須盡力避免將其純粹私有的價值觀（包含個人私有的情緒）

介入科學觀察中，所以，我們可以說，科學的客觀性與標準答案，乃意指必須遵循某種典範的指引，去從事觀察與常態研究活動所產生的客觀性與標準答案，亦即在不同典範間具有不可共量性，而缺少共同的標準答案，所謂的「客觀性與標準答案」只能在同一典範下，才有意義❸。換言之，科學典範即使如孔恩所認為的，不同科學社群享有不同的私有且不同的「共同價值觀」，但科學研究，也如前述必須儘量避免「純私有性」的主觀價值介入於以某種典範或「某種共同價值觀」導引下的科學觀察中。

相應的，懷德海在形上學的宇宙論中，則刻意指出整體宇宙乃人與自然不可截然二分，同時一個人必須透過同情理解某個大時代（epoch）的共同價值觀，才能認識在那個時代所形成的一直在演化中的整體宇宙，才能認識由於人類種種認識活動之介入所建構的正在演化、正在不斷改變及日益豐富的不同大時代所產生的種種不同的大自然、以及融合上述種種不同的大自然所構成的更複雜的整體大自然。此即「層疊的自然」或我所謂的「多重宇宙」的重要意義之一。

誠然，由於私有價值觀的介入傳統所說的「外在自然」，所形成的認識活動及所認識的真實，具有傳統或一般人所說的主觀性，但上述私有與共同價值觀的介入活動本身即是一種客觀的真實。甚至由於透過上述社群共有、個人私有價值的介入，才能解除能知與所知、人與自然的二元對立，才能綜合主體與客體、人與自然，而使對立兩造融為一體，而形成主體與客體（如自然）合為一體、物我交融，甚至天人合一（即人與自然合為一體）的事態。而上述主客合一、物我交融，甚至天人合一的世界，才是原本存在的具體世界之真相或稱為終

極真實。至於形成主客分裂或主客二元對立或物我乖離,或人與自然、天與人的對立或外在客觀地研究自然等事態,乃是人的抽象思考使然,是人造力量的建構。

但是不同科學社群所遵循的個別社群的共同價值或純粹個人的私有價值之內容仍有其客觀普遍的價值形式,若用懷德海的術語則是每個成員的「重要感」或「志趣」(MT 1-19)。不過,價值觀、價值選擇固然有其客觀的形式,但也有其主觀的內容。此兩面的融合才形成具體的價值實現及更客觀的具體真實。由於任何宇宙萬有均享有內在的創造力,且不斷地外顯及具體化,因此,宇宙中的任何活動、任何價值的實現,均是一種價值的創新或創進,由於這種現象係普遍存在於任何高低級存在物的任何剎那活動中,所以整體宇宙即成為生生不息、不斷地創新又創新的宇宙。此即懷德海後期所建構的以價值為中心的形上學之基本精神。關於價值如何形成等問題乃涉及諸多剎那事態、剎那存在彼此間如何攝受、或如何感受與神明存在的問題,筆者曾論述於《懷德海哲學》的第二章。此外,也將在《存在、價值與生命》中繼續闡明。但無論何種價值的介入,懷德海仍強調客觀性的確實存在。

底下,我想補充兩點,以便將上述理論延伸到其形上學時期的某些思維模式:

第一,此期的「同質性思考」也為其後期形上宇宙觀的研究取向埋下伏筆。亦即這種思考方式,若用懷氏形上學時期的術語,則轉化成下列認識方式:當吾人認知或感受A,則吾人的主觀方式(subjective form)必須和A的主觀方式同一或極類似,如此才能同情

理解或體諒A。所謂主觀方式意指主體如何去感受或攝受客體。而人之所以有此種能力去認知自然，是因爲心靈在認識自然時，是可以只是本然地，未添加任何心理附加物或範疇形式於自然，而只是自然地遭遇（encounter）那已經存在那裡的事態。這種思考方式，用一般日常說法，即直觀自然，它並不涉及概念思考、推理與符號等，而近似胡塞爾現象學的本質直觀。用懷德海後期的術語即是：用整個身體去直接感受具體的自然，此即形成具體的知識，這乃是形成科學知識的基礎。亦即，若我要瞭解你，則我必須站在你的立場、同質性（甚至同一性）地同情瞭解你，而儘量不要用我的立場或我思維中的任何固定框框去瞭解你或心靈加工於你，由此，而形成「同情的理解」或「感同身受的體諒」與「理解你及你的感受」。

例如：吾人若要認知「鐵」，則我們要假想自己爲鐵，以便去同情理解鐵、認知鐵；若要認知神，就要提升自己的人性，以近似於神性，或充分發揮先天存在的神性潛能，而由神的角度來觀照世界、或感應神；若要認知牛羊，就設法把自己當作牛羊來感受牛羊對世界的感受；若要認知與體諒小孩，就必須回想自己若是小孩，是如何思考，而不能以大人的角度去解釋小孩的言行、或以大人的言說方式去與小孩交談或訓斥。上列思考方式一直持續到其晚年，因而建構成其以存在自身爲中心的宇宙觀。而英文語法的表達也具有上述精神，例如我們客觀的認知鐵是硬的，在英文中，即以鐵爲主體去感受（即積極攝受）「硬」的性質或將自己視爲鐵去表達，而形成Iron feels hard的語句。而不是表達成主觀式的語句：「我感受到鐵是硬的（I feel iron is hard），所以鐵是硬的」。

換言之，以同質性思考去認知自然，已承認有個客觀存在的自然，只是懷氏認為，人類活生生的身體乃是在大自然之內、是大自然的一部分，人不能跳出自然之外去外在地觀察自然，再加上，大自然乃是和心靈相連接，因而自然並不是和心靈毫無親密交流與接觸的被孤立化的外在自然，但吾人卻可以在心靈未先天加工及未後天加工的認知狀況下，去客觀地感受自然，因而客觀認知自然是可能的、是有其理性根據。故懷德海是具有「實在論」的傾向。但由於不是外在地客觀認知「外在」的自然，所以懷德海並不是主張「天眞的實在論」（naive realism）。

　　第二，人類對整體宇宙之認知方式或對於宇宙觀的建立，可分成下列三種：以人為中心、以神為中心、以物質為中心的宇宙觀；但懷德海的思維方式則嘗試擺脫此種「有中心」的認知，而嘗試以具體存在觀點去研究存在性，以及以全體性存在或存在的全體性去論述個別存在。由此去產生具有「客觀性」的形上學知識。簡言之，懷德海嘗試以「為了認識 A，則必須設想自己是 A，並以 A 的立場或 A 的思維方式去感受或感應 A」，另外，則強調整體性統觀的思維模式。

　　總之，懷德海為了客觀地認識人與自然未截然明晰二分前且人在自然之內的自然，以及替知識（或眞理）的客觀性，尋求理論基礎。首先，他提出「自然對心靈是封閉的」的論點，以及以同質性的思維模式、具體性思維方式或懷德海式的直觀為基礎去建構有關自然的科學知識或理解自然。其後，又提出抽象對象與具體事件的理論，以進一步說明知識（或眞理）的客觀性的哲學基礎，由於這方面，我將在第四章論述。因此，在下節中，筆者主要的工作仍是進一步論述具體

性思維方式或懷德海式的直觀以說明事件理論的起源。這就涉及懷氏對科學化的抽象概念思維模式的批判所提出的「具體性誤置的謬誤」。

第三節　從「具體性誤置的謬誤」論事件──具體與抽象思維模式的對比

在懷德海論科學與哲學的關係中，有一個非常重要的理論，即「具體性誤置的謬誤」（The Fallacy of Misplaced Concreteness）（cf. SMW 51, 58, PR 20）。依筆者的詮釋與分析，則此謬誤的基本涵義有二：(1)以抽象的概念或理論去解釋具體的事態，或以更抽象的去解釋更具體的；(2)把抽象的概念看做是具體的真實。懷氏哲學的出發點，即在於避免此種錯誤，但問題是：懷氏所謂的「具體」或「抽象」的意義究竟是什麼呢？

所謂「某物是具體的」（is concrete）意指某物是人們可直接經驗到，而且不需要經過思考，此外，「具體」一詞蘊含「整體不可分割」之意義。相對的，某物是抽象的或抽離的（is abstract），並非表示某物是不存在的、或某物是虛無；相反的，它是真實的存在、是一種實有（entity），只是此抽象物並無法孤立存在，而必須附著在或內存於某種具體真實的事物上，我們才可直接經驗到。例如：「紅色」必須附著於「某種帶有紅色的材料」中或內存於「這一個紅色的桌子」，我們才可直接經驗到。離開這些具體的材料或桌子等具體事物，則「紅色」並不能單獨孤立存在。換言之，「紅色」只是存在於人們抽象思考的概念中。但「紅色」卻是真實地內存於某個或某些具體的紅

色事物中，是構成「某種帶有紅色的材料」的一部分。因此懷氏說：「某物是抽象的，並不意味著此種實有（entity）是不存在、是虛無（nothing），它只是表示此種實有的存在乃是自然界中更具體的元素（element）的一個構成因素。所以說，一個電子是抽象的（is abstract）乃是因為你不能夠去除掉事件的整個結構，而仍然保持這個電子的（孤立）存在；同樣地，「貓身上的花紋是抽象的，乃意指上述花紋並無法孤立單獨存在，而必須內存或附著於具體的貓身上。」（cf. CN 171）我們是無法觸摸到「花紋」，只能觸摸或見到「在貓身上的那個花紋」。「此花紋」離開此貓，則只剩下「貓的毛」，而不是「此花紋」。

其次，當我們說，「科學理論具有高度的抽象性，或科學理論是高度抽象的概念系統」時，並不是意指科學即等同於抽象；也不是說，科學研究成果不是真實的一部分，更不是說科學是虛無的；相反的，科學是包含了許多抽象概念及某些抽象概念系統，它們是構成廣大悉備、周遍圓融的具體的整體真實的一部分，是內存於此具體的整體真實中，只是不等同於最完整的具體真實。誠然，經驗科學的整體也包含了許多可實證或可印證的經驗內容或例證，這些經驗內容或例證，乃是如孔恩（T. S. Kuhn）所認為的，透過常態研究活動，使得抽象概念與具體世界相連接。因此，科學的整體也不只是抽象的形式或骨架，它也包含了某些具體的經驗內容，亦即也有一些肉。但是，我們要注意：這些可實驗的事例或經驗內容，若與整體宇宙或具體真實所包含的豐富事例相比較，就顯得遺漏太多的具體事態，而太貧乏了。換言之，經驗科學乃遺漏太多的具體真實事態。其次，若用與某

經驗科學理論密切相關的某些被此理論所遺漏的具體事態去檢驗該理論，也可能會否證該理論，更何況是與該理論較不密切相關的真實事態，綜上所述，經驗科學並不是適合一切事例，而是只適合某些事例的適真理論或譯偶真的理論（contingent），所以它並不是如純數學之恆真理論（tautology）。

　　總之，數學及經驗科學都是具有抽象性，但不是單純的等同於抽象。但是由於各種抽象概念的抽象程度並不相同，因此，「抽象系統有等級（層級）之分」（SMW 168）。亦即具體與抽象有程度之分。因此，我們若用「是抽象的」還不如說「具有某種程度的抽象性」來得明確些。哲學對於「程度」差別的語言必須儘量釐清，才不易使人誤解。此外，哲學家為了理論上的解說方便，往往先清晰的界定最極端的兩類，然後，才論述介於此兩種極端事態之間的其他事態的種種程度上的漸進變化。底下，我即運用現有知識的分類，去說明抽象層級中種種抽象科學知識在程度上的區分。

　　依抽象層級之分，則純數學或邏輯是最完整的抽象、最普遍、最絕對、且是最確定的。就如懷氏所言：「只要你研究數學，你便處在完全且絕對的抽象領域裏……數學被認為是在完全抽象的領域裏活動的科學，它超越自身所討論到的任何特殊事例……。」（SMW 25）又謂：「運用邏輯推論時所涉及的完全是這種絕對普遍的條件。擴而言之，發現數學就是發現這些普遍而抽象的條件之全體。」（SMW 25）。

　　就物理學而言，懷德海並沒有強調完全抽象，他說：「在物理學中，有著抽象性。」（In physics, there is an abstraction.）（SMW 153）

而不是說「物理學即全然是或等同於抽象物」(Physics is an abstraction)。此即表示物理學除了具有某種程度的抽象性,但也具有某種程度的具體性。因此,我們可以說:純數學是純粹的抽象物,而物理學則只是具有某種程度的抽象性,但不是純粹的抽象物;反面言之,物理學是具有某種程度的具體性,亦即物理學比純數學更具體、或純數學比物理學更抽象,而且是完全抽象。

至於目前人們所區分的各種分殊知識或主題化的各種知識分支部門,其所研究的範圍都只是從整體宇宙中抽離出一部分領域,亦即限定於某些特殊領域,而不是研究整體宇宙的具體完整的真實。因而所形成的各種分殊知識,相對於有關整體宇宙或整體自然的具體的整體知識,都是抽象、劃界的知識。不只數學、物理學如此;藝術、人文、社會科學亦復如是;甚至哲學各分支(如知識論、形上學、倫理學)也是如此。上述個別領域所論述的都不是整體宇宙最完整的真實。所以,懷德海提出機體哲學來融貫上述各分殊學科及哲學各部門,以便整體性、統觀性的論述全體宇宙的整體真實,以形成更完整、更最具體的知識。

底下,筆者將各種抽象分殊學科依其抽象層級,依次排列,以補充懷氏「論抽象知識」之不足:純數學或邏輯→古典物理→近代物理(理論物理→實驗物理)→生物學→心理學→社會科學→人文科學→人文學❹→整合上述各門學科的懷氏型機體哲學所形成的整體知識。亦即懷氏型機體哲學所形成的知識乃是比較完整地論述具體的整體宇宙或整體自然,所以,此種哲學化的科際整合的知識乃是更完整、更高級的知識、或更接近完整具體的高級真理。其次,上列各門學科的

抽象性、抽象普遍性、確定性、明晰性、單純性、一致性、單一性的強度，乃由前而後依次遞減；反過來，則具體性、具體普遍性、不確定性、含混模糊性、曖昧性、複雜性、矛盾性、多樣性的強度乃由前往後，依次遞增。但無論如何排列，任何層級的分殊科學知識均是具有抽象性的。因此，懷德海認為，若將具有某種程度的抽象性之科學理論當做是終極真實或最具體的真實（即一般人所說的事實真相）或以此去發展哲學或解釋具體的宇宙人生，即犯了「具體性誤置的謬誤」。所以，人們並不應該將上述各種分殊學科與由上述方式開展出的哲學視為真理。

其次，我們也可以補充懷氏表達之不足，而指出：若按上述抽象等級的劃分，則只要是由較抽象的層級去解釋比它更具體的領域（例如：由物理學去解釋生物現象、由生理學去解釋心理活動、由邏輯與數學模式去解釋人的心靈活動、經濟行為、社會行為等種種化約論的解釋方式），都可視為犯了「具體性誤置的謬誤」。而犯此種謬誤的解釋方式往往無法對其所欲解釋的領域，解釋得非常完整，亦即此種研究方法與結果的有效性都有其限制。例如：以邏輯語言解釋最抽象的純數學尚可，但要解釋較具體的實驗物理則有困難，就如同方東美引邏輯家邱奇（A. Church）所說的：「邏輯語言從定義上看，是一個形式語言，這個形式語言要是轉移到實驗科學上，就要受到限制了。」❺但更重要的缺憾乃是，上類解釋方式所形成的論述，總是遺漏了所欲解釋領域中某些非常重要的具體真實內容，進而導致其在預測上產生某種程度上的誤差。所以，我們並不應該將其視為絕對正確的描述、解釋與判斷，更不應該視其為唯一的真理。反之，人們若將

其視爲絕對正確與眞理,而不知其限制,則可能產生文化與社會的危機。關於這些批判,我將在四、五、六章詳述。

上述懷德海、方東美、邱奇對邏輯、科學、抽象思維的批判方向,相當類似胡塞爾、海德格、法蘭克福學派對近代科技的批判,當然後兩者的批判又比前兩者更實質化,尤其最後者。但這類批判有時會誤導讀者,而以爲他們是反邏輯、反科學、反抽象概念思維、甚至是反理性。尤其在台灣,由於教育體制的缺憾,更可能對某些讀者,產生誤導。偏偏這種誤導經常導致羅素─英美主流─殷海光之學派與懷德海─歐陸主流─方東美、新儒家,及其第二代的某些追隨者產生強烈的對立。所以,我有必要在此先針對上述批判,提醒讀者下列四點,以使讀者在閱讀本書或上列哲學家的原著時,可維持更寬廣圓融的視野,甚至可初步化解方東美、新儒家與殷海光,或歐陸與英美主流哲學的某些不必要的對立:

第一,由具有抽象性的科學去解釋較具體的宇宙人生或化約論仍然非常有助於我們理解整體宇宙與具體眞實,它們所論述的內容也是整體眞實的某些面相,更對人類科學知識的發展及促進社會進步的貢獻甚大。例如:由較抽象的物理學去解釋生物現象,即形成了生物物理學(bio-physics),透過生物物理的發展使得人們對生物的結構、演化歷程及外顯現象更進一步深入細節化瞭解,例如:把人的身體視爲一種有生命的電磁場,每個人都會發出不同頻率的電磁波,母子或父子之所以容易產生心電感應,即因爲生理的遺傳與長年累積的濃厚情感,使得他們兩人身體所發出的電磁波頻率非常相近。此外,也可運用生物物理學的種種原理去設計成各種物理治療用的種種醫療儀

器，以治療人類的疾病。其理由無非是人類身體確實有物理層次的結構。一九九五年，人類已可用Aura顯相分析儀去拍攝人體的「氣」（即「能量」或電子流）或「能量」或「電磁波」（電子的躍動所產生）所發出的「氣場」或「能量場」或「電磁場」所產生之光緣。而且透過氣場等之色彩，去分析當事人的身體狀況，繼而運用電腦，立即印出此人需要吃那些食物或藥品。

　　然而，我們必須注意到：由於生命之所以成為生命自身總是包含了某些無法用物理學去解釋完全的某些有異於非生命或無機物的特殊奧秘。因此，生物活動（或生物學）是無法完全「化約成」或「還原成」（reduce to）單純的物理學來解釋，所以，生物現象不可能全然化約成物理原理。生物學不等同於物理學、也不全然等同於生物物理學，這是很容易瞭解的。但問題是：這種化約確實使我們更加理解生物的部分本質與現象，也擴展了物理學與生物學的領域，而且造福了人類。因此，若只是批判「生物學不等同於物理學」、「生物現象不可能全然化約成物理原理」、或「人不可全然化約成單純的電磁場」等，然後就排斥、拒絕研究理解此種化約論，則這種批評未免太膚淺、心量也太狹隘，而且並未積極吸收到化約論的優點。亦即，這類人未能真正的「入乎其內」取得寶藏，隨即帶著沒有價值的木炭碎屑「出乎其外」。所以，我們必須切記：懷氏在這方面的批評並不是要排斥或反對抽象思考、近代科學、化約論與科學化哲學、科學唯物論或泛物理論，他主要是想讓我們瞭解，抽象思考、概念推理，以及由此所衍生的種種抽象性學問，對整體真理與真實描繪仍有不足之處，進而強調由身體的直接經驗所感受到的具體世界，以及由具體性的思維

方式所建構的具體性哲學可補充上述之不足，而且此種補強非常有助於吾人體悟與理解更完整的具體真實，以便更接近整體真理。

第二，懷德海不只不反對抽象思考、概念推理。相反的，他相當強調抽象思考的重要性。例如：他刻意凸顯「抽象數學」的影響在思想史研究的特殊重要地位。他說：「若忽略『數學』的影響，則這部思想史等於是在莎士比亞《哈姆雷特》的戲劇中，缺少『奧菲利亞』（按：奧菲利亞乃王子哈姆雷特的未婚妻）。」（SMW 24）其次，他更強調「抽象作用」可使經驗生動活躍起來。他說：「抽象涉及（involove）強調（「強調」意指凸顯重要內容），而透過此種強調使經驗生動活躍起來。」（ESP 112）更重要的是，懷氏更主張抽象與具體性思考的平衡發展是科學的起源與發達的根本理由之一，就如懷氏所言：「科學的產生係由於對細節的具體事實的狂熱，以及對抽象概括的極度傾心，這兩種心態的兼顧並達成一種獨特的心理平衡。這兩種心態在各地方均曾單獨發展，或失之偏頗。但在某些偉大的文明中，科學研究所需要的這種獨特的心理平衡，只是偶爾出現，並且所產生的效果極微。」（cf. SMW 3，6）此外，他認為，抽象思考與具體思考訓練的平衡發展才能產生高明的智慧，也是使人生、社會與教育更健全的重要方式之一。例如，懷氏在論教育時，曾指出：「我們不只要教育學生理解大氣層的結構、太陽、地球運轉的一些問題與公式（按：此乃透過抽象概念思考之所得），還要告訴他們夕陽之美、晨曦之美（按：此乃透過人類的直接經驗或具體性思考之所得）。」（SMW 199）但我想補充的是，一個人或文化若太偏重具體性思考與體驗直觀，而抽象思考太弱化，則必須強化科學化的抽象思考，亦即

我們不只要教育學生夕陽之美、晨曦之美，還要使他理解大氣層的結構、太陽、地球如何運轉的科學原理。

第三，懷德海並不反對科學，也不是只將其視為具有實用性的工具價值，而是將抽象思考成果與科學視為整體具體真實的部分重要形式與理網，只是科學與科學化、以及抽象概念會遺漏了具體真實的某些重要內容。因此，若偏差地只重視科學化、抽象思維的發展，不只無法理解具體完整的真實，而且會由於上述遺漏導致文化與教育的危機。

第四，懷德海並不反對邏輯，只是覺得單單邏輯思考或以邏輯為核心去建構哲學是不夠的。在此，我想澄清邏輯學的概念。邏輯學可分「基本邏輯」與「專技邏輯」。完整的「基本邏輯」並不是只限於非真即假的二值符號邏輯中之演繹邏輯，當然更不是只限於亞里斯多德的形式邏輯。它還包含了基本的語言分析（包含語詞、語句、理論結構之分析）、種種定義方式與非形式謬誤的論述；也包含了歸納法、基本的科學方法（scientific method）、科學方法論（scientific methodology）之導讀，以及涉及傳統知識論或哲學性的傳統邏輯（諸如「基本範疇」之探討）；其中的歸納法也不只是亞里斯多德簡單枚舉歸納法與彌爾的因果歸納法，而應該包含了當代的統計三段論、概率的哲學基礎的基本論述。上述種種內容乃是「大一基本邏輯」課程所應該包含的較完整的範圍，也是全世界較完整的英文本邏輯教科書所涵蓋的內容；此外，完整的邏輯不只是只演算符號形式，它必須配合多樣性且適切的實例，就是這些豐富的實例才使得抽象的邏輯形式與具體世界相融合，由此即形成有骨有肉的存在事態，而不是只

是乾枯的骨架。誠然，這樣豐富的邏輯仍然遺漏具體真實的某些內容與特性，而有其限制。但人們並不需要去反邏輯或畏懼邏輯，邏輯訓練會使我們更能「就事論事，嚴謹論證」。甚至透過「基本邏輯」即可論述到宇宙人生的許多重要內容。雖然，這些內容仍不足以窮盡人類世界的奧秘。但是一個哲學工作者若連這些基本邏輯及其在哲學上的應用都沒能力理解，也無法充分運用，則其所建立的哲學，乃是鬆鬆垮垮、模模糊糊的，而不夠嚴謹清晰與紮實，甚至只是「空中樓閣」、「海市蜃樓」，更不足以窮盡宇宙人生的真相，當然也會導致另一型的文化、教育與社會危機。只是，在台灣，自從「台大哲學系事件」發生後，由於許多邏輯教師被不續聘及邏輯教學的被強烈壓抑，更使邏輯師資原本不足的台灣學術界，暴露出邏輯教學的危機。加上教學時間不足（由每週三小時減為二小時），而導致「基本邏輯」的教學並未涵蓋上述基本範圍與豐富的實例與應用。因而窄化了邏輯，並使一般人對「基本邏輯」也產生誤解。

更何況，邏輯學也不只是「基本邏輯」，它還包含了更深入、更廣泛的專技邏輯，例如：三值邏輯、多值邏輯、甚至N值邏輯、模態邏輯（modal logic）、應然邏輯（deontic logic）、知態邏輯（epistemic logic）等「專技邏輯」。其中有的邏輯系統更包含了倫理學與價值哲學的推理思考。只是東方文化界，尤其台灣，較缺少這類專技邏輯的專家及教師。甚至有些哲學教師連「基本邏輯」都不是很清晰地理解，也缺少較好的教學方式，或窄化到只停留在亞里斯多德或黑格爾以前的邏輯，或勉強教到十九世紀的彌爾因果歸納法、加上一點語句邏輯的演算。但在十多年前的台灣，能夠清晰理解與教授到上述內

容，就已是非常適任的教師了。更不幸的是，有些人對邏輯瞭解太少，甚至連「大一基本邏輯」、粗略的「專技邏輯」都無廣泛瞭解（更不用說深入理解），卻又喜歡負面批判或非常情緒化地醜化邏輯思考、及相關的邏輯分析哲學與英美語言哲學，以至於誤導許多人，尤其是學生。但作為哲學研究者應該確實體認，每個學派都有其優缺點、都有其適用範圍的限制，單單深入理解某一學派及深入淺出的介紹給學生，就已經是很吃力的工作了。所以，筆者建議上類人，若未深入理解邏輯及由邏輯思考衍生的各種以「邏輯分析」為主要哲學方法及「邏格斯」為中心（Logos-centric）的當代哲學流派（例如：維也納學圈、分析哲學、邏輯實證論、某些科學哲學等當代英美主流哲學）或古代哲學的流派（例如：柏拉圖或亞里斯多德等）之前，切勿獨斷地或不深入地對其予以負面批判或醜化。尤其動不動就批評上述當代哲學流派為「膚淺」、「只是技術性、缺少文化性」或「不是哲學」。這類批評者的心量未免太狹窄了，而且更顯示出自己所知領域的狹隘與膚淺、或對此方面的誤解。畢竟條條道路都有其流弊，但也都有可取之處或有機會走向真理之途；只要吾人能以開放的心胸，去同情瞭解對方的優缺點，並進而吸收其優點，就能豐富自己的文化，並進一步邁向全體真理之路。相反的，若以排斥或輕視的心態批評之，則往往犯了「打擊稻草人的謬誤」，不只吸收不到對方的優點，而且誤導青年學子、阻礙了文化的多元開展。

　　為了避免此種誤導，再加上，基於一個文化若缺少維他命A，我們就必須補充維他命A，以免營養不良，以及傳統亞洲文明相當缺少邏輯性與科學性較高的哲學；因此，筆者乃花了八年時間，儘量以深

入淺出、平易近人的表達方式著述了三本有關「基本邏輯」與科學哲學入門及其應用之著作❻。另外，還運用邏輯及語言分析的方法去分析愛情，而形成《愛‧婚姻‧家庭──差異、衝突與和諧》一書中有關人類情感生活的某些重要部分❼。嚴格說來，邏輯及語言分析還相當真實且非常實用。

　　總之，邏輯就如懷德海所說的：「邏輯，只要被適當地使用，就不會束縛思想。它會給人以自由。最重要的是，它讓人大膽。缺乏邏輯的思想，在下結論時，會猶豫不決，因為他從來不知道它所指的是什麼，或者它的假設是什麼，他也不知道對假設要信任到什麼程度，或者對假設的任何修改將會引起什麼後果。」（AE 122）又說：「邏輯是老年人伸給年輕人的橄欖枝，是青年人手中具有科學創造之神奇的魔杖。」（AE 122-123）在同書中，他又強調邏輯與數學、經驗科學的關係，他說：「科學的本質是合邏輯。科學諸多概念之間的集結（nexus）或譯連結，是一種邏輯的關聯，而科學諸細部斷說的根據，是邏輯的根據……我們可以更確信地說：『沒有邏輯，就沒有科學』」（AE 125）。甚至如Pierre Boutrouy所說的：「邏輯是不可能戰勝的，因為要反對邏輯，還得使用邏輯。」❽更重要的是：無論在贊成或反對中，當你在「使用」邏輯時，就不只彰顯了邏輯的「工具價值」，也彰顯了邏輯的「本有內在價值」（intrinsic value）。而由此種邏輯的運作及其所開展出的邏輯哲學，也可以使吾人從更多的角度去理解整體宇宙的終極真相，繼而更「接近」真理，甚至邏輯的基本運作原本即內存於具體的終極真實中，是具體真實中非常重要的形式結構。筆者在寫碩士論文時並未深刻自覺到上述各點。而是自一九八〇年以

來，由於長期任教完整的基本邏輯課程，才愈來愈深刻體會到上述各點。

不過，我們也必須提醒自己：若只是單純地以非眞即假的二值邏輯與理性去分析具體的男女甜美或辛酸的戀愛，固然可理解愛情的部分現象與意義，例如：冷靜地分析與判斷對方是講眞話或假話、分析戀愛語言的多層次意義、合理化解釋爲何會愛上對方或分手等。但仍無法窮盡愛情的奧秘，尤其是美感與許多感性眞實。例如：在熱戀時，有些話語是甜蜜美麗的謊言，有些則無法立即判斷其客觀的眞假，可是卻由於感情移入、心理距離及意志專一所產生的作用，而強化那些話語的主觀眞實感與美感，並使這些話語產生超越理性判斷的眞假價值，而形成更豐富的情感意義與價值。再如去欣賞《卡門》歌劇或莎士比亞的《羅密歐與茱麗葉》等，大部分人並不會在劇場中，立即去嚴肅且理性地判斷這齣戲的種種情節究竟是眞的或假的；而是以當時立即產生的身體感受或情感去直接欣賞、並融入其中，繼而由此去提升自己的人生（例如：形成亞里斯多德所主張的「淨化靈魂」、或產生尼采所說的「形上的安慰」等）。不過，在重複多次的欣賞時，有些人可能不只產生上列感性的反應，也可能在欣賞中，增加理性的邏輯分析與評價。

但話又說回來，若只用美學、心理學、宗教、社會學、非邏輯、非科學、非理性的方式去解釋愛，而缺少邏輯與科學，也是無法窮盡愛情的奧秘。筆者在《愛‧婚姻‧家庭——差異‧衝突與和諧》（1996，揚智）即不只如前文所提及的透過語言分析、邏輯、科學、理性、美學、心理學、社會學等去分析「種種愛」，同時也透過非邏

輯、非科學、非理性、感性、台灣歌謠、詩、個人私有面、社會面等各個角度去解釋「愛」，以便全方位地論述「愛」的眞諦。

最後，無論是基本邏輯或種種專技邏輯縱然有其非凡的價值，但仍然有其侷限，因此，我們仍然需要訓練非邏輯性的思維訓練，所以我在《邏輯‧民主‧科學——方法論導讀》的第四章即分別由生理、心理及日常生活的種種行動去論述非邏輯思維模式的訓練方法。

總之，依懷氏觀點言之，類似由相當抽象的科學與邏輯去剖析上述之愛情等具體的實際事態，乃是犯了具體性誤置的謬誤。但懷德海使用「謬誤」往往使人誤導懷氏在「反對抽象思考」、「反科學」或以爲「科學是一種謬誤」，但實際上，這不是懷氏的本意。至於批評邏輯、科學無法解釋的完美、而有限制，並不能窮盡或等同最具體的終極眞實，我想這種批評是適用於任何學科、任何理論，包括懷氏的機體哲學均是如此。因此，眞正問題的核心乃是：任何哲學、任何分殊科學的優點與限制的具體內容爲何？當愈多的人理解此，才能使人類的知識與社會更加進步；而不是去反科學、反邏輯、反理性、反客觀性，甚至不去研究邏輯、研究科學，不去深入理解科學化的哲學與化約論。所以，我們也必須研究科學化的哲學、化約論及邏輯與科學，以便補充、修訂及改造科學性太低的某些流派的形上學，或懷德海式的機體哲學，尤其是補充那些非科學化、非理性化的哲學、文學、藝術等各流派之不足，如此，才能產生相反相成的效果，並創造出更健全的新哲學與新文化，如此才能洞悉宇宙人生的完整眞相，繼而促使社會更和諧、更進步。反過來，全然否定機體哲學或形上學的客觀認知意義與存在價值，也是非常偏差之見。

但無論筆者在上文如何闡明科學化論述或抽象思考的重要貢獻與優點，它仍犯了「具體性誤置的謬誤」，而且遺漏了具體真實的某些重要內容，同時因為此種遺漏往往會產生某些文化與社會危機。因此，懷氏乃積極提出其建構哲學的基本立場與方法，以補充上述遺漏，以及建構更健全的文明：

1. 他認為「哲學是以具體解釋抽象，或以更具體的去解釋比它更抽象的事態」（cf. PR 20），但若專論科學與哲學的關係，則意指「以最具體的事實或最直接的經驗之所得為出發點，去解釋比它更抽象的一切科學概念或理論」。

2. 懷氏認為：「科學與形上學都是由直接經驗的基礎上出發，而且就整體而言，它們是以相反的方向進行不同的工作。」（AE 161）科學乃是以抽象普遍的概念系統去科學化說明個別分殊科學所欲包含的特殊限定領域中的經驗資料；懷氏型哲學乃是以整體性、具體普遍性且兼顧具體個體的特殊性與差異性，亦即透過異中取同且同中存異的方式，去建構哲學，以便去詮釋人類所經驗到的一切（包含科學系統、夢中的經驗、理性、清醒、非理性、不理性、想像、情緒化等，總之，人類所經驗到的一切元素）。而從知識論或科際整合的角度言之，則是由直接經驗之所得，去統貫前述之任何抽象等級的知識系統，以形成更高級的整體性知識。

3. 哲學「不但必須運用各門科學的種種明證（evidence），而且還必須訴諸『具體的經驗』」（SMW 87），同時也必須重視偉大詩

人的證言，甚至懷氏更認爲「偉大的哲學近於詩」（MT 174），因爲「這些詩句表現了人類深刻的直覺，而且洞察到『具體事物的普遍性質』」（SMW 87）。

4.「將科學的抽象概念和對宇宙更具體的直覺去直接相對比，並由此對比，去批判抽象……，一方面使抽象概念獲得正確的相對地位，以求得彼此間的和諧；另一方面也由於上述對比，而促進更完整思想系統的形成。亦即哲學是融貫各門科學的學問，其特殊任務，在使各門科學和諧且整全，它使得科學與具體事實相會合」（SMW 87）。

在上文之3.所提到的「具體事物的普遍性質」乃意指「具體的普遍性」，此方面主要是透過直接經驗而得。依洪耀勳的看法，所謂「直接經驗」乃意指在未進行抽象思考、未形成主客二分之前的一種「思維」狀態，它是一種「直觀」與體驗（或譯「身體經驗」）（bodily experience）。此即相應於東方思想所強調的「悟道」之「悟」❾。此種「直接經驗」用懷德海中後期哲學《思想之諸模式》一書中的術語即是原始的身體感受（bodily feeling）。也可說，懷德海哲學即是要透過此種「直接經驗」或「直觀」或「悟」或「身體的直接經驗」（即體驗）或「身體感受」所經驗到的事態爲基礎，去建構認識論、形上學、美學與語言哲學等哲學各分支，並將其融貫成一有機整體的整體知識，而且他認爲這種知識才是更接近整體眞理。此乃其知識論的面相。從形上學的角度言之，則懷氏哲學所要詮釋的最重要世界乃是指人在世界之內，以活生生的身體去直接地體驗、感受或直觀主客未截

然二分、人與自然未截然二分前的渾然爲一體的最具體眞實的整體世界，其方式是透過當下即是或直接經驗到的具體普遍事物或具體普遍性爲出發點，去解釋上述世界及人類所經驗到的一切元素。從東西比較哲學的角度言之，則懷氏哲學即是在體驗與詳細描述如東方哲學所說的「悟道」的「道」，尤其是「天人合一」之「道」的具體內容，並將「人道」視爲「天道」的例證。若用這種方式去詮釋宇宙觀與倫理學的相關性，即可避開摩爾自然論的謬誤的某些批判。

相對的，數學或邏輯及經驗科學（如物理學、生物學、社會科學等）的普遍性則是指「抽象的普遍性」，但它也是由直接經驗出發，經過抽象的思維推理，以便從最具體的終極眞實或最具體的生活世界中抽離出普遍性而產生。在此，即可看出懷氏所認爲的哲學與科學之差異；它們都是由共同的直接經驗出發，前者乃嘗試以具體的普遍，亦即直接經驗到的最具體事實的普遍性爲出發點去解釋一切具有抽象性的各學科，由此而形成「由具體去解釋抽象」；而科學則是以抽象的普遍性、抽象的概念與理論去描述或解釋具體的宇宙。雖然由此種科學研究途徑可使人們更加廣泛且深入認識世界的部分眞實，也具備了本有價值及工具價值❿，但也如前述，仍不足以充分窮盡宇宙完整的終極眞實，純科學理論乃是此整體眞實所蘊含的某些重要形式、骨架及其相互間的關係形式，而科學實驗則是不太豐富的經驗內容，此種「不太豐富」乃是和機體哲學或直接經驗到的整體宇宙中的有骨、有肉的非常豐富的一切具體內容相比較，才凸顯出來；否則在整個科學化論述中，可作科學觀察與實驗的經驗內容也是非常多。但無論如何，從懷氏觀點觀之，科學研究途徑必然犯了具體性誤置的謬誤，其

所論述的內容，仍不夠完整，而必須透過懷氏型的機體形上學及歐陸現象學所論述的具體性的整體知識，予以補充與修正。因此懷氏謂：「科學並沒有取消形上學的需要。」（AE 154）

在此，筆者倒是想反過來提醒讀者：研究形上學更沒有必要去取消科學、反對科學、反對哲學科學化運動。蓋科學與形上學的差異性，就如懷德海所認為的：「科學的基礎並不是依賴著形上學的任何結論作為假設，而是科學與形上學兩者均是從共同的直接的經驗基礎上出發，而且就整體而言，他們是以相反的方向進行不同的工作。」（AE 161）此處的「相反方向」意指近代科學及科學化的哲學乃是採用化約論及抽象法、化繁為簡，尋求最高抽象普遍性，再由此抽象普遍性（如普遍定律）配合起始條件（initial conditions）去科學說明具體事實。但懷氏哲學則尋求具體普遍性，由此去建構「範疇綱領」（categoreal scheme），以便詮釋所經驗到的一切（包含具體與抽象的任何事態）。人類若充分運用這兩種研究方式與方向，則對於理解整體宇宙的真相更可形成相反相成的效果，甚至缺一不可。更何況，形上學（Metaphysics）乃是研究「廣義的物理學」（即亞里斯多德所說的「自然學」或今日所說的「科學」）背後的後設原理，或依懷氏形上學則形上學乃是由具體的普遍性與特殊性所建構的一套合邏輯、融貫的理論系統，以便詮釋人類所經驗到的一切的學問。依上述定義，則一個人若吸納愈廣泛、愈深入的各種科學知識與科學化的哲學，則愈能建構科學性、知識性愈強化的形上學；同時，也較能夠深入且適切地批判科學與科學化的哲學。

其次，我們必須哲學化地繼續追根究底，而追問：人類所共同直

接經驗到的具體普遍事物究竟是什麼？或科學與形上學既然都由共同的直接經驗基礎上出發，那麼其所經驗到的具體內容究竟是什麼？或說由「最具體的真實」去解釋抽象領域的「此種最具體的真實」究竟是什麼？或「具體的普遍性兼具特殊性的事物」究竟是什麼？懷氏認為是「某些事情正在進行者、正在發生著」（something is going on......）（CN 78），或稱為「事態」、「緣現」（因緣和合而具體顯現出實相）、或譯「顯相」、或譯情境（occurrence），也可稱為「正在發生的事態」（happening）或「事件」（event）。但由於「事件」一詞英文字母的長度最短，故懷氏在自然科學的哲學及形上學初期都採用「事件」一詞為主（CN 165）。相應的，俄國哲學家巴赫汀（M. M. Bakhtin, 1895-1975）也於一九二〇年代，在其《邁向行動哲學》（*Toward a Philosophy of the Act*）的俄文手稿中，也產生非常類似上述懷氏的事件哲學的論點，而稱為「正在發生與進行的事件」（on going event）或「存有即是事件或事件存有」（being as event）❶。總之，「事件」不只具有一般人在日常使用中的日常意義，而且具有存有論（ontology）上存有的意義，以及宇宙論中構成整體宇宙的最基本單位的意義。

此外，「事件」一詞的原始定義「某些事情正在進行著、正在發生著」已蘊含了事件本身即是具有時間性、且是剎那生滅的動態歷程，而懷氏的自然哲學即將此種「事件」視為構成自然的基本單位，並以「事件」理論為核心去融貫、解釋及批判各種抽象的分殊科學，並充實各抽象科學體系所形成的抽象骨架，以形成有血有肉的哲學，而使科學與具體真實相會合，此即下三章所要論述的。甚至由此而發

展成第三期形上學所提出的「實際存在」（actual entities）、「實際事態」（actual occassions）或譯「實際緣現」（因緣和合而具體顯現出實相，即「顯相」）與「永恆對象」的對比理論。懷氏並將「實際存在」視爲構成整體宇宙（整合價值宇宙、人文社會宇宙、生物宇宙、物理宇宙、數學宇宙、邏輯與符號宇宙、人與自然融爲一體、天人合一的整體宇宙）的最後眞實與基本單位。此即筆者已出版的《懷德海哲學》與計畫出版的《存在、價值與生命》所論述的主題。

從上述，可發現一個有趣的對比：科學固然追求抽象的普遍性，但在愛因斯坦相對論中其物理宇宙構成基本單位亦是「事件」，亦即愛因斯坦認爲物理宇宙中的時間、空間是由諸事件間的關係所產生，而懷氏哲學在解釋整體宇宙或大自然的最具體眞實或基本單位之所得亦復如是。因此，抽象科學與懷氏哲學的研究途徑、方式與方向雖然是相反的，但雙方研究所產生的高峰成果均極爲相近。不只相對論、懷氏哲學如此，就連羅素、維根斯坦及巴赫汀（M. M. Bakhtin）也都是以此爲出發點去建構其哲學。

結　語

(一) 初論懷德海認識論的特色

綜合本章所述，可初步發現，懷德海的認識論或知識理論具有下列數種特色：

1. 就認識或真知識（即真理）的起源：懷氏偏向起源於人類的直接經驗或直觀或原始的身體感受，但又不像近代哲學之洛克、休謨之經驗論侷限於感官經驗，尤其是視覺經驗；其次，心靈在和自然相逢時，並不是如康德所說的心靈乃具有先驗的時空形式，並將此時空形式加諸於雜多經驗資料上，使其時空化、秩序化；也不是如笛卡爾之將與生俱來的先天觀念，主動地強加諸於被知覺到的自然界。換言之，懷氏駁斥笛卡爾的先天知識說、康德之「心靈為自然立法」的先驗綜合說、及其後德國觀念論「知識與存在乃主體心靈的建構」之論點。甚至依身體感受與具體性誤置的理論更認為「康德三大批判的順序正好顛倒」⓬。總之，懷德海建構了獨樹一幟的經驗論。

2. 懷德海式的經驗不只包含「過去已經驗到」、「能經驗到」，更重要的是「正在經驗中的經驗活動」。

3. 就其強調客觀性的知識，很顯然在知識論上是傾向實在論，形上學方面亦復如是。但又不同於傳統任何流派的實在論，無論是天真素樸的實在論或表象實在論。因為懷德海並不是將主體、客體截然二分，以便形成主體對客體的客觀認知，也不是將內在心靈世界與外在自然世界截然二分成互不涉入之孤立系統；相反的，對全體宇宙的整體認識所形成的主客合一、天人合一、或人與自然合為一體的真知識乃是透過人類的身體感受或直接經驗去產生，單單透過抽象概念思考與科學化的研究方式去建構是不夠的。

4. 就其強調人在認識自然的同時，即已涉入、參與自然的變動，

但又強調客觀眞實的存在等論述,可發現,懷德海的知識論已帶有「建構實在論」(constructive realism)的傾向❸。依本書的詮釋,則「建構實在論」乃意指:知識與存在一方面是主體不斷地建構,它包含了認識主體的認識活動的參與於客體,而改變了原本所欲認識的客體,因此使主體、客體、主客關係與知識不斷地在演化與被建構中,並使自然的完整意義必須包含與整合第一節所論述的各種層次的自然,如此才是更完整的眞實與自然;另一方面,即使主體、客體、主客關係與知識不斷地在演化與被建構中,又仍保有其客觀性及永恆性,而且人又有能力去客觀的認識它們的一部分,但「建構實在論」強調若要澈底的認知,則除了必須充分運用理性的認知與感性直觀(尤其是身體感受)外,更需要生命實踐的直接體驗,最後才能達成理性直觀且熱情的行動,而更接近眞實。總之,客體誠然有其客觀的實存性,但又同時被主體所滲入其實存性,而造成客體的被建構性,不過在此同時,客體也滲入主體,而使主體也是被建構;眞理固然有其永恆面,但也具有隨時間演化的變易面。傳統執著於「主體與客體的截然二分」、「眞理是永恆的」或「眞理是變易的」所形成的二元對立,在此被解消了;同時上述種種截然二分的對立事態乃是人們運用抽象思考從「具體的整體眞理」或「具體的整體自然所抽離出來的部分成果」,而不是最具體的眞實,亦即不是「實際發生的事態」。

綜上所述,可發現:懷德海式的實在論乃是以實在論爲基礎去解

消傳統觀念論、實在論與批判論的對立，並且以懷德海式的經驗論爲基礎去解消傳統經驗論與理性論的對立，並融貫之，以建構其機體圓融的哲學。

(二)對「實體─屬性」哲學之批判

對一般讀者而言，可能對「實體」（substance）意義不甚清楚，因此，我在這裏先解釋「實體」。「實體」一詞的使用，在古希臘原本包含許多意義，例如可感覺又可毀滅的（perishable）（如植物、動物）、可感覺但不可毀滅的（not perishable）（如天體，它只是運動，但不改變）、不可感覺又不可毀滅的（如在人之內的理性靈魂、神明）❹，但被亞理斯多德及其追隨者所強調的或對西洋哲學的後續開展影響最大的，乃是最後者，即不可感覺又永恆不滅的實體概念。

其次，此種不滅的實體概念又可歸納成四種：本質、共相、類、托體（substratum）❺。換言之，亞氏型的哲學乃是主張在事物變遷中，有一永恆不變且始終存在的本質與物質，它是變遷的基礎。人們可透過此種永恆不變的本質性的存在物去解釋事物爲何會變遷、爲何會產生此種性質與樣式或現象；此外更強調，在事物性質與樣式的底部與背後有一個永恆不滅的終極托體（ultimate substratum），事物的性質與樣式即被這個托體所支撐著，而且當這些性質與樣式變化或消失了，此托體也依然自主的、自我充足的獨立存在，亦及不需要依賴他物即可獨立存在，故也是一種自立體或自有者；反過來，那些性質與樣式則無法獨立存在，它必須依附在上述可獨立自存且永恆不滅的實體或托體或自立體，才可存在。打個比喻，例如電腦中所打字的文

章若固定不修改，則近似自立體或實體，而字體的樣式卻是可任意改變，但無論樣式如何改變，該文章的內容與意義仍然不變。當然在具體的實際世界中，文章是隨時可修改的。

到了中世哲學，即把上述自立體或自有者視為神明，而神以外的其他存在物則必須依附於此自立體，才能存在，故稱為「依附體」或「屬性」。

此外，古希臘、羅馬時代及其後的唯物論者則把物質視為永恆不滅且可獨立自存的實體，這種實體可稱為「物質實體」，它是宇宙構成的最基本單位，任何現象都可化約成此種物質及其活動原理去解釋，即使靈魂或精神活動也可透過物質原理去解釋，甚至靈魂或精神也是純由物質所構成。同樣的，牛頓則把實體視為永恆不滅的物質微粒，它是構成物理宇宙或自然的最基本單位，任何物理現象都可透過此種物質微粒的理論去解釋，因此古典物理學中之物質與以太的假設都是「實體」哲學的產物。但更重要的是，牛頓進一步將唯物論的自然哲學予以數學化且定量化，而使文藝復興以來的西方近代科學在世界史上獲得空前的勝利，也使西歐各國由於在科技上的領先，繼而導致其在政治軍事上成為世界強權，尤其是在十八、十九、二十世紀。近代哲學的笛卡爾則區分成心靈（或靈魂）的實體與物質的實體去解釋世界，這兩種永恆不滅的實體是異質的、且可獨立自存，故可分離，此即「心物二元論」。康德則認為現象背後，有一個物自體或譯物自身（Thing Itself）（此即相應於實體或托體），這個物自身是現象產生的最後原因，也是最後的真實。只是康德認為人的理論理性只能認識現象，而不能夠認識物自身，人只能透過實踐理性去體悟物自身

的存在。此外，許多人所常用的「此人的本質不變或不滅」等思維模式等，也都是實體哲學的種種樣式。

簡言之，實體就如里德（T. Reid）所論述的：「凡不必假設其他任何事物的存在，而可以依靠它們自身而存在的事物，叫實體；就它們（即實體）和屬於它們的性質或屬性的關係而言，它們（即實體）被稱爲這些性質或屬性的主體。凡是爲我們的感官所直接知覺到的一切事物，以及凡是被我們所意識到的事物，都必須存在於另一種作爲它們的主體的事物之中。譬如用我的感覺，我可以感覺到事物的形狀、顏色、硬與軟、運動或反作用等等。然而這些都是事物的性質，這些性質必須存在於某種有形狀的、帶顏色的、硬的或軟的、運動著或反作用著的事物之中。我們把這些性質所屬的主體稱爲實體，而不是把這些性質，稱作實體。……同樣地，我所意識到的事物，如思想、推理、欲望等等，它們必須預先假設有某種思維著的、推理著的、具有欲望的事物。我們並不把思想、推理或欲望稱作心靈（即心靈或精神實體）；而是把那個思維著的、推理著的、具有欲望的事物稱爲心靈（即心靈或精神實體）。」❶❻

其次，在亞氏邏輯中，一切肯定命題都是以「主—述式命題」的形式呈現出來，主詞即相應於永恆不變且可獨立自存的實體，而述詞即是描述此實體的屬性與樣態，後者是偶有的存在物，是不可獨立存在。「例如蘇格拉底是變得漂亮，或變成一個愛好音樂的人時，我們並不以爲他絕對如此，而當他失去上述性質時，我們也不以爲他不是蘇格拉底，因爲蘇格拉底自身這個托體或實體仍保持不變」❶❼。從語言哲學角度言之，則亞里斯多德哲學也蘊含了下列信念：語言的「主

一述式命題」的邏輯結構即反應了具體真實世界的結構，但懷德海認為這種論點是不幸的而且過於簡化地導致實體或托體的設定，同時也是產生近代科學的物質與以太諸概念的原因之一。就如懷德海所說的：「亞里斯多德追問底下這個基本問題：『實體』意謂什麼？在這裡，他的哲學與邏輯學發生了很不幸的互動。在他的邏輯學中，肯定命題的基本型態，是由一個述詞來表徵一個主詞的屬性。因此，在他分析『實體』這個術語的眾多流行用法時，使他便特別強調它『作為終極托體（ultimate substratum），而不是其他東西的述詞』這個意義。毫不質疑地接受亞氏邏輯學的結果，終於導致一個根深柢固的傾向，即傾向於要求與基本假定在感官覺知中所揭露的任何事物都有一個托體，亦即總要在我們覺察到的任何事物底下（或背後）去找尋其實體，且視其為一個『具體事物』。這就是近代科學的物質與以太諸概念的起源。」（CN 18）至於為何「不幸或過於簡化」的理由，後文再述。

總之，傳統亞里斯多德式的哲學，總是強調世界上存在著一種獨立自存且永恆不滅的實體、托體或本質，或如康德所認為的在變易現象的背後有一種看不到的永恆不滅的物自體或物自身，然後，認為這些永恆不變且不滅的實體或本質或物自身，才是最具體、最真實的事物，並由此，去解釋現象界的種種生滅變化。甚至早期的柏拉圖更將感官所知覺到的變化世界視為一種非真實的幻相或表象，而主張只有永恆的觀念理型才是最後且客觀的真實，也是最高級的真實。也可說，以永恆不變與不滅、且可獨立自存與自足的實體、或托體或本質為最根源性的真實為基礎，去解釋整體宇宙及任何個別存在物的結構

與種種活動歷程的思維方式，是西洋傳統哲學很根深柢固的觀念，也是某些不是專門研究哲學的人常用來解釋經驗的方式。

但問題是，世界上每個個體存在物及整體宇宙的「背後」究竟是否「真的」都有一個永恆不變且不滅的本質、實體或托體？抑或永恆不變與不滅且具有同一性的實體或本質，乃是人類抽象概念思維所產生的抽象物，而不是最具體的真實存在物？抑或最具體的真實乃是變動不居的事件之角度言之，則所謂的永恆實體只是一種錯誤或不必要的假設，它根本不是最真實的具體存在物。

就懷德海而言，人類的直接經驗所經驗到的最具體、最後的真實或構成自然的基本單位，即是剎那生滅的事件之流。而永恆不滅的事物（例如實體、本質、或懷氏所命名之永恆對象或法相）乃是人類運用抽象概念思考，從對具體的事件之流中抽離掉許多具體真實的內容與特性（如時間性、歷程性、相互關聯性、價值性等），所產生的缺少時間性、歷程性、相互關聯性與價值性的抽象形式或抽象理念。但它們並不是不存在，也不是虛無，它們只是不能孤立存在，而必須且必然內存於某種或多種不同的具體的實際事物或事件中。

其次，事件之流中的任一事件皆是透過攝受其他事件，同時也被其他事件所攝受，亦即相互攝受而形成。這種相互攝受的關聯與活動乃是一種內在關聯，而這種內在關聯即構成該事件的內在（intrinsic）或譯本有、本質性的存在；至於亞式型哲實體哲學所提出的可獨立自存且永恆不滅的實體、本質或柏拉圖式的共相，以及實體（托體）與屬性、或自立體與依附體、共相與殊相、物自體與現象、本體與作用之截然二分成種種孤立自存且自足的系統，乃是人類透過抽象概念思

考對具體世界、對具體真實所產生或理性認知的高度抽象且精緻的邏輯建構，這種抽象化與科學化的邏輯建構乃是抽離掉與遺漏掉構成最具體、最後的真實之在時間之流中的剎那生滅的變易性與「一攝一切，一切攝一」、「一入一切，一切入一」的具體的內在關聯或有機關聯，偏偏這是具體真實的最重要的內在存在之具體實質內容，所以它們並不等同於最具體的真實，也不能適切地反映出具體真實的世界的結構，甚至是過於簡化具體真實的世界。就如懷德海所說的：「當然，實體與屬性，正如同簡單定位，都是人類心靈非常自然地產生出來的觀念。唯一的問題是，當我們透過這些概念去考量自然的時候，我們的思想是具體到什麼程度。我的看法是，這是我們對於當前直接事實情況所呈現給我們自己的一種簡化的版本。只要我們對這類簡化版本的基本要素略加考察，就會發現：它們的被正當化與證成，實在只是因為它們是一種高度抽象且精緻的邏輯建構與邏輯結構。」（SMW 53）而依懷氏哲學，則亞氏型的實體哲學則由於是透過高度抽象性的概念、理論與邏輯建構去解釋具體的一切，因此，犯了具體性誤置的第一層意義——以較抽象的理論去解釋較具體的事物。其次，又把高度抽象的實體概念及其衍生物視為最終極、最具體的真實，而將剎那生滅、變易不居的具體世界或事件之流視為假相、幻相，而不是真實，此即犯了具體性誤置的謬誤的第二層意義——把抽象的概念當作最具體的真實。懷海德為了避免自己也犯上述謬誤及扭轉亞氏型的「實體—屬性」、「主—述命題式」與「共相—殊相」截然二分的思維模式或解釋方式，乃積極地建構出以具體動態且相互依存、相互融攝的諸多事件之流所構成的機體哲學去解構與補強可孤立

自存與自足的永恆不滅的實體概念，因此，懷德海說：「如果我們想要在任何地方尋找（亞里斯多德所說的）實體或托體，那麼我將會在諸多事件中找到它。而諸多事件在某種意義上即是自然的終極實體。」(CN 19)

更重要的是，亞氏型實體哲學對真實與真理的理解，往往會由於忽略上述事件或存在物間的相互攝受關係的重要存在價值，而導致思維模式、人生、社會與文化發展的偏差，尤其是產生種種的嚴重對立、衝突、與疏離事態。所以懷德海進一步以事件理論為基礎發展成機體與歷程的價值形上學，並可延伸成有益於改善世界的倫理學、宗教哲學、社會哲學、文化哲學等，以便盡力去圓融無礙地化解永恆與變易、抽象與具體、獨立自存的實體與依附的屬性、共相與殊相、物自身（或本體）與現象、人與自然、人與人、人與物、人與神、神與具體世界等一切的截然二分與種種對立、衝突的事態，以成就其圓融哲學。

就亞氏使用實體—屬性去詮釋主—述式命題的結構，懷德海則認為，主詞之所指乃是一系列事件之流的相互融攝、相互需求所集結而成，在這事件之流的背後並無永恆不滅的實體或托體，例如具體活生生的蘇格拉底乃是隨時在變動的，它是剎那生滅的諸多具體事件的集結，述詞乃意指賦予該系列事件明確的抽象特徵與形式。例如「漂亮」或「有正義感的」乃是賦予蘇格拉底一生中的某些事件的明確特徵，但不是其一生中之所有事件的明確特徵。至於人們所認識到的永恆不變的蘇格拉底乃是人們運用抽象概念思維，從諸多與蘇格拉底密切相關的具體事件之流中，所抽離出來的具有高度抽象性的蘇格拉底之明

確形式（第四章即稱為「具有同一性的抽象對象」，形上學中則稱為「永恆對象」），這種形式並不是最具體真實的蘇格拉底。最具體真實的蘇格拉底是一直在變動中。

此外，由於每個事件的發生均具有不可重複性，因而每個事件又都具有具體特殊性或個別差異性，若再配合前述之「具體普遍性」，則「具體世界與事件」本身乃是「普遍性中含有特殊性」、「特殊性蘊含具體普遍性」、「同一性與差異性的並存」。也可說，柏拉圖式的「共相─殊相」二分及亞里斯多德式的「由抽象的共相或普遍通性去解釋具體的殊相」或「由抽象的存有性去解釋具體的實存物」都是從具體的真實──動態的事件之流──透過抽象思考所產生的高度抽象的概念與邏輯結構，都是犯了具體性誤置的謬誤，也遺漏了具體事件間的互攝活動與有機關聯。它們都不能充分與適切地反映出具體真實的世界的結構。

綜上所述，可歸結及發展出下列數點：

1. 傳統上，由於人類的抽象性思考所形成的慣性與惰性思考，所一直習以為真的永恆不變的本質、共相、永生的上帝、以及獨立自存的實體（托體）、物自身等，懷德海都認為不是最具體的真實、也不是最後的真實與原因，它們都是人類從最具體的最後的真實與原因──事件之流──透過抽象概念思考所產生的抽象概念，不過，它們也不是虛無與不存在，它們乃是不能單獨獨立存在，而是內存於最具體事件之流中。

2. 綜觀整體懷氏哲學，可發現，懷德海運用具體性誤置的謬誤批

判了下列以抽象概念思考爲主的下列論述：(1)柏拉圖的觀念理型論；(2)任何主張亞里斯多德式的由「獨立自存的、且永恆的實體（substance，或譯自立體）與屬性（attribute）」、「主—述命題式」去詮釋整體宇宙或「共相—殊相」二分或「以抽象的共相解釋具體的殊相」之歷代哲學；(3)中世宗教哲學中之「自立體與依附體」之二分與神明概念；(4)笛卡爾的「我思故我在」的主體性哲學及心物二元論；(5)洛克的初性、次性二分理論；(6)休謨的主張「因果律」是主體的習慣所形成的主觀印象之理論；(7)康德之主體性概念範疇論、現象與物自身的二分以及三大批判的順序應該顛倒排列；(8)對近代科學（指牛頓）的本質與科學研究方法及其研究成果，所預設的「簡單定位」與「自然二分」；(9)科學唯物論之以抽象的科學理論去詮釋整體宇宙或人類一切經驗活動。並積極地建構其具體化的機體哲學、歷程哲學與價值哲學。總之，懷德海以具體性誤置的謬誤爲中心批判了許多的傳統西洋哲學的主流思潮。在本系列著作中，筆者將在適切的文理脈絡中，論述上列批判。其中之(5)、(8)、(9)將詳述於第四、五章。

3. 解構一般人的本質不變的思維模式：例如某學生犯了數次大錯，有些人就會歸咎於該生本質惡劣，但該生是否眞的有永恆不變的本質，尤其是永恆不變的惡劣本質，實在值得徹底的懷疑、甚至否定。從教育的目的言之，更不能從假設該生原本即具有永恆不變的惡劣本質去思考，若如此思考，也使得教育變得毫無價值。蓋教育的最重要目的之一，並不是得天下英才而

教之，因爲這類學生基本上會自己上進，甚至他們的成功多半是靠自己。老師貢獻並不大。倒是那些常犯過的學生，才更需要教師長久耐心與誠懇的教誨，而這才是教育最重要的目的與功能，甚至就算該生「眞的」有所謂的「惡劣本質」，則教育者更必須堅定「本質」並非傳統所說的永恆不變，而是可改變的，是一直在變易演化中。依懷德海哲學，就連神性或神的「本質」都在變易演化中，更何況是人。

4. 從唯名論到維根斯坦：至於較澈底的對亞氏型實體哲學的否定，乃是唯名論。唯名論認爲根本就無永恆不變的本質、共相、永生的上帝，以及獨立自存的實體（托體）、物自身的存在。它們只是人類抽象思考與語言表達方便所使用的人造的「名稱或名目」，並不指涉任何對象與眞實，也不內存於最具體事件之流中，它們是虛構的神話或純粹信仰的對象，而不是理性認知的對象。到了二十世紀的維根斯坦也否定了實體、共相與本質的存在，而以維式型的事件理論與家族相似性取代之，這方面筆者將另文論述之。但無論如何，二十世紀西洋哲學之主流大致上都在解構實體哲學，亦即「形上學無實體」，以及批判「由抽象普遍的概念系統去解釋具體特殊的事態」的方式，這都是後現代思潮的重要特色之一，但更是傳統東方佛學的重要精神之一，這即是下文所要論述的。

(三)從無實體與相互依存的事件之流去詮釋佛學之「緣起性空」

　　東方的佛學與易經大致上都是盡量避免犯具體性誤置的謬誤,以及避免由亞氏實體的概念出發,而強調由具體的直接經驗出發,去解釋世界與改造世界。最基本的即「緣起性空」與華嚴哲學所提出的「一攝一切,一切攝一」、「一入一切,一切入一」、「一即一切,一切及即一」的理事與事事圓融無礙的機體宇宙觀,以及易經生生不已與充滿生機的生命宇宙觀。關於後兩者,筆者將在第四章與其他著作中專論。本文主要在論述「由無實體與相互依存的事件之流去詮釋「緣起性空」。

　　筆者在〈論佛學中空之眞諦與中道〉一文中,曾從懷德海的事件理論去詮釋「緣起性空」的部分意義:

　　　「緣起意指任何大小事件的發生都是由於各種關係與各種條件的互攝而形成。首先,在雜阿含經中,緣起的基本意義乃是『此有故彼有,此起(或生)故彼起(生),……純大苦聚集起(生)。又復此無故彼無,此滅故彼滅,純大苦聚滅。比丘,是名第一義空法經』 ❽。其次,則是『四大皆空』的論點,『四大』意指構成宇宙的四種基本原質與原理有四種,即地、水、火、風。而整體宇宙的種種現象與結構或活動都可透過上述四種基本原質與原理去解釋。亦即宇宙與人生(即整體宇宙)所發生的任何事件均是由地水火風在滿足某種主觀、客觀、外在、內在、主要、次要、輔助、主客關係等種種關係與條件下,在瞬間相互組

合、相互攝受、相互依存而形成（此即因緣和合之意義），一旦缺少任何一點條件或關係，則前述之事件即消失，而發生成另一種事件。由於構成任何事件的種種條件與關係對該事件的生成與構成分所占有的比例或影響強度乃是每一剎那都在變易中，因而造成了每一種事件及整體宇宙不斷地剎那生滅，由此造成『無常』（即剎那生滅）的世界。換言之，整體宇宙與人生並無亞里斯多德式的永恆不變且獨立自足與自存的實體或譯自立體（substance）。」 ⓳

這種詮釋方式也類似方東美在詮釋龍樹大菩薩「空」之哲學時，所說的：「『因緣所生法』是折衷有與無之間的一個複合概念，這個複合概念並不是盲目的肯定無，它是對於宇宙之所以然，找出它的一組所有可能存在的條件，……這樣就把不滅的實體（imperishable substance）打破了。」 ⓴又說：「大乘佛教的空觀是以否定的理論來破，但空不是虛無，而是把一切諸法看爲無自性，無自性即是無實體。」 ㉑另外，方東美也透過羅素的物質分析與近代物理學去說明小乘佛學的「析色空」、「斷滅空」與「頑空」，並進而超越上述空，而以一組所有可能的條件或無窮的條件去說明事物的構成與緣起，而取消了實體與本質的論述㉒。

至於「自性空」與「自性由自性空」則可詮釋如下：以爲主體或自己的本性或本質是客觀不變的實體，例如：和他人衝突時，還會執著說，這就是我不可改變的原則，這是我永恆不滅的本質或本性。但實際上，所謂自己的原則、自己的本質或本性、客觀永恆的實體，也

只是由地水火風四大因素在剎那情境中，碰巧相互攝受、相互組合而成。一旦主客關係與內外在條件變了，則實體、本性、原則也跟著變了，人表面上所執著的永恆不滅的原則、實體、本性等都只是會變化的幻相，都只是人類抽象概念思考所產生的抽象事態，每個人並沒有內存著永恆不變的實體、本性或原則，它是由剎那生滅的事件之流的相互攝受關聯所構成。故吾人不可誤把那種原本不是具體真實的抽象的、永恆不滅的「自己的本性」（即自性）視為具體的真實，並執著之；相反的，必須隨緣，以形成自在的心境。

同樣的，他性由他性空也意指：他性(他人他物、外在客觀世界)是由四大因素（地水火風）因緣和合而成。這種和合也是剎那生滅而一直在變易中，故吾人不可執著他人他物的存在形式及存在內容，而以為那就是永恆不變的客觀實體，總之，人們若能看破或不執著於不變的實體、本性等概念，就可解消許多煩惱，而較能無法無空，自由自在[23]。

此外，日本著名佛學家尾山雄一也如此表示：「一切的東西沒有實體或本質，就是指空性，『空性就是緣起』，所有的一切不具實體，僅是依他而生起、而存在，這才叫做空。」[24]楊惠南則透過摩尼爾·威廉的《梵英辭典》指出，「無自性即無實體」，並詮釋青目的「物屬眾緣，故無自性」即「事物是由各種條件（因緣）所產生，當這些條件有所變化時，事物也必然跟著變化，故事物並無內在不變而真實的本質，所以，凡是因緣所生的事物，都是空的（無自性的)」，故空可定義成「因緣生」，也可定義成「無自體」、「無自性」、「無不變的本質」，而一切事物之發生並非由不變的本質所產生，而是因

緣所生，所以「龍樹的空並不是虛無主義，而且是一切事物成立的基礎」❷。吳汝鈞也有類似的論點，他說：「自性意指事物本身有其存在性，不需要依賴其他東西，而能獨立於其他事物之外。如果事物是緣起的，則其存在性便依賴其所構成的各種因素，它不可能不獨自存在，因為它沒有獨立的自存性。空主要否定那常著不變的自性的看法。」❷又說：「空是從緣起的脈絡下說的，例如錄音機是空的，它由不同的零件組成，所以沒有錄音機的實體與自性。但錄音機仍有它的的作用在，不可說它是一無所有」❷。台大哲學系事件的政治受難者李日章教授也透過懷德海與羅素的事件理論去論述「緣起性空」❷。

綜上所述，我們可透過取消形上設定中之永恆不變及獨立自存的實體（即無實體）與積極地提出剎那生滅、相互依存、相互有機關聯的事件之流去詮釋佛學之「緣起性空」及「無自性」。

註解

❶懷德海的身體理論可參閱《思想之諸模式》以及楊士毅：〈身體、感性

與理性——懷德海身體感受理論之分析、延伸與應用〉，《世新人文學

報》，第六期，1997年1月，頁1-44。

❷同❶。

❸參閱T. S. Kuhn, *The Structure of Scientific Revolutions*, 2nd ed（Chicago:

The Univ. of Chicago Press, 1970）。另請參閱楊士毅：〈庫恩「典範」概

念之分析——修正或革命〉《世新傳播學報》，第二期，1992年10月，頁

151-179。

❹參閱楊士毅：《邏輯與人生》，台北：書林，1995，頁44-49。

❺方東美講，方武、張永儁錄音筆記：《談學風論國運》，台北：《二十

一世紀》月刊，第一卷第五期，民國69年5月出版，頁8。

❻此三本著作如下：《邏輯與人生——語言與謬誤》、《語言·演繹邏

輯·哲學——兼論在宗教與社會的應用》、《邏輯·民主·科學——方

法論導讀》，台北：書林。

❼本書第二章第三節即對戀愛語言加以分析，第三章第二節之五則由非黑

即白的謬惡與情緒語言去分析兩性衝突。該書由揚智文化出版，台北，

1996。

❽轉引自陳奎德：《懷特海》，台北：東大圖書公司，1994，頁25。

❾洪耀勳：《哲學導論》，台北：協志出版社，1973，頁144。

❿參閱楊士毅：《邏輯·民主·科學》，台北：書林，1996，三版。

⓫M. M. Bakhtin, *Toward a Philosophy of the Act*（Austin: Univ. Of Texas

Press, 1993）pp.2-5, 7-8, 10-19, 38-41。

⓬Charles Hartshorne, Inights & Oversights of Great Thinkers, *A Evolution of Western Philosophy*.（N. Y.: State of New York, 1983）p.262. 另可參閱楊士毅：〈身體・感性與理性——懷德海「身體感受」理論之分析、延伸與應用〉，《世新人文學報》，第六期，1997年1月，頁20。

⓭關於建構實在論的發展可有兩個路向，一個即英美科學哲學的夏皮爾之科學實在論，另一個即是上承二十世紀初葉之維也納學圈。而補充修正後的「新維也納學圈」，可參閱Fritz Wallner著，王榮麟、王超群合譯：《建構實在論》（*Introduction to Constructive Realism*），台北：五南，1987。

⓮B. Russell, *History of Western Philosophy*,（George Allen Unwin, 1946）p.180.

⓯參閱鄺芷人：〈對懷德海所謂「自然二歧性」問題之論衡〉，載於東海哲研所主編《中國哲學與懷德海》，台北：東大，1989，頁98；至於有關古希臘實體意義的分析，另可進一步參閱頁94-99。

⓰里德著：《論人的智力》，頁235。轉引自陳奎德：《懷特海》，台北：東大圖書公司，1994，頁75-76。

⓱R. Mckeon, ed., *The Basic Works of Aristotle*.（台北：馬陵出版社）Metaphysics. 983b, 10-15, p.694.

⓲大正藏，卷2，頁85上。

⓳參閱楊士毅：《論佛學中空之眞諦與中道》，宣讀於世新通識教育中心八十六學年，第四次學術討論會，87年6月3日。計畫收錄於將出版的《佛學與人生》。

⑳方東美：《中國大乘佛學》，台北：黎明公司，1984，頁400-401。

㉑同上，頁417。

㉒同上，頁401-403。

㉓同⑲。

㉔尾山雄一著，釋依馨譯：《空入門》，台北：佛光，1996，頁148；另請
參閱頁84，87。

㉕楊惠南：《龍樹與中觀哲學》，台北：東大，1988，頁124，68，160。

㉖參閱吳汝均：《印度佛學的現代詮釋》，台北：文津，民國84年，二
刷，頁72；另請參閱頁87，95。

㉗同上，頁104。

㉘李日章：《佛學與當代自然觀》第八、九、十章，台北：東大，1998。

第四章
具體事件與抽象對象的對比與融貫──
認識、知識與存在

前　言

　　懷德海的自然觀乃主張「人在自然之內，是自然的一部分」，同時「人在認識自然時，必然涉入與參與自然的演化」因此，人並無法外在於自然，然後「客觀地」去觀察此「外在的自然」，所以，懷氏的問題如下：人要如何做才能夠「客觀地認識」「人所涉入、參與自然」所形成的「那個自然」？並如何形成有關此種自然的「概念」或抽象客觀的科學知識？由於懷氏認為自然乃是由剎那生滅的事件之流所構成。因此上列問題可轉化成：在剎那生滅的事件之流中，人們又如何產生有關自然的客觀認知與科學知識？以及客觀永恆的知識與認識活動又如何有其合理性的理由與根據？用康德的術語即是「知識如何可能？」其次，就理論區分，有些傳統哲學往往先截然區分成主體與客體，但實際上，客體之所以存在，必然被至少一個主體所經驗到，否則無法確定其確實存在。由於已被經驗到，所以此客體乃成了被經驗到的客體或被認識到的客體，此種客體，我們稱為「對象」。亦即「對象」即指被經驗到的客體或被認識的客體，而不完全等同於主客截然二分的孤立的客體自身。就懷德海而言，即使古往今來都沒有人、也沒有一般存在物曾經驗到某客體，而某客體又似乎存在，則此種客體乃是被具體存在的神明所經驗或感受到。換言之，任何客體必然是被某具體存在物（至少也有神明）所經驗到，故本書大多以「對象」或「客體對象」表達之。

　　簡言之，則本章主要是透過懷氏獨特的「對象理論」與「事件與

對象的對比」去論述下列論點：

1. 雖然人在不同時候經驗到同一客體時，會產生不同的知覺內容，但仍具有同一性，而非只有家族相似性。

2. 分析認識過程的種種模式即是分析形成存在的種種模式，用懷氏術語，即對象之如何契入事件的種種模式，並指出身體狀況、經驗、習慣、場域氛圍與環境往往影響吾人認識活動的可靠性，從而定位出科學化的認識活動之如何形成與人類判斷產生錯誤的理由。

3. 科學知識乃是從最具體的真實——事件互攝之流——所抽離出來的某些高度抽象的結構形式，但卻遺漏了時間性與互攝之關聯等某些感性真實。然後，指出更完整、更重要、更高級的真知識是對事件之流的整體直觀，其所形成的乃是主客合一、物我交融、天人互攝交感的具體知識，這種知識才是較高級的真理。

4. 整體具體的真實——事件之流——是含混不清蘊含著某些清晰、是混沌中蘊含著秩序與規則、是複雜蘊含著簡單單純、是不確定中蘊含著確定的形式、是「多中有一，一中有多」。人們固然必須追求清晰、簡單、確定的規則去理解它、操控它；但卻不能充分信任它；更何況確切是偽造的。

5. 自然界由於不斷地契入不同的對象，因而不斷地創進與日新，此種自然觀相當類似易經生生不已的宇宙觀。人雖然只認識自然與客體對象的一小部分，但隨著時間的演變，人所認識到的

內容就愈來愈豐富；也同時愈參與改變了自然與任何客體對象，因此，眞理固然具有永恆的一面，但更有其變易與演化的另一面，由此形成了變易中有永恆、永恆中有變易的演化中的眞理觀。

6. 事件之流所構成的世界即相應於佛學中華嚴經所論述的事法界，對象世界即相應於理法界。懷德海與華嚴哲學的機體宇宙觀都認為事件的交融互攝與對象的契入所構成的理事無礙、事事無礙的圓融世界乃是整體宇宙的終極眞實，而機體哲學即是要描述此種眞實性。

7. 羅素早期追求清晰性、確定性與懷德海眞理觀正好形成對比的對立。

為了達成上述目標，筆者在第一節中，先闡明懷氏所謂「認識」之意義以及具有同一性的抽象對象（或被認識的對象）在認識活動與科學知識中所扮演的角色。在第二節中，則將對象分成三個抽象層級──感覺對象、知覺對象與科學對象；並論述其相互間的層級關聯，並指出科學解釋與懷氏型哲學解釋的差異、及科學解釋的缺憾與「悟道」的眞諦。在第三節中，則論述事件與對象如何相關聯──懷氏稱為「契入」；此種契入活動的分析即在說明認識活動與具體存在──事件之流──之如何形成，及科學知識的在整體知識的地位。在第四節中，則論述事件世界與對象世界的各種不同特性的對比與融貫，此乃涉及契入關係與神明的作用。結語中，首先論述知識何以具有客觀性與創新性，並由此詮釋費爾本的「任何皆可行」的自由觀。其次，

則指出大自然、具體真實與整體真理是具有雙重性質——生生不已的創進與永恆性的並存；繼而將懷氏事件世界與對象世界的理論對比於柏拉圖感官界與觀念理型界、易經生生不已的宇宙觀與華嚴經哲學的事法界與理法界。最後，則初步對比與整合羅素早期哲學及懷德海哲學、與哲學科學化與非科學化的哲學，進而論述整體真理的種種雙重性質與吊詭事態，這也是現代與後現代思潮的對立與如何融貫的關鍵之一。

第一節　再認知、同一性與對象

在懷德海的「認識論」之「客觀的認識活動」，主要在論述「再認知」（recognition）之意義，recognition之re，乃有一而再、再而三的可重複客觀認識某一事態之意義，就如何爾伯（William Hoerber）的語意學名著《哲學之科學基礎》中曾對「再認知」（recognition）予以分析，而謂recognition意指「主體意識到現在的認識為一重新認識，或過去認識之重複，亦即再認識」，而「再認知」或譯「再認識」涉及：(1)過去的經驗與認識；(2)現在的經驗與認識；(3)意識到現在認識之指涉與過去認識之指涉具有同一性或相同的❶。這也如同在後現代思潮中將representation翻譯為「再現」之理由。但是懷德海認為「由於任何事件在本質上必然地和每一其他事件有根本上的區別（筆者按：事件是不會重複同一的發生，頂多只有近似性，而且事件是會流逝的），因此，欲再認知某一個（特殊的、剎那生滅的）事件，是不可能的」（CN 143）。

人類所能一而再，再而三的再認知的，乃是認識自然界之事件之流中永不流逝、永不會剎那生滅的要素，這個要素，懷德海即稱為「對象」（objects）或譯「法相」、「所對」。就如懷氏所言：「對象乃傳達事件中被再認知為永存不滅的部分；對象是被再認知為在不同的環境下仍然自我同一（self identical）的存在事物。那就是說：和不同事件發生關係的是相同的對象；如此在事件之流中，對象仍維持著它自身的同一性」（PNK 63），又說：「某個被再認知的對象即是某個事件的特性（character）之成分」（CN 143）。換言之，吾人並沒有能力，也無法客觀地再認知自然界某一會流逝的事件，而是再認知內存於某個事件中的諸多特性中之永恆不滅且具有同一性的成分（此即對象）。在懷氏系統形上學中即稱此為永恆對象或譯永恆法相（eternal objects）。因此，懷氏說：「我所謂的客觀地再認識（recognition）乃是意識到、知覺到（awareness of）某個對象，此對象乃是在流逝不已的自然歷程中之某些永不流逝之因素。」（CN 143）其次；由於某一對象之所以可再被認知，是因為其在不同的環境下仍具有客觀的相同性或同一性。因而「再認知就是意識到、知覺到相同性（sameness）」（CN 143）。此處相同性，即指「相同的對象」。

因此，任何知覺內容若可被客觀的再認識，則表示此認識活動，確實認識到純粹的「個別對象本身」及諸多對象間之關係所構成的「關係對象」。亦即純粹客觀的科學知識即是指諸多個別對象本身及關係對象。「個別對象本身」在科學中意指如抽象普遍的電子等抽象的關係項；「關係對象」意指邏輯關係（例如：或、否定、且、若——則、包含、排斥、推論形式、理論的整體邏輯結構……等）、數學關

係（例如：＋、－、×、÷、＞、＜、＝、函數關係、幾何圖形間的關係……等）。上述對象理論主要是爲科學知識提供客觀性的認識論基礎。但在懷氏後期的形上學中則發展成永恆對象論，此永恆對象論則不只是提供科學知識的客觀性基礎，而是擴大到一切知識或一切經驗範圍，例如：科學的、倫理的、藝術的、宗教的、社會的、價值的、情感領域等人類任何類型的認知活動與知識的客觀性基礎，而成就其以機體與價值爲中心所建構的更完整的認知論與形上學。也可說，永恆對象的領域不只包含上述對象的領域，也包含善、美、正義、和平……等價值領域的個別對象，也包含倫理關聯、愛的關聯、藝術關聯、宗教關聯、社會關聯……等種種關係對象。

若一個人所知覺到的內容，並不是全然的客觀或帶有主觀性、甚至產生錯誤，則其理由乃是因爲人類有時會知覺與記憶到事件中的非永恆因素、或所知覺到的內容包含了事件中所內存的會變易的性質；而不是知覺到純粹的對象本身，則往往產生有待修正的理論，而形成「認錯」的事態。

不過，懷德海的再認知，並不一定要與理性認知、判斷或極高度的抽象思考等相關。誠然，人可以運用上述方式去再認知，但也可以以感官知覺及具體的身體感受（包含以情感、意志去認識）去形成「再認識」的活動，只要這種感受或知覺活動能夠知覺到、意識到、感受到在某些事件中的某些永恆的對象（法相），即是一種「再認知」的活動，也產生了對該客體或事件的客觀知識了。

底下，我先舉例粗略說明之，以幫助瞭解：

例如：我認知或認識張三，乃意指在下次、下下次……又碰到張

三時，我還認得此人即是前些時候所初次遇見的張三，則此種能夠一認、再認的知覺經驗，才算是真的認識張三（即客觀認知張三）或獲得有關張三的重要客觀知識。若下次再見到張三時，即不認得或無法喚起回憶該存在物即是張三，則可能由於下列兩種因素所造成：(1)因為當時遺忘以前所記得的同一性的永恆特徵；(2)因為以前所認得、所記得的有關張三的一切，並不是張三所具有的同一性的永恆特徵，只是偶有特徵（例如：穿紅色的上衣等，結果此次，張三不是穿紅色的衣服，故不認得此人是張三）。若是(1)的因素，則表示再遇見張三的該刹那，我並不是真的「客觀認知」張三，但仍有可能第一次碰到張三時，由於所認得的是張三某些重要的具有同一性的永恆特徵，只是當時忘記了，但雙方一交談，又喚起其記憶，而回想起張三某些重要的具有同一性的永恆特徵，因而又認識張三了，此時就會說：「我想起來了，我們確實以前碰過面」。若是(2)的因素，則表示第一次所記得的張三的特徵，根本不是具有同一性的永恆特徵，所以我根本並沒有「客觀認知」張三，亦即我並沒有獲得有關張三的真知識。

因此，我若對張三這個客體，享有客觀的知識、或我「認識」張三，則其理由乃是透過我回憶、記憶起張三某些永恆不變且一直內存於張三這個具體的人的永恆特徵。也由於可透過相當強化的記憶作用，而隨時可將具有同一性的永恆特徵轉化到現在，而成為我腦海中的心像。所以，我可「重複使用」或「一而再、再而三地認得」此永恆的特徵，故每次碰面，均可認得那個人就是張三。換言之，具體的張三雖然一直在成長變易中，但張三之所以成為張三，仍有其永恆不

滅的同一性的某些特徵，而不是只有維根斯坦所指出的家族相似性（family resemblance）。換言之，一個人能夠記憶或回憶起此種具有同一性的永恆特徵，此時才算真的客觀地認知張三，也才獲得了有關「張三」（或某個領域）的「真知識」（簡稱「知識」）。上述永恆的特徵，即是內存於具體的張三中的對象。亦即我是透過認識及記憶此種具有同一性的對象，而再認張三。也可說，此種具有同一性的對象乃是可同時內存於客體與被主體所知覺到的知覺內容中，並由此產生對客體的客觀的認識活動與知識。

但由於一個人在認識客體時，往往只認識與記得客體的某些部分特徵，因此就有可能在十年後，再碰到張三時，由於張三成長變易很大，他現前所呈現於我面前的某些自以前一直存在的具有同一性的某些特徵，正好不是我以前碰到他時，所認識與記得的某些部分特徵，亦即我以前所記憶的某些特徵，已不再內存於張三身上，所以此時就不認得張三了。亦即我當年所記得的某些特徵並不是內存於張三的具有同一性與永恆不滅的特徵（即對象）。在這種狀況下，我在十年前並不算是真正客觀地認知張三，亦即我在當時與此時所記得有關張三的種種事態或相應的語言描述，並不是有關張三的必然為真的知識。

若十年中的前八年，我再認了五次，可是第十年，卻認不出來，則顯然我所認知的有關張三的一切，只是一種概然的知識，但仍不是必然為真的高級真知識或客觀永恆的知識。

簡言之，由於對象是同一的、永恆的，它並不隨著時間的變易而改變，因此，我之所以能夠隔十年再客觀認識張三，是因為我第一次遇見張三時，所記憶的張三特質或形式（張三即對象），在十年後仍

然不變。萬一十年後，完全認不出是張三，那是因爲當年認識張三時，所記得的特徵或形式，並非張三永恆的特性，而只是偶有的特性；但也有可能雖然所記憶的特性是張三所永恆享有，且是同一的特性或對象，但由於具體的張三（即張三事件），已經過多次的變易。因而原本同一的特性或對象由於契入不同年代的張三事件，而由於其關聯方式，亦即契入方式不同，而使具體的張三呈現出不同的對象或特質，由此而使你認不出是張三。從這兒，也可看出，客觀性的存在，是由於抽象的結果。關於「契入」將在第三節中論述。

其次，一個人可永遠地再認識的永恆不變的特徵，才是客觀的科學知識。就懷德海而言，此種特徵即是「抽象的對象」或形上學中所說的「永恆對象」。也可說，一個人感知到一直內存於張三之「永恆的特徵」或「抽象永恆的對象」，我才能客觀地再認知張三這個具體的人，才形成對「張三」這個被認知對象的客觀知識。

但就如前述，有時，初時不認得或回憶不起張三，但張三說了一些過去所發生的事件，就使你回憶起來，而又說：「我想起來了！」因而又認識張三了。從這兒，可發現：張三這個現在存在的具體人，乃是由許多一系列的過去事件與現在發生的事件所構成的集合。但過去的事件的許多側面均內存於現在的張三這個具體當前事件中。當張三在現在選擇出你仍記得的已發生的過去事件，並在現在運用語言表達出來時，這些過去的事件已被對象化，而成爲現在的某些成分。若你仍記得這些透過語言所呈現的某些成分時，則就成功的再認知張三了。

此外，雖然人在不同時候認識同一客體時，雖然對方會因爲時間

的變易，而有變化，因而會產生不同的知覺內容，但若能夠在未來，仍然能夠再認知對方，即表示變化中的客體仍然具有同一性，而非只有家族相似性。也可說，家族相似性乃是同一性的某些重要面向，但不是全部。由家族相似性所產生的知識乃是概然的知識，也因此具有創新行與開放性。但具有同一性的對象，在懷氏哲學中，也是同樣具有創新行與開放性。它必須透過懷氏形上學的創造力範疇、神明論述與契入關聯，方可論述的更合理。簡言之，單靠家族相似性去解釋客觀知識的形成是不夠充分的，它仍需要依賴，真實世界乃是蘊含了具有同一性的永恆對象的確實存在，才能解釋的更合理。甚至家族相似性乃是侷限於感官經驗之所得，而不是理性思考之所得。

總之，懷德海認為我們能夠再認知變易中的自然或產生客觀的知識或認識同一客體，並不是真的對具體事件的再認知，而只是再認知上述內存於自然或客體所具有的同一性的對象，這些對象即構成事件的特性。亦即所再認知的是事件的特性而不是具體事件本身。就如懷氏所言：「由於每一個事件在本質上，都和每一個其他事件必然地有根本上的區別，因而欲再認知某一個（剎那生滅或不斷創新的）具體事件，是不可能的。再認知就是知覺到、意識到同一性（sameness）。」（CN 143）此處的相同性或同一性，即指事件的某些永恆不滅的部分特質，或內存於該事件的部分對象或性質形式。因此，所謂客觀的知識或再認知的活動，乃是吾人仍持續記憶著上述內存於事件中的對象及對象間的關係，這些對象及對象間的關係必然內存於至少某個事件，而某個事件又必然透過同一的對象和該系列的其他事件相關聯，再透過這些相關聯而形成該事件，並由此而使得此事件具有某種特

性。亦即吾人所客觀認知的乃是上述種種類型與層級的對象及各種對象間的關係所構成的種種抽象系統（如邏輯系統、數學系統等）。但此種對象系統在懷氏形上學的永恆對象理論中，則不只包含上述系統，更包含社會結構、宇宙結構、歷史演化的普遍形式或定律，並形成一種具有無限性的抽象層級結構（abstractive hierarchy）。

第二節　從對象層級論科學與哲學的異同、知識層級與悟道

(一)對象的層級及其相關性

對象可方便分為感覺對象、知覺對象、科學對象三類，同時這三類也構成三個主要的抽象層級，其間還存在著各種不同的層級：

■感覺對象（sense objects）

即身體主體（body-subject）透過眼、耳、鼻、舌、身等感官所感受到、經驗到的種種具有些微抽象性的事態或被攝受而已內存於主體的種種感覺與料（sense data, sensa）。例如：顏色、味道、聲音、觸之所得及其他種種無以名狀或不知其名的抽象事態或感覺經驗到的事物。但不完全等同於原本給與的資料自身（given data）或譯「與料」，它們只是與料的部分成分。懷德海舉例說：「例如，某個確定或譯「明確」（definite）深淺色度的綠色是一個感覺對象，某個確定音質與高低的聲音也是感覺對象，某個確定的氣味，以及某個確定的觸之所得（touch），均是感覺對象。」（SMW 70）我們要注意的是：

此處的「身」主要是指產生觸覺的「身」，而不是最具體、最原始的身體感受，也可說，上列眼、耳、鼻、舌、身等感官所產生的明晰確定的種種感覺對象乃是從上述身體感受所感受到的渾然一體的整體具體事態抽離出來的部分成分所產生的形象。它是明晰確定的，但是身體感受卻是模糊不確定的。例如身體感受到的在事件之流中的具體綠色……等，原本隨著時間之流或事件的剎那生滅而變化其深淺，甚至隨著認識主體在不同的位置的感知，而在變化其色澤。但一旦成為某認識主體的感覺對象時，它就明確化、清晰化了，但也遺漏原本在事件之流中的具體綠色的某些性質。

■ 知覺對象（perceptive objects）

即一般日常生活所經驗到的對象，例如這個椅子、或這許多椅子、這些樹木、這件藍色外套。其下又可分成下列二種事態 ：(1)欺騙的、錯覺的知覺對象（delusive perceptual objects）。例如：主體在鏡子中所見到的椅子之影像及其他種種類似具有欺騙性、錯覺式的對象：(2)物理性對象或譯物理對象、物體或自然對象（physical objects）：此乃非錯覺式的知覺對象，而是正常的知覺對象。例如：直接呈現於認識主體的這個人、這些人、這張桌子或這許多桌子、這件外套或這許多外套。

■ 科學化的對象（簡稱「科學對象」）（scientific objects）

如牛頓物理學的物質微粒、近代物理學的電子、基本粒子等物理學所發現或所建構的種種自然界中的基本構成元素。就生物學則指細胞、DNA、RNA等。當然生物物理又可將細胞及種種生命現象化約

至最抽象的電子與數學形式等。另外我再加上科學分類的種種低層級的類名與相應的存在概念（如桌子類、桌子，人類、人等）。此外，我們也可將其推廣到歷史科學、歷史解釋、文學批評、社會科學的種種高度抽象概念化、或科學化的抽象模型、邏輯結構與定律等。底下，即細述上列對象層級間的相互隸屬關聯及差異性。

上述「三種對象依次形成了一種逐級上升（即愈來愈抽象、愈來愈普遍）的層級（an ascending hierarchy）（參閱圖4-1），每一層級都預設了較低（較不抽象、較不普遍）層級的存在〔例如，科學對象（如電子），預設了知覺對象（尤其是物理對象）與感覺對象的存在〕，任何層級的存在基礎乃是由諸多感覺對象所構成。但任何一個感覺對象並不需要預設任何其他類型的對象的存在」（CN 149）。

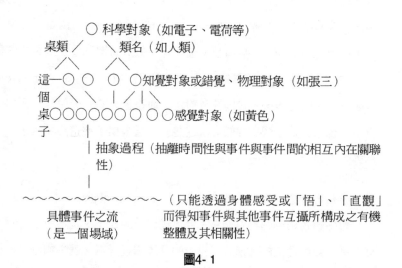

○ 科學對象（如電子、電荷等）
桌類／　＼類名（如人類）
這一○ ○　○　○知覺對象或錯覺、物理對象（如張三）
個　　　　｜
桌○○○○○○ ○ ○感覺對象（如黃色）
子　　　｜
　　　｜抽象過程（抽離時間性與事件與事件間的相互內在關聯性）
　　　｜
～～～～～～～～～～～（只能透過身體感受或「悟」、「直觀」而得知事件與其他事件互攝所構成之有機具體事件之流　整體及其相關性）
（是一個場域）

圖4-1

人由知覺到感覺對象，再知覺到物理對象及科學對象的過程，往往呈現出事件與上述三種對象間的相互隸屬關聯及差異性：

第一，「物理對象或自然對象（或物體）乃是我們日常生活所知覺到的對象，例如諸多椅子、許多桌子、許多樹木。就某個角度言之，物理對象比感覺對象擁有更持續（insistent）的知覺力量」（CN 156）。後者意指，我們所知覺到的這些桌子、樹木及桌子類、樹木類，它不像白色、香味及其他身體感受到的種種感覺對象，那麼容易在短時間內即產生變化。例如某個桌子上的白色一個月之內變黃色（此指感覺對象的易變性），但是我們仍然認得那是「某個桌子」，以及該被認識的對象是屬於「桌子類」（上述「仍然認得某個桌子或桌子類的事態」即指物理對象的持續力）。上述理論也可應用於認識某個情人的事態。

但是我們要注意的是：人們所認識或知覺到的物理性對象——例如這張桌子及桌子類，和身體原始感受到的諸多豐富的感覺對象相比時，已遺漏了許多性質。亦即身體所知覺到的某些無以名狀的感覺對象在被抽象化地組織成「這張桌子」或「桌子」的物理性對象時，已被遺漏了，而這些比物理性對象更具體的感覺對象卻是非常重要。

第二，「若沒有知覺到感覺對象就不會知覺到物理性對象，但是沒有知覺到物理性對象，並不必然就沒有知覺到感覺對象，亦即一個人知覺到物理性對象，未必即知覺到（完整的諸多感覺）對象（因為已有點抽象化了），但知覺到物理性對象，則必然已知覺到感覺對象。亦即，有許多豐富的感覺對象之知覺，並沒有伴隨地存在於所知覺到的物理對象中；亦即在形成對物理性對象的知覺時，並沒有將

『一切』的感覺對象全部綜合起來（而只是一部分），換言之，由於某種程度的抽象化及前述之經驗習慣，而喪失了或遺漏了許多原始身體經驗理應知覺到的（一切）感覺對象」(cf. CN 156)。亦即形成遺漏某些感覺對象的理由無非是：人類認識客體的過程，乃是由身體原始經驗出發，逐層抽象作用所產生的影響，同時在形成對物理性對象的知覺過程也涉及「經驗習慣」對認識活動所造成的偏差影響。

第三，若將身體經驗到此事件之流所產生的許多感覺對象和該事件之流相比，也是流失了許多事件之流所原本擁有的更具體化的豐富內容。而事件之流的最具體化的豐富內容即是：事件與其他一切事件的相互無意識的攝受關聯，尤其是最具體的物理性攝受或因果效應之流，這些即是形上學想要進一步詳細闡明的內容，也是全體宇宙（不只是外在宇宙）最具體、最根源的事實真相。

第四，任何未被遺漏的感覺對象、知覺對象的性質均可透過某種程度的單純性、簡單的、一致的均勻同質（uniformity）的科學對象去表達出大部分，但不是全部。

第五，科學對象又比物理對象、感覺對象、事件之流更抽象化；但又更永恆、更均勻一致、更同質、更同一、更普遍地內存於宇宙各處，但所遺漏的諸多事件的種種內在關聯活動或具體內容，又比物理對象及感覺對象所遺漏的更多了。但也因此，科學對象（如諸多電子與電荷）比事件及其他層級的對象更具有簡單單純性、更易於人們去運作、操控、更持續、更永恆、更均勻一致、更具有同質性、同一性、更普遍地結入於整個自然中，而且無所不在地內存於任何最具體的事物中。同時所有雜多的具體事物，均透過此具有高度抽象形式的

電子，形成系統的關聯。由於一切具體事物均具有此種共同性——即科學對象，因而，可透過此種單純同質且持續性非常強化的科學對象（如電子、電荷或科學定律等），形成科學系統及科學知識。因此，懷德海說：「任何科學對象是所有自然界的一切事件的諸多性質（characters）的系統化的共同關聯的因素。」（CN 158）

就懷氏當時的科學發展，懷氏認爲作爲科學對象之一的電荷又比電子更抽象，而且是一種「數」。他說：「電荷乃是由於電子進入於自然成爲自然的構成部分，所發生的某些事件之定量化的特性」（CN 159）。從這兒，可發現，科學對象愈抽象，則其愈能用精確的數學去表達，也愈能被人們精確的運作與應用於某些實際世界。這使我們聯想到畢達哥拉斯主張宇宙是由「數」所構成的眞義。只是依懷氏，則畢氏所說的宇宙乃是高度抽象的宇宙，而不是具體宇宙的眞相，而由「數」出發去解釋具體的宇宙，乃是犯了具體性誤置的謬誤。

(二)科學與哲學解釋的差異、知識層級與「悟道」

若我們在對象三層級中加入最具體的事件之流，則可發現：從最具體到最抽象的層級排列如下（參閱圖4-1）：(1)具體的事件之流或諸多事件互攝或互相擴延所構成的場域；(2)以身體爲主體在感受到某系列事件之流時，所產生的內存於主體的已有點抽象性的「感覺對象」；(3)比事件及感覺對象二層次更抽象、但比科學對象更具體的「知覺對象」（包含鏡中之像及物理性對象）（例如這個桌子、許多桌子）；(4)比(1)、(2)、(3)都更抽象，且比(1)、(2)、(3)都更接近永恆、更能持續存在且更具有同一性、均勻性、同質性，並普遍存在於

整個自然的「科學對象」，例如：電子、基本粒子。

從圖4-1可發現，近代科學解釋與懷氏型機體哲學解釋方向的差異以及其優缺點：

近代科學中之科學說明或譯科學解釋（scientific explanation）即是把最抽象的科學對象（如電子等）當作最後的原因，而由科學對象出發來系統化的解釋知覺對象（如錯覺、物理對象），以及感覺對象，亦即如圖所示，科學解釋乃是由上而下，由更抽象的事態解釋較不抽象的事態，亦即由抽象去解釋具體。例如由電子、能量、基本粒子或古典物理學的物質微粒等科學對象，去解釋桌子、椅子等物理對象的構成，以及顏色、聲音等感覺對象的如何產生。不過依懷氏看法，人透過抽象概念思考，由身體直接經驗到的事件之流抽象至感覺對象、再抽象至物理對象、科學對象的過程中，均由於抽象作用，而必然遺漏前一層級中更具體、豐富、但不清晰且浮泛的事態。換言之，由此種科學研究方向與科學解釋所表達出的事態，若與吾人透過身體所直接經驗到的種種事態相比，是遺漏了構成真實世界的許多具體且重要的事態，這些事態如下：

1. 在抽象過程中，所遺漏的最具體、最根源性的、最重要的內容，即主客未二分前渾然為一體所呈現的事件與事件間或宇宙萬物間的相互內在關聯或稱為有機關聯。在第三期形上學時期即將此種關聯稱為「攝受」關聯，也遺漏了事件之流的時間性、理想性與目的性，同時由於每種攝受活動都是一種價值選擇與評價的活動，故科學所論述的系統化的抽象世界也遺漏了

價值世界。

2. 科學由於系統化也遺漏了非系統化、非秩序化、非規則化的混沌事態。混沌的事態是比系統化、秩序化、規則化的事態更根本，亦即是更具體的根源性眞實。後者乃是人類透過抽象概念思考從最具體整體眞實，排除掉上述混沌的事態與前述之攝受關聯，所產生的高度抽象且精緻的邏輯與數學產物。此種強調非系統化、非秩序化、非規則化的混沌事態的重要價值與根本眞實性乃是後現代思潮的特色之一。

3. 遺漏了身體感受到的某些無以名之的感受資料、以及身體與自然的相互流進流出的親密活動之關聯與身體與自然相互影響所造成的刹那變易內容。

上列遺漏的內容都是構成整體眞實世界的重要成分，同時對人的日常生活與文化的影響非常大，雖然人們的身體往往只是隱隱約約地感受到其實際的存在。相應的，懷氏哲學乃在論述上列科學解釋所遺漏的眞實世界，並主張哲學必須將此種具體事件之流視爲最後的原因與最後的眞實，並由此去解釋抽象的感覺對象、物理對象與科學對象。亦即如圖所示，懷氏認爲哲學解釋應該是由下而上、由具體的事態解釋抽象的事態，如此才不會犯具體性誤置的謬誤。懷氏即透過上述解釋方式去補充科學論述所遺漏的重要眞實成分，也因此種解釋與補充，才更能顯出哲學與科學的差異及凸顯哲學獨特的重要價值。反過來，科學解釋由於是由非常抽象的事態解釋次抽象或較具體的事態乃是犯了具體性誤置的謬誤。

爲了使讀者更細節理解科學的解釋方向，茲舉例如下：物理學解釋的綠色，乃是由在某能階的電子躍動到另一能階時，所放射出某種定額的能量，或某種頻率的光，然後以此種頻率的光去解釋何謂綠色。但懷德海認爲，電子躍動所放射出的能量或某種頻率的光所解釋的綠色只是知覺中的綠色事物，甚至是最具體的綠色事件之流所抽象而出的可系統化、可量化的一個側面，但不是綠色事物或綠色事件之流的全部具體眞實，它們只是具體的綠色事件的諸多構成因素之一。也可說，知覺到的綠色、某種頻率的光、某定額的能量等系統化解釋綠色，都是構成此事件之流的某些因素，簡言之，自然科學往往以高度抽象普遍的電子、量子理論、普遍定律去解釋自然界。

　　總之，科學與哲學都是起源於直接經驗或原始的身體感受，但兩者正好由相反的方向去從事解釋的工作。「科學解釋」既然是由科學對象去解釋知覺對象及感覺對象的如何形成，因此它乃是由更抽象的事態去解釋較不抽象的事態。也可說，一般科學研究者及科學唯物論者由於採用「化約論」，因此，往往把具體複雜模糊不清的整體具體眞實化約成抽象、單純、清晰、明確且同一化的科學對象，並將其視爲構成自然的具體的最後眞實或基本單位，並由此去解釋上述抽象層級較低的諸層次的對象。

　　自然科學如此，人文社會科學也是如此。例如：社會科學也是運用抽象的理論模型或社會演化定律等來解釋社會現象；歷史科學亦復如是，也因此才能從非常豐富的歷史事態（不是指語言資料而已）去建構歷史演化定律、或產生有系統、有秩序、有組織的著作。但也因爲有系統、有秩序、有組織等，又遺漏了許多具體豐富、無法被此種

科學系統所系統化的非系統性的已發生的歷史事態，而顯得不夠具體完整的真。科學經常是將具體發生的實際事態化約至單純的抽象形式或抽象事態，然後再由此去解釋範圍更廣泛的具體發生的實際事態與較不抽象的知覺對象及感覺對象，但已部分失真了。

依懷氏觀點，上列由更抽象的事態去解釋較不抽象的事態、或由抽象解釋具體的「科學解釋」乃是犯了具體性誤置的謬誤；相對的，懷式型哲學則由最具體的事件之流出發，去解釋種種層級的抽象事態與科學知識如何形成，亦即懷氏哲學乃是由最具體的去解釋較抽象的。不過，二十世紀後半葉的某些自然科學家逐漸以最具體的事件與機體關聯理論去解釋粒子物理的種種現象，關於此，筆者將論述於《存在、價值與生命》。

但不可否認的，上列犯具體性誤置的謬誤的「科學解釋」方式，仍有其優點。例如：由於科學對象是高度的抽象，所以比知覺對象與感覺對象及事件之流更單純、更具有同一性、持續性及更系統化，因而更易於被科學家操控、運作與應用，這也是科學化的優點之一。

科學即是研究上列諸對象層級間的如何關聯所構成的抽象系統。就如懷德海所言：「科學的建構只是闡明被知覺事物的諸多特性（亦即指諸對象）」（CN 148）。「任何科學對象，例如任何確定的電子，乃是遍佈於整體自然界中的所有事件中之許多特性中的某個系統性的相互關聯所構成的事態，它是自然的系統特性的某一側面」（CN 158-59）。但懷氏哲學則論述了事件之流及事件與上列各對象間的關係。

底下，筆者將相應於上列各層級存在所形成的各種抽象分殊學科或各種分殊知識，依照其抽象層級或抽象普遍性的高低程度，由低而

高，依次排列如下，以補充懷氏在第二期哲學中「論抽象知識」之不足，並詮釋東方哲學的「悟道」理論：

最具體完整與最高級的知識乃是主客未截然清晰二分前，主體直觀整體世界的整體性，所產生的知識；相應的存在界即為具有時間性的主客及一切事件交融互攝的事件之流的世界。其次，則依序為較抽象的藝術、文學、歷史等人文學的分殊知識與相應的人文世界→人文科學、心理學、社會科學及相應的抽象世界→自然科學〔生物學→近代物理（實驗物理→理論物理）〕及相應的各分殊的自然世界（生物世界→實驗物理世界→理論物理世界）→形式科學（純數學→符號邏輯及集合論）及相應的完全抽象的數學與邏輯符號世界。但上述相應的世界，乃大部分內存於最具體的機體世界中；而較抽象性的分殊知識乃由此最具體的有機世界抽離掉物理攝受關聯，而形成的抽象理論。而整合上述各種知識的科際整合的知識，則是比較完整且更具體的知識。換言之，上列各種知識與相應的各種世界的抽象性、抽象普遍性、確定性、明晰性、單純性、一致性、單一性、同質性乃由前而後依次遞增；反過來說，具體性、具體普遍性、不確定性、含混模糊性、曖昧性、複雜性、矛盾性、多樣性、異質性乃依次遞減。但無論如何排列，任何層級的認識內容都是使用語言去表達，而語言也是抽象的，故用語言表達的任何層級的知識都具有抽象性。所以，具體完整的整體知識（即一般人所說的「真理」）與最具體的世界之真相並不是透過抽象思考與抽象的語言所能表達窮盡，因此是「不可言說的」，而只能默默的用身體實踐行動去體驗（身體經驗）、或用身體去直接感受、去直觀與默悟。故東方哲學一旦發展到高峰，往往會如老

子道德經的第一章即宣稱「道可道，非常道，名可名，非常名」、而禪宗則強調「不立文字」、「開口即錯」；此外，也不稱爲「理解道」或「思考道」，而稱爲「證悟」、「悟道」、「體悟道」或「證道」。西方神祕主義流派的哲學也是如此。懷德海哲學更是如此，關於此，可參閱筆者著《懷德海哲學》頁199-204。

最後，懷德海爲了詮釋人類所經驗到的一切要素（包含科學經驗與所有被科學化論述所遺漏的種種事態），並使其能夠被理解及默悟，因而在宇宙論中，設計了範疇綱領去描述它、解釋它。在這範疇綱領中，乃將上述抽象對象的層級理論，發展成之永恆對象的層級說。也可說，哲學的任務之一，即是促使人意識到、自覺到此遺漏的內容，並將上述較完整的具體內容（即終極眞實）儘量用清晰、可理解的語言去表達出來，使人們能夠理解它。

第三節　事件與對象如何相關聯——契入——認識活動與形成具體存在之分析

(一)契入的基本意義

從一、二節所述，可知，對象乃是事件內部之永不流逝的特性或性質形式，但對象作爲潛能、可能性的存在、抽象理論、形式（形相、形象）（在價値哲學中，則指理想形式）而被某事件或主體所經驗到認識（包含實踐、身體感受、攝受或理性認知等種種經驗方式），繼而進入主體中，而成爲該事件的內在結構或特性的過程或實

踐行動，懷德海稱爲「契入」（ingress into）或譯「滲入」、「進入」、「結入」、「入構」（滲入而構成其內在成分）（cf. CN 152）。

此處譯爲「契入」係借用佛學術語，方東美教授在《華嚴宗哲學》（下冊）曾指出：「某一種事物能夠滲透到另一種事物裡面去，這就叫做契入；契入可以劃分成主體與客體，若你自己居於主位（例如以甲事件爲主位，則其他事件與抽象對象爲客體），那麼你就可以把自己的力量滲透到別的事物裏面去，這就叫做契入；反之，如果不把自己當作主位，而是居於客位，也可使其他事物的某些性質或力量進入到我裏面，或客體有足夠的力量滲透到我的裏面來；至於『攝取』則意指作爲客體的它，若不滲透到我裏面，則作爲主體的我，若我的力量（或權力）比客體大時，我就可以主動地把它吸收進來。」❷此處的主體即相應於事件或稱爲事件主體，客體或客位即相應於被認識的對象與此事件主體外的其他事件。但爲了上下文意義的流暢與爲了東西哲學的會通，本章以「契入」爲主，「滲入」、「進入」等譯名爲輔。底下即進一步分析「契入」的意義：

1.「對象之契入事件」之「契入」是主體與客體之間的一種相互關聯性。亦即，對象與事件是不可能截然分離、各自孤立存在。也可說，事件之所以發生與完成是因爲有對象契入或滲入其中，此乃近似於佛學之「事若無理不成」❸或「事因理而成」；而由於自然是諸多事件之流所構成，因此，對象必須契入事件中，才構成具體的自然。其次，對象之所以被感知其存在或外顯出其存在性，是因爲其必然契入或內存於至少一個事

件主體中，用佛學術語即是「理若無事不顯」❹、「以事顯理」或「理因事而顯」。所以，懷德海說：「在自然界中，若無諸多對象之契入諸多事件，則自然界將不會發生任何事件，也不會有任何對象。」（CN 144）若用主客體的表達方式，則是主體之所以完成自我的存在是因為客體的滲入，客體之所以被感知其存在，是因為其滲入主體中；亦即，主體的存在必須依賴客體對象的滲入，客體的存在也必須依賴主體的攝受或滲入主體。主客是相互密切關聯，不可截然二分，在這種狀況下，即形成互為主體性與互為客體性。後者是後現代思潮的特色之一。

2.在形上學式的認識論中，「契入」即表示「被某一事件主體攝受到」。就知識論而言，攝受乃是最廣義的、最基本的、最根源性的認識活動，不見得是有意識、有自覺的客觀認知。但就形上學的宇宙論與存有論而言，則攝受乃是構成任何具體存在與其他存在的最根源性的相關聯活動與歷程，同時透過此種相互攝受關聯，才形成該具體的存在。

3.在存在的構成中，則「對象」乃是關係項（relatum），事件主體也是關係項。當對象契入於事件中，而成為事件的內在成分或特性時，就使得事件享有較明確的形式與法相。反過來，由事件主體看對象的契入該事件，可視為事件主體「主動地」去攝取該對象，而使該對象「被動地」成為該事件主體的內在成分。此即表示該對象已契入該事件。但相對的，對象之契入事件也可視為對象（或理想形式或理論）具有一種誘導力、吸引

力，它會「主動地」吸引仍不明確的事態去「被動地」攝受它，以便契入它，繼而使該事態產生清晰明確的形式，由此而促成該事件的發生與完成。在此，主動與被動、攝與被攝的二元對立或截然二分，乃被消除了。

4.任何的「契入」均是一種關係（關聯）本身（relation）、是一種實踐活動歷程；若把對象視為一種「可能性」、「潛能」或推廣成價值哲學中的「理想的價值形式」，則此「契入」即可表達成「實現該可能性或潛能」或「實現該理想」。

5.就認識論而言，當某個位於確定時空區域的主體A在認識某個客體B時，往往先由某個暫時固定的立足點與觀點C為出發點，去感受或攝取某個位於某確定時空區域的客體B的部分樣態M，但不是全部，這些部分樣態M是觀點C下呈現（present）於主體A的有關客體B的某些樣態M，此時這些部分樣態M即已滲入主體A，而成為此主體A的內在構成分之一，並由主體的融攝作用，而使上述樣態M融攝成攝受統一體，如此則形成主體A的某個感覺對象。但由於主體A是在時空之流中，其時空位置與立足點、觀點也在剎那變易中，因而又攝取了不同於M的有關客體B的其他樣態，上述各種不同的樣態在時間綿延中，同時滲入主體A中，並由主體的融攝作用，而使上述各種不同的樣態融攝成攝受統一體，由此而構成主體A對客體B所客觀認知到的更複雜的感覺對象。但這些滲入主體A的感覺對象，只是客體的部分面相，並不等同於客體B。其次，呈現在A主體之C觀點與其他觀點中的某個感覺對象的某個樣態，也在當

時內存於那個被認識的B客體中，透過此同一的感覺對象的某些樣態，使主體與客體相互關聯。換言之，對象的某些樣態在主體與客體內是具有同一性，否則主體與客體無法相互關聯、主體也無法認識該客體。就此種具有同一性的感覺對象同時內存於A、B中的事態而言，很顯然，懷氏認為感覺對象並不是非常單純地定位於只有一個地方，它可能存在於許多地方。換言之，此同一的感覺對象，不只可同時內存於客體B，而且也不只可以內存於前述主體A的C觀點中，也可同時內存於不同認識主體的C、D、E、F的某些觀點中，甚至也不只可內存於客體B中，也可內存於許多客體X、Z中，亦即它「可能」無所不在、無所不入，但不是「已經」無所不在。但必然滲入與內存於至少一個的主體或事件中。

嚴格說來，上列論點，並無任何神祕，乃是我們一般人的日常生活的體驗，只是一般人常以為自己認識到的某些感覺對象或某些樣態即等同於自己原始身體感受到的一切感覺對象，也以為是客體的一切樣態，而忽略了那些明確的存於此時此地的主體的有關某客體的某種感覺對象，均只是客體的一小部分而已。可是人常自認為已掌握所有的有關客體的整體真實，而犯了嚴重的「以偏概全的謬誤」及「簡單定位」於某單一固定時空的錯誤。懷德海只是澄清了原本存在的真實狀態。

6.當任何對象結入於某事件中時，必然修改、潤飾該事件場域的特性。

(二)從對象與事件的差異性論機體哲學與後現代的重要價值

就如第一節所述,誠然,由於對象在契入不同事件主體中仍可保有同一性或可認同性,因而使吾人可再認識不同事件中的同一對象,而形成客觀知識。但是不同的人在不同刹那、不同位置、不同視角、不同心態去認識,卻因為認識方式或對象契入主體(某事件)的方式之不同,而使對象產生改變。

換言之,相同的某對象(如紅色)誠然可重複同一的契入於不同的事件中,但是對象卻會隨著契入不同事件的不同關係(或不同契入方式)而改變(change)。例如:作為對象的電子是同一的,這是科學論述中之電子。但契入或內存於無生命的桌子中與有生命的生物體中,甚至不同的人體,就使此內存於不同事件所形成的具體的電子事態(非科學論述之抽象普遍且具有同一性的電子)即有差異或改變了。就如懷氏所說的:「對象的改變,只是由於對象與在時空中流逝不已的不同事件的不同(的契入)關聯之變易而改變。」(PNK 62-63)例如:在我身體中的電子與我身體的關係與桌子內的電子與該桌子的關係,並不相同,因此,我身體中的電子與桌子內的電子並不相同,亦即同樣的存在物內存於不同的機體或環境,則由於此存在物與不同環境的有機關聯具有差異,同時這些關聯又構成此存在物的內在真實成分,因而使此原本具有同一性的存在物因為置於不同環境與機體中,而形成具有差異性的存在物,而且這種差異性是內在固有的真實。若再配合第一節所述之對象之同一性,即形成任何被認識的某一客體對象,當其成為不同主體的內在結構成分、或被不同主體所再認

知時乃是形成「同一中有差異，差異中有同一」或「既非全然同一，也非全然差異」的具體事態。這種事態用龍樹大菩薩著名「八不」的表達即是「不一亦不異」❺。

類似上述這種已內存於某事件主體中的電子，可稱爲「具體的電子事態」（簡稱「電子事態」），相對的，科學論述中的具有同一性的電子，可稱爲「抽象電子」（簡稱「電子」）。前者是機體哲學所論述的，後者則是科學所要研究的。這種研究方向上的差異，更凸顯機體哲學所論述的才是更具體的眞實，並由此顯出其與科學研究的不同重要價值。

由於具體實存的諸多電子事態是具有差異性的，所以，它並不等同於科學論述中的具有同一性的抽象電子。換言之，科學論述遺漏了具體個體之間的差異性，這種差異性的存在乃是具體眞實世界的重要特性。忽略這種差異，在文化上，即導致強調抽象理性與科學的現代主義的強調各地文化的同質化與一元化，忽略了各地方由於具體的地理環境、種族、歷史的差異所導致的文化發展應有的差異性與多元化，而後現代思潮即在補充上述差異性。這種補充強化了後現代思潮的重要價值。

總之，對象之所以改變其內在本質，是因爲契入不同的主體或事件。但在同時也可能雖然是同一對象且契入同一事件，但由於其契入過程與方式的差異，而形成不同的主體或事件，也造成對象的改變。所以差異性的形成也與契入方式有關。

從認識論的角度，則不同的契入方式意指不同的人在認識某個對象時，所採用的不同的認識方式，而由於不同的認識方式（例如位置

不同、認識當時的身體之活動及對該對象的偏好、厭惡……等），即使得同一對象進入不同的人的心靈時，即形成不同的認識結果，而且使內存於人體（如腦海中）之對象呈現改變。例如「我愛陳柔美的溫柔」（此乃一具體事件甲，其中的「我」乃一事件主體），則當此「溫柔」契入我的身體時，由於是以「愛的方式」去契入，就和「我討厭陳柔美的溫柔」（此乃一具體事件乙）之以「討厭的方式」將「溫柔」之契入我的腦海中，形成不同的「溫柔」事態。雖然，作為抽象對象或作為客體的「溫柔」或「陳柔美的溫柔」是同一的。總之，但同一客體在契入不同事件時，由於其與事件主體的關係（此關係即契入方式）並不相同，因而形成不同的對象與不同的事件，故同一的對象也由於對象與在時空中流逝不已的不同事件的不同關聯之變易而形成改變。但「我愛陳柔美的溫柔」與「我討厭陳柔美的溫柔」兩個不同的事件卻透過享有相同的抽象對象或形式──「陳柔美的溫柔」或「溫柔」發生關聯。因此，懷德海認為：「不同的事件之所以發生關係是因為享有相同的對象，亦即在事件之流中，對象仍維持著它自身的同一性……對象的改變，只是由於對象與在時空中流逝不已的不同事件的不同（的契入）關聯之變易而改變。」（PNK 62-63）

此外，由於事件的特性即是取決於某些內存於該事件的對象，以及這些客體對象如何契入的種種方式」。因此，事件之變易性與差異性，是起源於所契入對象（如溫柔或剛強等）的不同，以及「如何契入」（如喜歡或厭惡等）的種種模式。例如：我和你都穿一件衣服，但由於所穿衣服的式樣顏色（即對象的一種）並不相同，因而形成不一樣的事件；這是一般人很容易瞭解的。當然我這個人和你這個人的

不同，也是形成上述發生不同事件的原因，這點也很容易被人想到。但懷德海的創見乃是提醒讀者：即使是同樣的我穿同樣的衣服，當我以不同的心態（例如喜歡穿、不喜歡但不得不穿、是主動自願或被動）、或不同的生命格調、或不同的穿衣過程、或在不同的場合、情境、氣氛去穿著，就形成具體不同的事件。

在下文中，即論述人類認識過程與存在形成的各種不同的契入模式。

（三）契入模式之分析與習慣

就認識論而言，「契入」的活動有許多模式，懷德海爲了分析「對象之如何契入某個事件，而使吾人感知某客體、以及如何促使該事件的發生與完成」之種種模式，一方面將對象方便區分成前已述及的三種主要類型或層級；同時又指出，不同層級的對象契入不同事件、甚至同一事件，即形成不同類型的契入模式。其次，不同類型或層級的對象契入同一具體事件，固然呈現不同的契入模式；但是同一類型的對象與同一對象在契入不同事件時，也可以形成不同的契入模式。

但爲了方便討論起見，懷德海將種種契入模式先區分成特殊性和一般性。

特殊的契入模式，懷德海稱爲「情境關係（或關聯）」（relation of situation）（CN 147）。例如：此電子擁有一個確定（certain）的空間位置及確定形狀。再如，此暴風雨發生於大西洋中間某個確定的經度與緯度、這個勾子在此廚房裏。不過，懷德海認爲上述相當「確定

性」的情境關係，並非他心目中所要表達的「契入」理論之重點，無寧說是一個非常特殊的例子，或只是常識性的說法。畢竟，確定明晰的情境關聯或實際事態，並不是最一般性的具體眞實，它只是特殊狀況、或帶有抽象性與人爲的設限。

相對的，一般性的契入於某事件的方式所產生的情境關聯，是相當含混不清且不明確的。

例如：在我們感受到或知覺到某個女人身體的呈現（bodily presence）時，我們能看到她、聽到她的聲音及其他方面的呈現。但我們通常不會立即清晰地分割與判明何者是洛克所說客體的原性或譯初性、何者是次性（按：初性即客體原本客觀存在的眞實性質，例如：堅實性、廣延或體積、圖形或外形、運動或靜止、數量；次性意指主體所感知的顏色、氣味、聲音、熱或冷等性質，這是主觀的並非客體的客觀眞實），而是感受到她整體的呈現，是初性與次性及其他種種無以名之的種種性質，所融貫而成的有機整體的呈現。同時，我們面對該女人身體所產生的種種身體感受或所產生的此根源性的認識活動也是模糊的、不明確的。即使我們進一步用手直接去觸摸其身體。

對於那種肌膚交感或無法用語言表達的交往活動本身、及由此所形成的種種的身體感受、以及此種情境關聯（即指此女性身體各部分的相互關聯、此女性身體和觸摸者及環境、氣氛的交互影響、交互感通所形成的主體、客體、主客關聯、場域氣氛、外在環境等所整合而成且在時間之流中刹那變易的整體事件的發生歷程或整體情境或整體場域之種種關聯），不只感受者無法非常明確地理解清楚，也不見得

非常清晰明確地理解自己的感受，而且也很難用語言去清晰精確地表達上述身體感受活動與整體情境關聯。甚至只是單純地描述該孤立的女性身體自身，感受主體也是認識、描述不清。

　　再如：一個人和其伴侶經過長期交往，才稍微更明確地理解其身心合一的身體自身的一部分，但也只是一小部分，對於交往熟悉過程的每一剎那的感受活動、情境關聯更是相當模糊不清。甚至有許多老夫老妻，已親密地生活近一輩子，但仍會慨嘆：「我實在不瞭解她（他）！」不只是對方的心靈、肉體不甚瞭解，當然身心合一的身體更不是瞭解清楚。畢竟明確瞭解對方的某些內容，和對方的全體特性相比，實在是太少了。更何況，這清晰明判的一小部分還可能因為身體與情境的成長變易、以及自己受制於過去狹隘的經驗所產生的偏見與習慣，而導致理解錯誤。

　　不過，哲學的功能之一，即是要意識到及清晰正確地表達出上述模糊不清的身體主體的感受、知覺關聯（或契入關聯）、客體三個面向所融合而成的整體認識活動，以及相對應的整體存在事態。而科學則尋求被認識客體的永恆且客觀的特性或性質形式——此在懷德海即稱為「對象」。

　　為了更清楚分析此種含混不清的一般的契入關聯或認識活動，懷德海乃依前述三類型之對象——感覺對象（如顏色及種種不知名的感覺性質）、知覺對象（尤其是物理對象，如這個桌子或桌子）、科學對象（如電子等），去論述三種對象的不同契入模式。這三種方式即是人類認識活動的三個層次，而整合貫穿起來，即是科學認知活動的整個歷程。

首先，懷德海認為人類的認識活動即是由主體與客體未作二分時的身體經驗出發，此時的主體與客體、人與自然乃呈現渾然為一體的含混豐富的具體事態，筆者稱此為感性直觀的初步階段，此乃相應於懷德海在《歷程與真實》所論述的認識與存在如何生成的歷程演化的種種階段或面相的第一階段或第一面相，此即雜多的單純物理性感受或諸多單純物理性感受所構成的雜多事態，此方面可參閱筆者著《懷海德哲學》第二章第二節之乙。至於佛洛伊德所提出的潛意識活動乃「此種認識活動與存在形成歷程」的面相之一。而懷德海之所以能夠描述此種事態，乃是運用智識的直觀（intellectual intuition）（即最高級的整體理性）去整體觀照此整體混沌的事態，而使其形成較明晰的表達。哲學的任務之一即是描述此種根源性的「認識與存在」活動。

　　之後，作為主體的身體乃透過各種外在感官去分別感覺被認識的客體，此時已形成能知與所知的二分。此時所優先認識的乃是量體的大小、數量的多與少、線條、形狀、顏色、聲音、嗅味及種種沒有名稱的感覺性質。「這些性質的如何契入身體經驗（即身體事件）或如何契入自然」的反向表達方式即是：身體如何感受感覺對象，或感受A主要是取決於那些因素。也可說，不同的因素即產生不同的契入或攝受與認識活動與結果，也相應的產生各種類型的認識事件與各種存在事態的構成。此不同因素可分成下列三類：

■以「身體狀況」為主導的知覺事件（即身體感受或身體的經驗活動）（CN 154）

　　此知覺事件和觀察者的身體狀況（state）非常息息相關（CN

152）。例如身體的位置、生理狀態（例如是否色盲）、精神狀態爲何？

■以「場域氛圍或環境」爲主導的諸多情境（situations）所構成的事件

例如在鏡子前看到藍色的運動外套之「藍色」，房間裏的光線、氣氛（氛圍）等狀態，用筆者說法即場域氣氛或場域氛圍（field atmosphere）。不同的場域氣氛使我們的身體知覺或身體感受形成差異性，也形成不同的契入方式。例如在光天化日與浪漫黃暈的月光下，情侶接吻即形成不同的身體知覺與感受，以及不同的認識方式與存在事態。

但無論上述何種狀況（即使是鏡子所產生的錯覺），藍色契入外套、又契入我的身體經驗（即知覺事件），但由於身體是大自然的一部分，故也可視爲契入大自然，而使大自然產生變化。

■以「經驗與習慣」爲主導的諸多事件

誠然，知覺對象的形成或契入過程乃是由人類身體透過身體外在官能去感受對象（所知）時，往往有意識或潛意識地將感官知覺到的種種有名稱、無名稱的感覺對象予以組織綜合（例如將視覺及觸覺所感受到的感官資料加以組織綜合），而形成「這個藍色外套」的知覺對象。亦即「這個藍色外套」之對象已契入我的身體經驗中。但這種潛意識的契入或認識活動，常會涉及個人的「經驗與習慣」。亦即「知覺對象是經驗與習慣的產物或結果」（CN 155）；在懷德海、柏拉圖及筆者看來，此種認識仍然不是「智識性的認知」。

由於此種知覺對象主要是由「經驗與習慣」所產生，因而被認識或所契入身體或自然的種種感覺對象之綜合，有時會因為不同主體的不同「經驗與習慣」而產生差異，甚至產生錯誤，並和智識性的認知結果，發生衝突。畢竟由經驗與習慣所產生的知識是概然的，並不是非常可靠。換言之，經驗與習慣有時會帶給我們成功，但有時會帶來失敗。因此，由經驗所產生的「習慣」表面上，雖然是很平常的字眼，但卻是人們追求真理的重要因素。甚至轉入倫理學與人生哲學，則習慣乃是人生成功或失敗的重要關鍵，就如哈姆雷特對他的母親所說的：「可別再上我叔父的床了，假如妳已失去貞節，也要勉力做出有貞節的樣子。習慣那怪物，能吞食我們的理智與良心，它是壞習性的魔鬼，但也是天使。對於勉力行善的人，習慣會使美德如同一件容易套上的中下階層的衣袍，套在他的身上，使此人很快地棄惡從善（按：當時，貴族的服裝需要花許多心力與時間，才能穿著齊全，但中下階層的衣袍很快就可套好）。您要是今晚忍耐一下，下回就較容易節制，再下回又會更容易節制。習慣有一種神奇的力量，它可以改變人的本性，它可以使惡魔在人心中稱王，也可以痛打惡魔，並將其驅逐出身體外。」❻

此外，也可透過另一種方式去區分不同的知覺事件之契入方式：

■ 被動制約的事件（即錯覺、幻覺與相應的存在事態）

例如在鏡子前面，看到鏡子中的藍色及外套或光的折射等，造成種種假象，而形成錯覺、幻覺或一般人所說的被欺騙之事態。例如觀察者從鏡子中看到藍色外套的假象，而形成錯誤的認知。但同樣地，

經驗習慣有時也會使人們在透過潛意識去綜合諸多感覺對象而形成錯誤的認知或錯覺。

■主動制約的事件（即常態知覺事件）

此即一般最常發生的狀況，既不是在鏡子中看到鏡子中的藍色外套，也不是身體產生特殊狀況（例如精神特別好、特別壞或色盲等）；而是一般正常狀況下的知覺。亦即在常態下，去主動地知覺感覺對象與物理對象，所形成的對客體的認識。例如我知覺到「這件藍色外套」。當我們知覺到一切關於此被知覺的對象，我們也據此認知構成它的種種感覺對象之構成分，例如藍色、外套等感覺對象，但仍不是全部的感覺對象。

綜上所述，可發現：科學化的認識模式乃是起源於主動制約的事件之一般正常知覺事件，但也必須解釋錯覺的如何產生，也必須超越主體狹隘的經驗與習慣、身體的特殊狀況、環境氛圍的干擾，但這是「應該」，就科學史的事實觀之，則科學家有時難免受制於上列因素，而使科學研究結果產生偏差。其次，精確的科學知識的產生還必須透過高度的抽象作用，以便運用高度抽象的科學對象（如電子、基本粒子）等去科學解釋或譯科學說明（scientific explanation）知覺對象與感覺對象等主動制約的事件之一般正常知覺事件（身體經驗，即體驗以及感官知覺所知覺到的一切）的種種部分，但也必須解釋形成錯覺或錯誤的原因；而宗教解釋與描述經常不是大多數人最常發生的常態知覺事件。

關於契入關聯轉化入第三期形上學，則形成主體與客體、對象與

事件（永恆對象與實際事態）、或佛學中之理法界與事法界等兩種世界的相互攝受的關聯，並透過主體的和平心境與神明對整體世界的誘導、協調與感化世人，而打破兩種世界的對立，繼而形成理事圓融無礙、情理和諧的廣大合諧的世界，此時已進入宗教境界。方東美更融貫會通懷德海、華嚴與當代關係邏輯而對契入、與「色即空，空即色」、「一即多，多即一」、「色不即空（此『即』可當亞氏主述式命題的『是』來解，但下文之『即』則不可），以即空故」的「即」提出原創性的詮釋。方東美認為「即」乃「就」，拿俗話即「遷就」，用文言即「契入」（to come in ingression），再用普通話來說，即進入成為其成分（to enter into the constitution）。它是卡納普所說的functor，它代表關係的結合。這種契入關聯可分三種：(1)對稱蘊含；(2)相互依存的關聯或原理；(3)普遍廣包或周遍融貫（含容）的關聯與原理。同時這些關聯與原理都是為了彰顯法界緣起，重重無盡。也可說，契入關聯與「即」乃意指貫穿滲入（enter penetration），更細節言之，即是普遍相攝、普遍相入，不管它是全體也好，是部分也好，都是要達到普遍的能互相貫注。般若經典的「空」所要肯定的是理法界（即對象世界、理想或理論、理念世界），原始部派佛教（如俱舍宗、成實宗），一直到大乘始教，所謂法相唯識宗的百法名相，及如何在應用轉識成智時，所要點化的一切事項或「有」，所講的就是「事法界」。但是這兩種境界形成後，即形成差別境界，而形成「理」與「事」對立。大乘終教的天台宗就是想辦法把「理」（真諦）與「事」俗諦的對立，化解掉，轉變為無礙的關係（中通實相），但最澈底的理事與事事圓融無礙的境界，乃是透過大乘圓教或別教的華嚴宗

之論述與修持，它透過一切的相即、相入、相攝、相感的種種契入關聯的作用，將空與有、理與事、理與情、全部圓融和諧的組合融貫起來，而形成真空妙有、理事無礙、情理和諧與事事無礙的圓融境界❼。

第四節　事件世界與對象世界的對比與融貫

在傳統哲學或人類的思維模式中，經常將整體世界區分成現實世界與理想世界、變易世界與永恆世界、具體世界與抽象世界……等。就柏拉圖而言，則區分成感官界與觀念理型界；亞理斯多德則區分成現實與潛能（或可能的）世界；華嚴經則區分成事法界與理法界。甚至有些哲學家更認為上兩種世界是矛盾或不相容的對立，就懷德海而言，則在第二期哲學先區分成事件之流所構成的事件世界與對象世界，發展到第三期形上學，則稱為實際事態的世界與永恆對象的世界。同時，認為這兩種世界是可化解其矛盾或不相容的對立，而融貫成對比的對立與和諧的有機整體。

在本節中，筆者將透過第二節對象的意義與分類，去論述事件與對象世界的具有相反性的差異性及其互間的對比關聯。至於如何形成圓融無礙的細節則必須透過其契入關聯理論、形上學與宗教哲學才能完整論述，此乃涉及其獨特且異於西方傳統的機體與歷程的宇宙觀與神明的論述。詳細內容可參閱筆者著《懷德海哲學》。而下章所述的有機機械論乃是為上述更圓融的形上學作奠基的工作。

底下，我先解釋對比的意義❽，然後，再扼要論述其如何融貫成

一對比的對立所構成的和諧的有機整體，此最大、最複雜的和諧的有機整體即是整體宇宙或稱為圓融無礙的整體世界。

「對比」意指兩種或多種不同的事態，由於相互需求對方的某些部分或面相，因而相互攝受而形成多元共生共存的有機關係。而透過此種有機關聯，此諸多具有對比關聯的事態即整合而成一有機整體或稱為有機統一體，缺少其中任何一種事態，即無法構成此有機整體或統一體的存在，同時在這個有機整體內，各個成員仍保有其個別差異性。但從整體觀之，這些不同事態中的差異性與相似性卻相互影響、相互整合而形成和諧的有機整體。所以，對比具有和諧性之正面價值之意義。因而，我常稱其為「和諧對比的有機整體或統一體」。若此種不同事態有相當程度的類似，則形成類似的對比，例如：在繪畫中，主角是穿淡藍色衣服，且背景傾向於深藍色，則這兩種事態在整幅畫中，即形成類似的對比。若上述對比事態的差異是處於弔詭的對立狀態，則此種相互需求、的對立可透過「創造力」（creativity）的運作與神明與任何存在物的協調，轉化成具體化的和諧的有機整體，而成為和諧的「對比的對立」（contrasted opposites）（cf. PR 348），則此種弔詭的「對比的對立」狀態乃是東方哲學所強調的「和諧共存」，尤其是易經所強調的「相反相成」的整體事態。事件與對象的對比關係即是屬於此種弔詭式的對比的對立，而不是類似性的、不相容的對比關係。

就整體宇宙的諸多事件之間、與諸多對象之間、與諸多事件與諸多對象之間，若欲解消其不相容的對立與衝突，以融貫成一「對比的對立」所構成的和諧的有機整體，除了存在物本身的自我調整與存在

物之間的相互協調外，還必須透過神明三種神性或神力的作用。

首先，即神明所提供的最高理想價值的誘導（此即神明的根本智或先在原始性）；其次，則由於一般存在物的實現理想能力與協調能力的有限，因此，還需要神明最高級的協調活動（此即神明後得智的功能）；以及神明的被一般存在事態所感應到（此即神明的超主體性）。關於此方面的細述，請參閱筆者著《懷德海哲學》第四章。簡言之，欲理解事件與對象如何融貫成和諧的有機整體，而不是截然二分的分別孤立的存在，乃涉及懷氏形上學與價值哲學中之神明。

底下，我即論述事件與對象的特性及兩者的差異性與對比❾：

第一，事件是最具體的，對象是抽象的，對象是內存於事件中。關於事件，我們在第三章中指出，事件不只是最具體的事實，也是最後的真實，是構成自然的基本單位，更是最具體的直接經驗之所得；而「對象乃由認知而入於經驗」（PNK 62），換言之，「對象乃是從具體事件中經過抽象思維推理而認知的產物」（CN 3, 124）。以知覺對象為例，「桌子」乃是人們經由諸種不同的具體桌子，抽離而得的一個模型或對象，它無法單獨具體存在，具體的事件應當是「這一張咖啡色的桌子」，而不單是「桌子」而已；然而「桌子」並不是不存在，它是確實內存於「具體的事件」——「這一張咖啡色的桌子」之內；只是「桌子」無法孤立存在而已。故依第三章對抽象的定義，則類似這種知覺對象是抽象的。但在懷氏系統形上學中，事件仍不是最具體、最後的真實，它是一種「集結」（nexus）或社會（society）（PR 73），它已具有某種抽象性，例如「這一張咖啡色的桌子」是由「最具體的許多剎那的這一張咖啡色的桌子及其作用」或「此桌子的

許多剎那事態及其作用」所抽象而成。每一剎那的事態及其所顯現對他人他物的作用才是最具體的、最後的真實，也才是構成自然及整體宇宙的基本單位，更是最具體的直接經驗之所得。本文所討論的乃是其自然科學的哲學時期的理論，而非系統形上宇宙論。在形上宇宙論中，完整的剎那事態「所顯現的對他人他物的相互作用或相互關聯」乃是透過「攝受」作用或「攝受」關係而形成，是以在形上學中，攝受主體與被攝受客體是不可分割的有機整體，由此才構成一個單位的「實際事態」或「實際存在」。亦即在懷氏形上學中，主體與客體是不可分割的，同時更加入「剎那」的時間因素。

再以感覺對象為例，如紅色，紅色乃是經由諸多不同顏色，經過比較，而在我們的感官上感受到某種共同程度的刺激，繼而經由大腦的神經系統與抽象概念的思維的辨識所產生的抽象對象。因為我們是摸不到紅色，也見不到單獨的紅色，我們所見到的只是「某一個紅色的事物」這個具體事件，亦即紅色無法離開具體事物而獨立存在，它必定附著於某一個紅色的具體事物中。若用懷氏術語則是：「紅色是一個對象，它無法單獨存在，它必須內存於某個紅色的具體事件中，亦即紅色是抽象的」，依此類推，則所有感覺對象與知覺對象均是抽象的。

再以作為科學對象的電子為例，電子確實是內存於任何原子中或一切事件中。但是電子是什麼？一直到今日物理學上仍無法確切定論，它究竟是一個觀念中的「粒子」還是一種「波動」、還是同時具有粒子與波動雙重性質的某些事物、或者它只是人們想像中一個數學方程式中的一個解或一個數、或者是上述種種論述之所指的和合才構

成電子。但無論如何解釋，下列三點是相當肯定的：

1. 在目前，電子仍無法由人加以製造，而且也未曾被任何觀察者用任何的科學儀器如電子顯微鏡「直接」觀察到。
2. 某種X的事物內存於任何事物中，而此事物具有某些我們今日稱爲「電子」所呈現的性質。
3. 我們也無法將電子從分子中單獨拿出來，亦即它無法脫離具體事物而單獨具體存在，但它是確實存在於分子中，內存於一切事物中，它必須依附於任何事物中而存在。故懷氏認爲電子乃抽象的對象，它內存於具體事件中，無法單獨存在。

　　第二，事件是現實，對象是可能性或潛能。此乃由事件是具體的及事件本身的意義——某些事情在發生著、進行著——既已發生，故爲現實。就如懷德海所言：「本質上，事件是具有現實性與生成性的構成成分。現實事件被剝奪了一切可能性。它就是生成於自然界的那個存在事物。它不會再度發生，因爲本質上它恰恰就是它自身——存在於該時該地。一個事件正好就是它所是的那個存在事物，恰恰就是那樣與其他事物相關聯的存在事物，而不是別的存在事物。」（PNK 61）換言之，事件既已發生，就已實現於某個固定的時空，它就是它，而不會是其他事件。而對象是抽象的，故爲潛能或可能性的存在。以某一種紅色爲例，它具備多種可能性可以結入不同的事件中，它可能結入於「這朵紅色的花」的這個事件中，也可能同時結入「這輛紅色的車子」的另一具體事件中；我們也可使用另一種表達方式：「即紅色的潛能已實現於這朵具體的紅色的花中」，其他諸種對象依此

類推。

第三，事件具有時間性、流逝性（passage）或變易性；對象則缺少時間性、是永不流逝但不是永不改變（change）。亦即事件是一動態歷程，它一發生，即流逝成為過去，它一成為過去，就永不復返；不過它消失了，但還是「真的存在且成為後來發生的事件的一個部分」（PNK 66）。也可說，事件又由許多部分事件組成。但「對象則是自然界中永不流逝的要素」（CN 143），它沒有過去、沒有未來、沒有現在，也不消失。至於對象如何改變，後文會詳述。

第四，事件本身具有擴延性（extension），它包含有內在真實及外在真實；而對象本身則無擴延性。所謂擴延性即以其他事件作為其自身的構成成分，同時其自身也成為其他事件的某些構成分。亦即如懷氏所說的：「此一事件擴延及於（extended over）其他事件中，同時此一事件也被其他事件所擴延，亦即其他事件亦擴延及於此一事件」（CN 39），「每一件事件擴延到作為其部分的其他事件；每一事件也作為其他事件的部分而被它們擴延到」（PNK 61）。或是「此一事件包含了其他事件，使其他事件成為此一事件的『部分』，反之，此一事件亦成為其他事件的一『部分』」（CN 76）。「事件是某些整體的部分，又是擴延到某些部分的整體。」（PNK 62）用懷氏後期形上學的表達方式，則不稱為「部分」，而稱為側面或譯面相（aspects）。蓋事件成為其他事件的構成分，並不必然占有其他事件的某個大小的體積。以過去、現在的事件為例，人們往往隨時可透過記憶作用將過去發生的某些較美的戀愛事件帶到現在，而成為現在的部分構成分，但由於此過去的戀愛事件是以「心像」內存於現在的心靈

與腦海中，而「心像」是缺少大小體積的。故曰「側面」或「面相」較恰當。同樣的，懷氏在後期也不使用「包含」或「擴延」的語詞，而使用「攝」、「攝取」或譯「攝受」（prehension）一詞。即某一事件攝受了許多其他事件的側面（或特性），而使這些側面（或特性）成為其內部的成分或面相，而許多其他事件又攝受此一事件的某些側面而成為其內在的成分或面相，由此而使得事件是相互依存（interdependent），也是息息相關（relevance）（cf. SMW 103），由此種攝受關聯與作用，而使得某些事件構成某個有機整體。但是對象則無此種機體性質，不同對象間誠然有某種關聯，但也可以毫無關聯。但即使有某種關聯也不等同於上述事件與事件間具體的擴延性關聯、攝受關聯或有機關聯。例如：抽象的紅色與白色、抽象的桌子與蘋果、抽象的電子與質子並無此種具體的擴延或攝受關係，它們是透過高度抽象的類概念去形成關聯，例如紅色與白色可透過「顏色」或「光的頻率」去相關聯。

由於事件與事件間的擴延性或攝受性，一方面形成了事件與事件之間的有機關係；另一方面也使得事件具備了兩種層次的真實，即內在真實（intrinsic reality）及外在真實（extrinsic reality）：

1. 該事件將其他事件的側面或面相攝受而成為其自身的成分，此乃該事件的「內在、必然的真實」。但由於如何攝受即意指如何做價值的抉擇與評價，故此種內在真實，懷氏日後即稱為「價值」。換言之，事件的發生並非如傳統所說的純然無價值介入的赤裸裸的事實，而是必然與主體的價值選擇、價值觀的介

入相關，因此事件的形成即以價值爲其內在眞實，也是價值實現的過程。

2.許多其他事件將該事件的某些側面分別攝入此許多事件中，亦即該事件的某些眞實成分乃是存在於其他事件中——此種內存於其他諸多事件的成分，即稱爲該事件的「外在眞實」；此種外在眞實即是物理學與各種科學所研究的範圍（cf. SMW 103）。以原子核中之基本粒子爲例，我們以中子加速器撞擊原子核，但實際上原子核與基本粒子我們並未見到，我們所研究的只是「偵測器」攝受此原子核中的某些側面或面相。此諸側面之結果爲物理學所謂的眞實，故稱爲上述「撞擊事件」的外在眞實，由於這些側面或特性或外在眞實具有古典物理學中所稱爲「粒子」的性質，所以稱此被撞擊的事態或事物爲「基本粒子」。就此而言，價值中立的研究方式，只是研究具體眞實的一部分（即外在眞實），而不是包含內在眞實的完整眞實。

第五，「事件由於有擴延性，故有體積大小、有部分」（PNK 66）且是連續性的；對象則無體積大小、無部分，且是不連續性的。事件由於和其他事件相互擴延，並成爲其他事件的側面，故此種擴延性或其他事件的內在相關聯無法分割，且無法孤立自存，因此其體積之界限並不是非常清楚，無寧說事件是一種類似電磁場之場域（field），故事件是連續的。而對象沒有擴延性，它只是一個特性、面相、側面或形式，故沒有體積大小、沒有部分，也是不連續的、斷裂的，此種特性即是對象的原子性（PNK 66）。

第六，一個特殊事件可以占有某一個固定的時空，但其界限不一定非常明確，不過仍可被定位（located），但也具有可入性；但同一對象卻可以同時占有許多不同的時空，是不可被定位的（unlocated）。懷德海指出「一個事件是存在於那個所在而不是這個所在（或存在於這裡而不是那裡），存在於那時而不是這時（或存在於這時而不是那時）。」（PNK 62）而一個個別對象則無固定的時空，也無法被定位，它可同時內存於許多不同的事件中。其理由如下：一個事件的發生，必定發生在某段綿延的時間及某個空間的區域，而且只發生在此一時空連續區，至於另一個時空連續區所發生的即是另一個不同的事件。但是一個對象卻可同時內存或結入於好幾個事件中，但此並非表示對象一定是無所不在。舉例言之，民國三十五年在台灣所發生的「二二八事件」、或民國二十六年七月七日發生在蘆溝橋的七七事變（或七七事件），即發生在某個時空連續區，就此義言之，若用克里斯欽（W. A. Christian）之語，則是「事件是可以被定位的」（located）❿。 但是「事件是可以被定位的」並不意味著任何與該事件發生的因果相關聯的時空界域是清晰明確的，相反的，由於事件是一個以場域樣態而存在的具體眞實，因此其界限並不是非常的清晰明確，而是相當不清楚其明確的界限；但吾人欲認知某個事件卻正好必須包含這些不明確的因果關聯之場域，才是認知該歷史事件的具體完整的眞相。也由於事件發生的整體場域之界限是相當的模糊不清，因而史學工作者經常對同一事件作出許多有差異性的描述與價值解釋。但就對象而言，我們以感覺對象爲例，如紅色，可發現：紅色確實可同時存在於多種不同紅色的花、不同紅色的桌子，但是它並不內存於

某純綠的葉子，亦即紅色並非無所不在，但仍可同時內存於多種事物中。若以知覺對象為例，例如抽象的椅子，則抽象的椅子可內存於諸多不同的具體椅子，但不內存於具體的桌子，故對象是可同時內存於許多時空或具體事件中，但不一定是無所不在。但就科學對象而言，則可同時內存於更多的具體存在物中。甚至如電子、基本粒子等乃是同時遍布於每個角落，是可以無所不在。總之，對象並不是只可以內存於某一個固定的時空連續區，所以對象是不能被定位的。

最後，「事件是可以被定位的」並不意味著事件具有洛克所說的物體具有「不可入性」的「不可入性」，也缺少下章所說的可孤立化的「簡單定位」的性質。相反的，事件由於具有相互擴延性與相互攝受性，故可進入其他的事件，而成為其他諸多事件的構成分，同時也被其他事件所進入，而成為此一事件的構成分，故事件具有可入性，也缺少簡單定位的性質。

第七，事件是特殊的、獨一無二、具有個別差異性、永不重複；對象是普遍的、同一的、可重複使用及重複出現：事件只有一次的顯現，而無第二次的顯現。就如懷德海所說的「每個事件都不會重複發生，同時也是不相同的，並且由於具有特殊個別性，所以無法被再認知」（CN 144, PNK 66）。用巴赫金（M. M. Bakhtin）的術語即once occurrence❶。舉例言之，民國三十五年在台灣所發生的「二二八事件」、或民國二十六年七月七日發生在盧溝橋的七七事變（或七七事件），即使我們今日再去該事件的發生地拍電影也不可能完全一樣，至少時間不對，而且人物也不同，就算演得再像，也和原來的歷史人物的諸種具體的身體感受、情緒、情感、表態與情節不同。換言之，

歷史事件是不可能重演，也無法再認知及再現。但是對象卻是同一的，具有普遍性，故可被再認知，此處「再認知乃是知覺到、意識到相同性（sameness）」（CN 143）。我們平常說：「又來了，又出現了（There it is again.）。」這是指對象（cf. CN 144），而不是事件，因為事件一發生，一過去就過去了，「那是什麼，就是什麼」（PNK 62），就永遠不會再重現了。換言之，我們能夠認知某物是因為某物有個相同的特徵、模型或對象，且被吾人記憶在腦海中。但由於事件具有個別差異性，所以無法被再認知；而對象則由於具有同一性，故可被再認知。以感覺對象而言，紅色因為具有同一性，所以，我們在見到具體事件中內存著紅色這個對象，我們即可認知是紅色的某物。亦即在不同的具體事件中（例如這個紅色的桌子、那個紅色的大門），我們依舊可認知它是紅色的。再以知覺對象而言，椅子這個對象由於是同一的，因此在不同的具體的椅子與其他傢俱擺在一起時，我們也能夠認知出這是椅子而不是其他傢俱，雖然這些具體椅子仍然不同。再就科學對象如電子而言，每個電子含有多少電量、質量…等物理性質均是相同的，故我們可在不同的分子、不同的事物中，均可發現或再認知抽象電子的存在。就歷史研究而言，所謂客觀認知的歷史或歷史演化定律只是從具體的歷史事件抽離出來的抽象的歷史對象或歷史性，而不是最具體的、最真實、最完整的整體的、有血、有肉、有愛、有恨、有情緒、有意欲的活生生的歷史事件。

第八，「事件永不改變（change），但不是永恆不滅（permanent）」（PNK 63）；但對象會改變，但卻永恆不滅。因為事件一旦發生，即成為過去，任何人再也不能去改變它，故曰事件永不改變；但是事件

一發生，即消失，它即成爲真實潛能，而不是當前的現實，雖然它也必然成爲某個當前事件的某些側面，但不是完整的當前的具體現實，且「當前事件」及「內存於此當前事件中之過去事件」也和那原本的過去事件有許多不同，故事件並非永恆不滅，而且在系統形上學中，更補充爲：它又成爲客觀的不朽，並期望被後起的任何實際發生的事態去感受，而再對象化，以成爲該實際發生的事態的內在真實的一部分，而且也必然成爲某個或某些實際發生的存在物的一部分。對象則會改變，它的改變是隨著其與在時空中流逝的不同事件的關係之變異，而改變（PNK 63）；但對象自身卻始終透過認知作用而永恆不滅，永遠存在於記憶中。以感覺對象爲例，某座具體的山事件是綠色的，可是由於造山運動，甚至變形成爲平地了，但是原來的山事件，並沒有改變，它只是化成（become）另一事件的一部分，但那個抽象對象「綠色」或「綠山」由於抽象認識作用，而可隨時透過某主體的回憶、記憶再現於該主體中，故對象永恆不滅。其次，永恆不滅且具有同一性的抽象對象「綠色」由於與原來綠色的山事件中的關係、以及與在造山運動後的具體的綠色草原事件的關係都相當不同，因而作爲對象的「綠色」是改變了。

再就知覺對象，如椅子而言，某一個具體的椅子（此即椅子事件），它隨時受氣體分子碰撞或受其他因素影響，乃隨時「成爲」或「化爲」另一個具體的椅子事件，這個「成爲」或「化爲」的過程是連續不停的且一直成爲不同的椅子，故非永恆不滅。但過去的那個具體椅子事件卻始終不改變；但「抽象的椅子」這個對象，卻由於不同椅子事件而使得其中之事件與此對象的關係有所改變。若加入人的因

素，則可謂一個腳酸的人，這個椅子的價值就對一個已經坐相當久的人的價值大不相同，這種價值也是一種椅子與人坐在椅子上的事件之關係。再就科學對象而言，作為具有同一性的科學論述中的抽象電子在不同的具體分子中，也和不同的分子具有不同的關係，因為不同的分子，其能量、引力、斥力等物理關係也都改變了。簡言之，全體會影響部分的性質。因此此抽象電子也改變了。

經過上述分析，我們很容易瞭解懷氏對對象的同一性（被認同性）與差異性並存的解釋，懷氏謂：「對象乃由再認知而契入經驗，無再認知則經驗不能顯示對象，對象乃傳達事件中被再認知為永存不滅的部分；對象是被再認知為在不同的環境下仍然自我同一（self identical）的存在事物。那就是說：和不同事件發生關係的是相同的對象；如此在事件之流中，對象仍維持著它自身的同一性……，對象的改變（change），只是由於對象與在時空中流逝不已的不同事件的不同關係的變異而改變。」（PNK 62-63）

第九，對象與事件的連結關係乃是既超越又內存，言其內存於事件是由於對象是抽象的，因此它無法遠離具體事件而單獨自存，它必須內存於事件中才能呈現其性質；言其超越了事件，是由於下列二點：

1. 任何一個對象並非只可以內存於某一個確定的事件中；相反地，它可能同時存在於許多事件中，但也不必然是內存於每一個事件中。
2. 任何對象被攝入事件，均只被攝入或實現一部分，而非該對象

的全部。此未被攝入的對象之某些側面或面相，就形成了該對象對該事件的超越性；當這些未實現的某些對象的某些側面，若在未來被攝入而內存於現存的自然界中的某一事件內時，則此一事件和過去發生的任何事件產生差異而超越了歷史事件，並形成該事件與大自然的創新性，由此而形成生生不已的大自然與宇宙觀（按：生生的宇宙觀意指創新不已、日新又新、不斷超越過去且具有生命性的宇宙觀，此即易經與懷德海的宇宙觀的共通性）。

上述事件世界與對象世界的對比，發展到第三期形上學，則形成實際事態的世界與永恆對象的世界、世界與西方傳統神明的對比。同時，懷氏乃透過宇宙本有的創造力、神明的先在性限制與誘導力、情理說服力與神明後得性的協調一切的事件與存在活動（此即神之理性）、再配合神明超主體性的品質管制與下迴向於現實世界，去感化世界（此即神之大愛），簡言之，即必須透過愛與理性去化解這事件與對象、事件與事件的矛盾或不相容的對立，而融貫協調成對比的對立與和諧的有機整體。這最後者即是華嚴哲學所強調的「理事無礙法界」與「事事無礙法界」。就懷氏心目中的神與佛教的佛而言，這是當下即是的真實。但就一般人而言，只能協調部分事件使其和諧；整體和諧與圓融是人的知性、德性提升至神之境或佛之境所產生的世界觀與心境。亦即此種圓融的世界乃是人類提升到最高心境所觀照到的完整的世界的最後真實性，而不是多數人目前的低級心境所觀照到的表象式的「真實」。所以，從現實世界所面對的種種對立事態出發，

則一般人更必須強化其愛心、理性、情理和諧的協調能力，以便盡力實現圓融無礙的心境與圓融無礙的世界，這即是人類應該追求的理想，也是人生的義務。

結　語

(一)知識何以具有客觀性、不斷創新性與自由的社會

　　透過本章可初步瞭解科學的認識內容之所以可能成為客觀知識的理由如下：

　　第一，人類的知覺活動往往受制於個人私有的身體狀況、場域氛圍或環境、「經驗與習慣」及錯覺、幻覺等因素，而有可能形成不客觀或錯誤的認識內容。但科學知識固然起源於身體經驗，但更要透過嚴謹的科學訓練，例如高度抽象的概念分析與實驗，以養成就事論事、嚴謹論證的心態與行為，以超越個人私有的身體狀況、場域氛圍或環境、「經驗與習慣」及錯覺、幻覺所產生的限制，進而透過非常高度抽象的概念思考，去認識到內存於事件之流中之永恆的對象，而且越抽象，則越脫離了主觀價值的涉入與主觀的意識型態及種種關聯活動的干擾，由此而形成客觀的科學知識。換言之，科學知識是由事件之流抽離出來的非常抽象的對象與形式（亦即由具有同一性且系統關聯的非常抽象的對象所構成）。就人類目前所知的知識而言，最抽象、最客觀的科學知識即是純粹數學與純粹邏輯的高級知識。不過，實際的人生經常是由「經驗與習慣」及前述種種因素所導致的諸多成

功與失敗事件的組合。

懷德海在後期哲學中乃由科學知識論的對象論與事件論擴大至宇宙論或形上學的永恆對象論與實際事態之理論，後者主要是將客觀性由科學知識擴充至人類一切經驗活動的客觀性之理性基礎，亦即一切知識，不只包含科學知識，也包含非科學知識（如倫理學、美學、藝術、宗教性信仰的知識、社會學……等，但上述諸分支的某些內容若已科學化，仍可運用科學知識的知識論來處理）；亦即永恆對象的形式比對象之為抽象形式，增加了種種人文價值理想的形式（例如倫理學中的善、美學、藝術中之美、宗教性之聖、社會理論之正義等）。亦即在懷德海眼中，實際世界中，任何的價值選擇，除了由主觀性所造成的具體差異外，仍然有其客觀同一性的基礎，此即後期價值形上學所提出的「重要感」與「永恆對象」（此處意指永恆的理想形式）的理論。至此，傳統哲學所討論的「哲學知識論」——更整全的真理論——才算完成。亦即懷德海又將傳統知識論、倫理學或價值哲學，全部融貫成完成的一有機整體——此即機體哲學的宇宙論。亦即傳統的邏輯、知識論、形上學、倫理學、價值哲學、甚至任何的分殊科學之理論，均為其機體哲學或稱為歷程哲學的側面之一或例證，而不是截然孤立的。此即其經典名著《歷程與真實》及其後的哲學發展所要展現的內容。關於這方面請參閱筆者已出版的《懷德海哲學》及計畫出版的《存在、價值與生命》。

第二，所謂客觀的實在、客觀的知識並非如素樸的實在論所言，「實在」是外在於主體的外在世界，人是外在於自然去客觀的認識它。而是：人是自然的一部分，人與自然（外在世界）是不可截然二

分成兩種孤立系統，人的認識活動或人的知覺並非外在於自然的那種知覺，畢竟人的身體知覺很容易感受到身體與自然有各種因素之流入流出，以至於每一因素皆分享彼此的存在。身體與自然是密切交感，因而對自然之知覺是大自然中的某一構成因素，同時，這些人與自然的密切關聯性，乃是一直在動態演化與形成中，這些動態演化的關聯性是隨著歷史或時間的變易而刹那變易。此種變易的關聯性及人與自然、主體、客體未二分前的渾然一體性，本身又是一種客觀的真實。機體與歷程哲學即是要闡明此種整體性的客觀真實。

至於知識不斷創新的理由如下：

第一，就如第三章第一節所述，人對自然的認識活動並不是外在於自然，也不只是理論的活動，而是在自然內所發生的理論與實踐合一的行動與事件，而認知、再認知或感受本身即是構成自然的一部分），同時人的認識行動都已涉入自然、並參與自然的演化，且改變了在未涉入此次認識活動之前的原本存在的那個自然，而使那個自然產生了變化或創新，因而下一次所認識的自然乃是另一個自然，而由於是不同的自然，所以每次產生有關自然的知識，並不必然和以前所獲得的有關自然的知識會完全相同，因此使得自然與知識都不斷的創新。

第二，由於自然本身不斷的創新，因此極有可能導致認識自然的認識方法也不斷的創新。此處的認識自然的方法包含種種科學方法及其他種種非科學方法的認識方法（如直觀、身體的經驗等等），所以，隨著自然與知識的不斷創新，科學方法與其他方法也極有可能不斷的創新。此外，由於「認識自然、知覺自然」的過程與結果是自然

的一部分，是在自然之內，而具體的自然或事件本身乃在時間之流中刹那變易。因而「認識自然」的方式、過程及結果（即知識）也會產生變易。

上述理論正好解釋了科學哲學家夏皮爾（Quelly Shapere, 1928-）所主張的「科學知識的變化與科學方法的變化是互相作用、互相影響的」**⓬**，以及筆者的論點：「隨著歷史的流變（包含社會條件的流變）、自然的流變，所謂的科學方法、科學發展模式，甚至認識活動、認知、再認知的方法，也一直演化中」，以及費爾本所強調的，「科學方法或科學知識的產生並無任何固定的標準方法可依循，因此，人類社會必須實踐「任何皆可行」的理念，以建構真正自由的社會」**⓭**。總之，懷氏的認識論正好為上述理論提出更深入的哲學基礎，並可補強邏輯實證論、波柏、費爾本、夏皮爾等科學哲學家之以邏輯及科學史為基礎的論述。

換言之，歷代研究科學方法所提出的種種模式或理論，均是實現或認知「科學方法」這個對象的某些面相，而不是全部，他們所陳述的種種科學方法，都是全體的科學方法的一部分，過去種種理論的全部綜合再加上未來可能發展出的其他種科學方法，才更接近較完整的科學方法之整體真相。因此「科學方法」本身乃是不斷地修正、革命與創新，所以也不會有全然固定規則的「標準科學方法」。此外，透過上述理論，也可解釋認識過程與知識何以會不斷地修正、革命與創新。

第三，人類認識內存於自然中或任何客體中之對象之種種性質，往往只認識到一部分，而不是全部，當日後又認識到以前未認識到的

部分,即產生新的知識。也可說,經驗科學(如物理學、生物學等自然科學及社會科學)之所以會產生部分修正性或典範革命的理由如下:

因為經驗科學所再認知的對象,並不能夠完全展現出該對象之本性所具有的全部的形式,而只是認識一部分,故日後有其他科學家認知其餘未曾被認知的形式或對象的另一部分,就會使人們形成更豐富的科學知識,甚至由於對象結入於具體事件中,由於其結入方式的不同,或事件接受該對象的方式不同,而形成不同的關係對象,因而形成修正。但若後來,所認知的對象和原本認知的對象是互不相容,則形成科學哲學家兼科學史家孔恩所說的「科學革命」。亦即孔恩所說的典範(包含具有經驗性的具體範例)也是某些對象的部分和具體事件相結合的複合體。

若我們將對象理論普遍化到形上學的永恆對象理論,則更容易瞭解人文社會的理論與實踐之所以會產生修正或革命的理由了。人文社會科學所提出的種種理想社會的藍圖與其後的具體實現,都只是實現無限的永恆對象所構成的永恆理想世界的一部分,而不是全部,亦即永恆對象所具有的潛能性與理想性,只是被實現一部分,不只由理論所建構的人文社會的理想是如此,實際世界所具體實現的更是此永恆理想世界的更小部分,因而,既存的人文社會的理論與實際社會,均會由於人類與宇宙本有的創造力,而實現其所未實現的永恆理想形式,因而形成修正或革命,繼而創新人文社會領域的理論與實踐行動。

(二)大自然的雙重性質與柏拉圖、易經、華嚴哲學的對比

　　由第四節的分析可知，事件是具體的、可定位的、具有特殊性、個別差異性、是已實現物或現實、具有一去不復返的流逝性因而其有創新性、既不改變但也不是永恆、具有擴延性（以其他事件的某些面相作爲其自身的內在眞實結構，但同時也成爲其他某些事件的構成分）、有體積大小、連續性且不可認知。對象則具有某些程度的抽象性、普遍同一性、可能性、原子性（即不連續性）、永恆不滅性、可被再認知、是潛能、無體積大小、無擴延性且是眞的內存於具體事件中。以後我們若在懷氏著作中，發現有和對象相關或相類似的語詞時〔例如在形上學中所提到的永恆對象（eternal objects）、對象化（objectification）、客觀的不朽（objective immortality）等〕，它們也往往具有上述對象之涵義與特性，不過，由於語詞使用的不同，也產生某些意義上之些微差異。例如：當「對象」發展成「永恆對象」時，則特別表示爲一「純粹潛能」及「給予實際存在（相應於「事件」）以確定形式」之意。但是，過去已發生的事件，雖然相對於現在，已對象化、客體化，而成爲「現在的一種對象」，故大致上，也有上述對象與永恆對象的大部分意義與特性，至少都是「潛能」或「可能性」，而且也具有「對象」與「永恆對象」的「契入」活動，亦即過去已發生的事件可透過記憶、回憶而「契入」呈現於現在發生的事件中，但由於其已發生過，而已具有某種程度的具體性及限制性，因此只可視爲「眞實潛能」，而不是「純粹潛能」等等差異。其次，由「事件」理論發展成的第三期形上學中的具有刹那歷程特性的實際存

在或譯實際事物（actual entities）或現實事態（actual occasions）也具有「事件」的種種特性。若我們將上述事件與對象相對比的種種特性牢記在心，則對懷氏哲學更易於理解。

其次，可初步瞭解懷氏自然觀的基本特色：「大自然具有雙重性質，就事件這一側面觀之，自然是在創造的發展中，亦即自然的本質乃是不斷地生成（becoming）；就對象這一側面言之，即意指整個自然及自然中的任何存在事物也具有永恆不滅之性質，這個永恆不滅性使得自然可被再認知，而形成有關自然的客觀、抽象的科學知識或有關『自然的概念』。但每個時代的人，均只是再認知一部分，如此則（具體的）自然（按：由事件之攝受關聯所構成，其乃相對於既不新也不舊的對象而言），它總是不斷的日新」（PNK 98）。換言之，自然乃是變易中含有永恆不變，不變永恆中含有變易；這種對立不是矛盾，而是對比的對立之相互共生而成的生生不息之整體。上述懷德海的自然觀可和易經由陰陽對立的對比、共生所形成的「易簡、變易、不易、交易」❹以及「陰陽交感」的機體式、生生不已的生命宇宙觀，非常容易產生交感與相互擴延。詳細內容請參閱《中國哲學與懷德海》。該書除筆者的論述外，程石泉、沈清松、蔣年豐、鄭金川都對此方面的對比，提出精闢的論點。

底下，筆者將事件世界與對象世界之對比關聯，對比於柏拉圖的區分感官界與觀念理型界，其基本差異如下：

1. 柏拉圖所區分的兩個世界是截然二分，可孤立存在，但是懷德海則主張這兩個世界是不可二分，是渾然融爲一體，而且對象

世界是內存又超越於事件世界，由此而成爲整個大自然。

2.柏拉圖認爲感官界是幻相，永恆的觀念理型界才是最後的眞實，並由永恆的觀念理型出發去解釋變易中的感官界；但懷德海則主張具體變易中的事件世界才是最後、最眞實的世界，並由此出發去解釋永恆世界。

此外，懷氏事件與對象的哲學更相應於佛教華嚴哲學的機體宇宙觀與人生的智慧。例如：懷德海哲學中相互擴延、相互融攝的事件或實際事態之流所構成的刹那生滅的具體世界，即相應於華嚴哲學所說的「互攝、互感、相即、相離、一入一切，一切入一、一即一切，一切即一」的刹那生滅的「事法界」；而由對象與永恆對象所構成的抽象與理想世界即相應於「理法界」。事法界與理法界又相互融攝成理事無礙法界與理事圓融之智慧。其次，抽象對象必須內存於某個事件或實際事態中，才能具現或彰顯出對象與永恆對象之理想價值形式，而外顯出其眞實的存在，此即相應於華嚴哲學之「理若無事不顯」❶。反之，某事件或實際事態的確實發生，必須有某些對象之契入該事件或實際事態中，才會產生明確的形式或特徵；若無某一對象之內存或契入，則事件就無法顯出明確的形式（包含明確的形狀、眞、善、美、正義等價值理想或價值形式），而事件或實際事態也無法發生，此即相應於華嚴哲學之「事若無理不成」❶。若再將「事」強化成實踐行動，則形成台灣證嚴法師所主導的「慈濟功德會」所長期宣揚的「以事顯理」的實踐哲學，以及確實實踐「慈悲大愛」於慈善、醫療、教育與文化等四大志業的實踐行動。

筆者深信透過上述東西哲學更深入的對話、對比與會通，可使東西文化的大腦——哲學宇宙觀——作進一步的交易與互惠，以創新與提升世界文化，進而從根本上去促進世界的和平。這是懷德海創作其宇宙論的根源性的目的之一；筆者的著作與實踐行動亦蘊含此意，雖然它離現實世界仍然相當遙遠。

(三)與羅素早期認識論的對比與對整體真理的探索——哲學科學化與非科學化的整合

底下，我將懷氏認識論與早期羅素的看法作一對比，相信有助於理解雙方的基本差異，更有助於對整體真理的探索、並理解現代與後現代思潮的如何對立、以及如何融貫與如何邁向未來。

第一，在羅素早期所著的《哲學問題》（*The Problems of Philosophy*）中，曾將知識區分成關於事物的知識（knowledge of things）與關於諸多真理的知識（knowledge of truths）[17]。前者又區分成親知的知識（親身直接經驗到，而不是推理或抽象思考的知識）（knowledge by acquaintance）及「摹狀知識」（knowledge by description），「親知的知識」即相應於懷德海之有關「身體感受」、「體驗」、「感覺對象」之知識。摹狀知識乃相應於懷德海之「直接呈現表象」與「物理對象」（或指自然物體），此時，仍未經推理及高度抽象思考。羅素又將「摹狀知識」區分成「未確定摹狀的語詞或知識」（undefinite descriptions）（如一個桌子，但未明確指出是這個桌子或那個桌子）；「確定摹狀的語詞或知識」（如這個桌子，亦即the so and so，含有定冠詞）。

至於關於眞理的知識即是指經由推理或高度抽象思考而得的知識，諸如共相、抽象概念等，是偏重分析命題，而事物知識則偏重綜合命題。眞理知識乃相應於懷德海之「高度抽象的科學化知識」與「科學對象」，就懷氏而言之，這只是抽象的科學眞理，而不是最高級的具體整體的哲學眞理。甚至不能視爲「眞理」。

其次，羅素此期和懷德海最大的差異如下：羅素認爲「物理對象或物體」乃由「感覺與料」融貫組合而成。亦即藉「感覺與料」來摹述「物體」（或物理對象）。而且感覺與料（如顏色等）比物體〔即未經推理、抽象思考，故曰物理性的（physical）〕更單純。但懷德海認爲感覺對象遠比物理對象複雜多了。當人們描述物理對象或物體時，已遺漏了許多非常豐富的感覺對象與更具體的原始資料。這些被遺漏的感覺對象與資料往往無以名之，但確實是吾人身體經驗到外在事物時，所形成的種種感覺對象產生感受的原始資料的一部分，而且是非常重要的部分。懷德海在形上學（或宇宙論）所提到的最後眞實即嘗試描繪上述由物理對象、科學對象、甚至是感覺對象所不能包含的種種複雜的身體直接經驗到的一切事態，例如：身體主體所直接體驗到的渾然爲一體的身體感受及第二節所述之科學化所遺漏的事態。

第二，在懷氏機體形上學中，作爲科學對象的抽象形式的抽象電子，當其內存於自然界中的不同事件中時，所形成的「在時間之流中的不同事件中的諸多電子，由於和其所隸屬的全體所形成的關係並不相同，而這些關聯又構成該電子的內在眞實，因而諸多電子就形成不同的性質及作用，其所遵循的運動定律略有不同。亦即生命機體中的電子和無機物（非生命）中的電子是具有差異性的。」總之，科學所

研究所指的電子之性質（例如：電荷或任何數學表達）乃是抽離具體實存事物之種種攝受關聯後的抽象產物，故曰抽象電子，故具有同一性。這種抽象電子不等同於內存於實物中的電子事態。其次，內存於具體事件中的電子事態由於包含了前述之「關聯性」，而每個電子的「關聯性」均不同，因此，每個電子均產生差異性。但科學並未研究此種具體關聯性與具體差異性，故不夠真實。而懷氏哲學則研究此種關聯性與差異性，而補充科學之不足。不只電子如此，生物學等其他自然科學、社會科學、人文科學等運用抽象思考而研究的成果，均忽略了個體與個體、部分與全體之間的具體真實的相互攝受關聯、以及由此種關聯所產生的個別差異性。

上述是懷氏機體哲學的看法，但羅素則堅持科學的看法，電子在那兒均是同質且同一的，且是構成宇宙的基本元素之一。當科學知識突破了，我們才又跟著修正。但從懷氏角度看羅素，則羅素所說的電子乃是抽離具體事件之流，孤立存在的抽象形式或抽象的電子性，故具有同一性。但不是作為具體的終極真實的電子事態。由於實際上的電子或任何存在物必然內存於事件之流中，且因為全體的性質及部分與部分的相關性會影響置於此全體的此部分本身的性質，甚至其存在的本質，故電子事態與任何具體存在物必然具有個別差異性。

不過，科學知識並不需要像懷氏哲學必須考慮此種差異性。科學知識之所以有客觀性，即由於科學對象的同一性、非時間性、永恆性與非具體關聯性，這是科學追求的目標，透過此種同一性、非時間性、永恆性與非具體關聯性，我們才能建構客觀的科學理論系統。但也因此，科學理論是非常抽象的形式結構，此種抽象形式就如同枯乾

無血、無肉的骨架，而宇宙中非常具體的內容，就從此種非常抽象之科學結構中流失了。因而愛因斯坦指出：「科學最高的結構（筆者按：即指由科學對象所建構的抽象理論，如純粹的數學或數學物理學）乃是犧牲了（具體）內容來換取的。」⓭懷氏則曰：「具體世界經由科學之網孔中遺漏出去了。」（MT 18）

　　不過，我必須補充的是：這是指科學最高結構或科學理論，在「科學」的整個意義中，並不見得只包含最高結構或科學對象或科學之抽象形式或只是數學物理學中之數學形式。它也包含了許多具體的經驗內容、實例，透過這些經驗界可實證的例證或科學實驗又使科學理論和具體世界相接觸，並包含具體世界相當豐富的內容，雖然在孔恩所謂「典範」的強制影響下，任何科學理論所欲包含的具體內容是有限制性、有選擇性的部分具體內容，而不是全體宇宙的一切具體內容，同時和上述一切具體內容相比，科學所涵蓋的實證內容是非常的貧乏，但無論如何，「完整」的科學意義，並不全然只是抽象形式。換言之，哲學科學化運動（包含吸收科學實證的較清晰精確的科學內容或經驗證據，此處較清晰精確是相比於常識經驗或一般的未科學化前的身體經驗之內容）對吾人領悟人與自然的奧秘仍有許多非常重要的貢獻。這也是為何各種科學化的哲學會形成世界的主流之一，且綿延近百年，例如當代分析哲學、當代科學哲學、當代心靈哲學、羅素哲學、謨爾倫理學、維根斯坦早期哲學（他希望和非系統化、非抽象化、非科學化的、非理性化、且較強調具體性與差異性的晚期哲學合併出版，才更能認識宇宙與人生，不過後人往往只偏重一部分，而有違維氏本意）。

誠然，科學化的哲學仍然不夠充分，但是非科學化、反科學化、非抽象化、非普遍性、非理性化、非系統化的哲學又何嘗不是不夠充分。我認為將這兩者的對立視為不相容的或矛盾對立是不必要的。用懷德海術語，即還不如將上述對立視為一種和諧的「對比的對立」（contrasted opposites）（cf. PR 348），而形成一種共生關係，或相反相成的關係，或者將兩者整合，以創新出更高級的有機整體及和諧對比的整體。即使做不到和諧對比、整合及創新，最基本也要採取多元化的寬容態度，而不要心量狹窄的排斥對方、醜化對方、甚至斥責醜化對方「不是哲學」或「某種哲學死了」，甚至不讓對方擔任教職。

　　畢竟，人類邁向真理之途是多元化的，人必須學會寬容異己，才會使社會更進步、更和平。雖然有些人或有些宗教不贊成上述多元化的觀點，但我確實是如此誠摯地企盼。至少，實踐理性、愛與寬容，才有可能上天堂。一直在從事鬥爭及排斥異己或異教的人是沒有機會上天堂的。

　　第三，科學的目的乃是以簡御繁，但是在自然哲學中（非自然科學）， 它所要面對的整體的具體真實與大自然是含混不清、是複雜多元、是不確定的，但其中又蘊含著清晰、簡單單純、確定的形式，它充滿了弔詭（paradoxical）的事態，後者是一自明的真實。因而，當我們在尋求「簡單性」、「確定性」以便去清晰地說明它或理解它時，自然哲學家與科學家要切記懷德海所強調的「尋求簡單，但不要信任它」（CN 163）、「確切是偽造的」（ESP 96），因為簡單精確的表達固然是我們追求的目標，但卻容易使我們陷入以為具體真實就是單純、簡單、確定的片面思考。亦即具體真實並不等同於簡單精確的

表達所直接呈現與表面所呈現的事態，真實或大自然是複雜模糊的，我們只能矇矓的辨識它們，而非清晰的判明。相對的，羅素大半的人生卻因為堅信真理應該是清晰性、簡單單純性與確定性，且一直努力的在追求，也因此形成其著名的邏輯原子論之宇宙觀與邏輯分析哲學，而影響了早期維根斯坦、維也納學圈、邏輯實證論、卡爾‧波柏及劍橋分析哲學的開展，並在善惡、美醜清晰分明的世界觀之觀照下，不斷地爭取世界各地的自由民主、和平，以及奮力打擊邪惡與獨裁，進而創造了多彩多姿的人生。而懷德海的後期則浸潤於矇矓中帶些清晰的藝術與宗教改革的氛圍中。最後，上述羅素早期哲學及懷德海哲學、與哲學科學化與非科學化的差異，也是現代與後現代思潮的對立的關鍵之一。但無論如何，健全的哲學、文化與人生是上兩種面相都需要的，這也是未來思潮發展的趨勢。

註解

❶何伯爾（W. Hoerber）著，祁登荃譯：《哲學之科學基礎》（下冊），台
北：國立編譯館出版，大聖書局印刷，1972，頁425。另請參閱沈清
松：《現代哲學論衡》，台北：黎明文化公司，1985，頁97。

❷參閱方東美：《華嚴宗哲學》（下冊），台北：黎明文化公司，1981，頁
299-300。

❸方東美：《華嚴宗哲學》（上冊），台北：黎明，1981，頁494。

❹同上。

❺《中論》卷一，〈觀因緣品〉第1；《大正藏》，卷30，頁1，中。

❻莎士比亞：《哈姆雷特》第三幕，第四景。Shakespeare, The Complete
Works, ed. by G. B. Harrison, Harcourt,（Bracf and Company, 1973）p.916.
Hamlet, Act III, sc.iv, 155-169.

❼方東美：《華嚴宗哲學》（下冊），台北：黎明，1981，頁406-8及其後。

❽關於「對比的哲學」，請參閱沈清松：《現代哲學論衡》，台北：黎明文
化公司，1985，頁1-24。

❾關於此事件與對象關係與區別，除了參考懷氏原著PNK及CN外，並請參
考William A. Christian: *An Interpretation of Whitehead's Metaphysics,*
（Connecticut: Greenwood Press, Inc., 1977）pp.176-189. Robert M. Palter:
Whitehead's Philosophy of Science. 2d. ed.,（Chicago: The University of
Chicago Press, 1970）p.27.

❿W. A. Christian: *An Interpretation of Whitehead's Metaphysics,* p. 83.

⓫M. M. Bakhtin: *Toward a Philosophy of the Act*（Austin: Univ. of Texas

Press, 1993）pp. 2-5, 7-8, 10-19, 38-41.

⑫張巨青，吳演華《邏輯與歷史──現代科學方法論的嬗變》，台北：淑馨，1994，頁168。

⑬P. K. Feyerabend, *Against Method,* (London: Verso, 1990）pp.2, 14, 249. *Science in a Free Society,* (London: New Left Books,1978）pp.39-40, 88-91, 98-100, 106-725.

⑭此處的「易簡、變易、不易」是鄭康成對「易」的詮釋，「交易」是焦循所提出。參閱郭文夫：《思想論集》，台北：全賢圖書出版公司，1993，頁17及268。

⑮方東美：《華嚴宗哲學》（上冊），台北：黎明，1981，頁494。

⑯同上。

⑰B. Russell, *The Problems of Philosophy,* (Oxford UP, 1912）p.25.

⑱巴涅特著，楊葆樑譯：《愛因斯坦與宇宙》，台北：廣文書局，1970，頁142。

第五章

從科際整合、自然二分及簡單定位論事
件與機體理論

前言——有機關聯與科際整合的數種模式

以相互關聯、剎那生滅的「事件之流」或「實際發生的事態」（actual occasions）去補強或解構西方傳統形上學中獨立自存、永恆不滅的靜態實體之理論，是二十世紀非常重要的思潮之一。最早提出此理論者乃是懷德海及羅素。而本章即是要透過懷德海所提出的自然二分、簡單定位與筆者的科哲觀點去批判近代科學思想、科學唯物論及近代哲學中洛克（John Locke, 1632-1704）的初性、次性的二分與「物質的不可入性」等理論，並積極地由身體直接經驗出發，去建構事件理論與機體哲學，以融貫各種分殊知識。以機體哲學觀之，則這種廣博圓融與科際整合的知識才是最高級的知識與最高級的真理。

懷德海在形上學或宇宙論的成熟期自稱其哲學為「機體哲學」。其基本意義如下：

第一，宇宙萬有的任何存在及其任何的剎那活動歷程，以及所產生的作用，皆是相互關聯、相互影響的，因而形成一種相互交錯、且不斷演化創進的複雜、立體之網絡或天羅地網，此種關聯或網絡乃是透過各種不同類型的「攝受」（prehension）活動所形成的。遙遠的事態對當前的影響雖然不是很大，但還是多少有些正面負面的影響。

這種事態或世界觀就如方東美在詮釋華嚴經哲學所說的：「整個世界上面的人類同一切的存在，像光一樣地互相映照、相即相入、互攝重重地『交光相網』，或者像水與波一樣地『交波相融』，波波皆爾，互相含攝，波紋復現波紋，而無窮無盡。」亦即如印度人所說的

「帝網」❶。

上述之天羅地網或網路的關聯非常類似今日電腦科學所發展出的網際網路。透過健全的網路，我們可由一台電腦出發去攝取全世界許多的資料，理想化一點，則如宏碁與華碩電腦在廣告上，借用華嚴哲學的術語，所說的「一中知一切」❷、「一切在一中」。懷德海的機體哲學更是主張如此，或說未來更完美的網際網路乃是機體哲學（包含懷德海與華嚴哲學等）「一攝一切，一切攝一」、「一入一切，一切入一」、「攝一入一，攝一切入一，攝一入一切，攝一切入一切」❸等攝受理論的一個例釋。

不過，我們要注意的是：每一事件與其他事件的相互關聯所構成的有機關聯。在科學哲學時期，懷德海稱此種相關聯為一種「擴延關係」。但到了系統形上學前奏期，一方面「事件」與「實際事態」兩種語詞交互使用，而且其關聯的形式，若是指描述當前事態和已發生的過去事態的關聯，則使用「攝受」一詞，且蘊含因果效應，但仍不是「相互攝受」；若以將過去攝入並帶到現在，並已經內存於現在，且已成為現在的內在構成分，而成為攝受統一體時，則此有機整體的各成分乃是相互需求、相互攝受，則此種有機整體即稱為「集結」，若此集結享有秩序，則稱為「社會」。但是和該當前事態「同時」發生的其他事態的相關聯，則使用「擴延」來描述，但卻因果獨立。由此而形成更完整的「一攝多、多攝一」或「一攝一切或一切攝一」的有機關聯之論述。至於有關如何攝受的細節，筆者將在《存在、價值與生命》中細述。

第二，人類研究宇宙中某些特殊領域的某些特殊事態，即形成種

種分殊知識與分殊學科（例如：數學、物理學、生物學、精神科學、道德、藝術、宗教信仰……等），但由於宇宙萬有是密切相關，因此，上列各種分殊知識與學科也應當密切關聯，而可相互融貫，所以各個部門的知識（即各種分殊學科）並不可能相互孤立；因此，機體哲學的機體性在知識論的意義之一即是打破各種孤立系統的截然分離，以便融貫各種分殊學科與知識，以及各種精神價值領域的知識（如善、美、正義、和平等），而形成非常廣博圓融的整體知識，以形成科際整合。

關於科際整合各門學科的方式如下：

1.化約論（reductionism）的方式，尤其是哲學上有關方法論與語言上的科學統一與科際整合。在科學上，可將生命現象化約至物理理論，亦即用物理學的原理去解釋生命現象。而使物理與生物學相關聯。由此，則形成「生物物理學」。其他如生物化學、生理心理學、病理美學……等均屬之。在哲學上，則將任何領域的研究方法與語言都化約至科學方法與物理語言（包含數學語言與事物語言），則形成邏輯實證論，尤其是卡納普著名之「泛物理論」（physicalism）。這也是當代喜歡研究科學方法論的科學哲學家所喜歡研究的，此研究方向一直到今日仍然是英美的主流思潮。雖然此法確實有其侷限性，但對人類社會也有許多貢獻。關於此，請參閱筆者所著之《邏輯‧民主‧科學——方法論導論》及《邏輯與科學哲學——方法論與宇宙論》（自印本，1987）。懷德海與羅素均有各自的科學哲學，但他們

都一方面積極吸收當時最新的科技知識，但另一方面又指出科學方法的限制及科技知識所可能產生的流弊。誠然，對科技及科學方法的負面批判，在當代人文學界討論相當多；但有能力積極回應且充分吸收科學性及科技知識，以建構新哲學的哲人們，則除了後起的科學哲學家與分析哲學家外，就以懷德海與羅素最有大規模的成就。但早期科學哲學家卻忽略了負面批判科技知識本身、科技思維方式、科技本質、科技文化所可能產生的某些流弊。但懷氏與羅素則正負面均有之。

最後，依懷德海型的強調具體性與有機整體性的哲學，則批判上述化約論式的整合或科學統一運動，乃是抽象的整合、而且太過於簡化；相對的，羅素則充分運用，但又保持合理性的科學態度，除了指出科學方法的限制（例如在處理價值領域時會產生缺憾），另外，則等待科學知識的進一步發展，以便作科學化的修正。

2.形上學或形上宇宙論式的整合與融貫：此即懷氏機體哲學所採用的方式。這種方式是反對將多元複雜的具體世界化約成單純的數學、物理學、生理學等科學去解釋。相對的，它由身體的直接經驗出發，透過形上學的研究成果（即科學背後的原理、源頭），而以具體的事件、實際事態、機體（即事件與事件相互有機關聯）的理論為基礎，去融貫各種分殊學科，並使各門學科獲得價值定位。後者也是建構形上宇宙論的目的之一。但若以形上學的抽象普遍性為基礎，則形成亞里斯多德式的科際整合。但若強調具體普遍性與特殊性的共存為出發點，則形成

懷德海機體哲學式的具體化的科際整合。

3. 在教育上與學術研究上，採取數個系合開一門課程或共同研究的「跨科系合作或協調（interdisciplinary cooperation or coordination）的方式，這種方式乃是對同一個問題，由不同的學問、不同的角度去論述。若參與者的通識、融貫與協調能力非常強化，則依懷德海的機體哲學，則許多對立的領域與研究成果即有可能被整合與融攝成一和諧的有機整體，而形成廣博圓融的知識與科際整合。此即「多（指各個分殊學科所分別提出的解決同一個問題的『多』個方案）攝一（指融攝成較周延的『一』個具體可行的方案，以便去解決同一個問題）」的教育與科際整合方式之一。這種方式乃是懷氏機體哲學的應用。

4. 與「多攝一」相反相成，我們也可採用「一攝多」的教育與研究方式，亦即只要教育或研究工作者對某「一」門學科非常專精，且有能力透過此學科的延伸而密切關聯到其他諸「多」領域，則透過任一專業領域的發揮，即可形成科際整合。甚至做到英國浪漫派詩人布雷克（W. Blake, 1775-1827）所說的❹：

> 「一粒沙看一世界，
> 一朵花中看天堂，
> 在你手中掌握著無限，
> 在一小時中抓住永恆。」

這種方式也是懷德海機體哲學在教育上與科際整合的應用。筆

者在教學與著作上也經常朝此方向努力。只是教育者的通識能力必須非常強化，否則「一粒沙還只是一粒沙，一朵花也只是一朵花，根本看不到整個世界，也看不到天堂，更掌握不住無限與永恆」。

上列各種研究方式均有助於吾人從更多的角度去瞭解宇宙人生的整體真相，也有助於社會的改革，吾人實在不需要以狹隘之心排斥其中任何一種方式。

在本章中，筆者將由十九、二十世紀物理學與生物學的發展，指出事件與機體哲學的迫切需要，亦即，唯有使用事件與機體的理論才能詮釋近代物理與生物學所提出的種種新資料、新事實與新理論。也可說，本章的重點之一乃是要闡明懷氏如何以事件與機體理論為基礎去詮釋各種存在領域中之種種現象、活動與本質，以及融貫與上述各種存在領域相應的各種分殊知識。但本章所欲嘗試解釋的存在世界與所欲融貫的知識領域，僅限於數學、物理學、部分生物學及相應的存在世界。至於如何融貫心靈、精神、價值等領域（如宗教、藝術、道德等）的知識及相應的存在世界，則必須參閱筆者著《懷海德哲學》與《存在、價值與生命》。

為了達到上述目的，懷德海乃採取「破中帶立」的方式去建構其哲學。其「破」乃是提出「具體性誤置的謬誤」，去消極地批判十八、九世紀及二十世紀初葉的牛頓物理學、近代科學方法與科學唯物論所蘊含的缺憾。此處的科學唯物論乃意指把牛頓物理學的物質觀念視為宇宙終極的真實，並把其抽象的科學方法轉化成其建構哲學的方

法。其「立」乃是在批判的「同時」，積極地從人生具體的直接經驗出發，並配合自然科學的發展，尤其是物理學與生物學的新發展，積極地提出「事件」與「機體」理論，以便進一步建構其宇宙論，藉以嘗試解釋與融貫人類一切經驗，及透過機體形上學式的科際整合，去嘗試融貫一切分殊學科，使人類所經驗到的一切元素與分殊學科的分殊知識都成為懷氏形上學的例證，以建構廣博圓融的高級知識，由此而形成其機體哲學。

但為了使讀者更深入、更清晰地理解懷德海機體式的科學哲學及其如何批判近代科學方法、牛頓物理學與科學唯物論的缺憾，筆者乃透過多年來研究科學哲學、牛頓物理學及其使用的數學工具（如微積分等）、科學方法與科學的結構的部分心得去詮釋與補充懷氏之不足。最基本的即是將科學的結構區分成經驗資料（包含起源資料與實驗證據）、定律、理論、基本設定（postulate）、預設（presupposition）或形上預設（metaphysical presupposition）諸層次，以便去論述科學的部分本質與懷氏科學哲學中更深層的結構。

所謂「基本設定」乃蘊含了建構理論者的要求其為真的意味，故往往蘊含某種程度的主觀性，而且它的內容已被人使用文字具體的陳述出來，但是並不一定被參與討論者與使用該理論者全然地同意。而「預設」則是在該外顯的理論中，並沒有用語言文字具體陳述出來❺，但參與討論者可能已自覺地同意且不斷地自覺地使用者，但也可能是不自覺地同意而不自覺地使用著。科學上或人類種種學問上的預設往往是一個時代或自古以來的長期思維習慣所蘊醸而成。通常人類某個時代的思潮及社會結構所隱含的預設，若被揭露，並予以批評及

修訂，甚至全面放棄，往往其後的時代思潮及社會結構會產生大規模的變動，繼而演化成另一個新的時代思潮及新的社會。

　　就基本設定而言，牛頓本人雖然說：「吾不作假設（hypotheses non fingo）。」他的意思是指他所發明的定律是由實驗導出。但從牛頓的整體物理理論觀之，仍可發現其有許多基本設定與形上學的預設。其基本設定如下：物質微粒說（即粒子說，此乃相應於物質的波動說）、絕對時空觀、以太、超距力、瞬時加速度。其中的物質微粒說與絕對時空觀是最根源性的兩大基本設定。關於此，我將在第三節中論述懷氏對牛頓物理學及科學唯物論的批判，除了採用與人生最具體、最直接的經驗相對照的方法外，另外吾人也可認為懷氏乃是採用「預設揭露法」（exposition of presupposition）❻去建構其哲學，亦即筆者認為我們可將懷氏在批判近代認識論，所提出的「自然二分法」（Bifurcation of Nature）及簡單定位（Simple Location）視為牛頓物理學與近代科學、科學唯物論及那個時代的科學方法的兩大預設，關於此，我們將在第四節中討論。當然懷氏採用「預設揭露法」不只應用於揭露與批判上兩項預設，也同時運用於傳統數學、物理中所使用的點、瞬時、時空等觀念的批判，並形成著名的「擴延抽象理論」，此理論將於第二節中討論。

　　由於懷氏所批判的科學唯物論及洛克等經驗主義的知識論主要起源於十七世紀的以牛頓物理學為主導的近代自然科學。因此，筆者在第一節中，乃先討論牛頓物理學及近代科學的研究方法。並指出科學的部分本質——孤立性、修正性、抽象性、近似性，並相應的提出積極的補救之道。在第二節中，則論述如何由事件、歷程、機體與擴延

抽象理論去融貫數學中之算術、代數與幾何、生物學知識及詮釋相應的存在領域。第三節則批判牛頓物理學及科學唯物論的兩大基本設定——物質粒子說與絕對時空觀的缺憾，並積極的建構以事件理論為基礎的多重時空觀。第四節則批判牛頓物理學、近代科學方法及科學唯物論等領域在方法學、知識論與形上學的兩大預設——即「自然二分法」及「簡單定位」——的缺憾，同時也批評洛克初性和次性的二分理論及機械論與泛活力論之缺憾，並積極地建構「有機機械論」（organic mechanism），以彌補上述缺憾，以便融貫與詮釋物質世界與生命世界的存在活動與相應的知識。在結語中，則反省、澄清、批評與補充懷氏的科學觀、知識論與自然觀，同時指出目的性的重要性。

第一節　從批判牛頓物理學及近代科學方法論機體理論的起源

(一)孤立性、修正性、抽象性、近似性

關於科學論述的抽象性與抽離性，我在第四章已論述甚多，在下文，我將進一步論述科學的孤立性。

牛頓物理學或近代自然科學的研究，剛開始時即把原本為一體的整個大自然，切割成好幾個孤立系統，各系統在開始研究及研究過程中，是可以毫不相干、互不關聯，甚至研究成果也可以毫不關聯。

首先，即是人與自然兩個系統的截然二分，而形成人是外在於自然，且自然是可以獨立自存、也是純客觀外在的實在。

其次，又將外在自然劃分成有生命的系統和無生命的物質系統，

後者即屬物理學的範圍。然而，牛頓物理學又在開始建構理論時，把時間系統與空間系統截然二分。然後又把物質系統分割成力學系統、電學系統、磁學系統、光學系統等數個孤立系統。而每個系統剛開始時，都可獨立自存、互不干涉、而各自孤立研究。其研究過程乃先搜集在某個孤立系統內的經驗資料（empirical data），但我們必須注意的是：這些資料只是此系統中「許多」的經驗資料，而不是此系統中「一切」的經驗資料。而後再從這許多資料中，歸納出此孤立系統的規律性，然後再進一步定量成為數學公式，此即種種物理定律（physical law）；其後，就如吳大猷所說的：「又再透過物理學家的想像、直覺及創造力，藉著數個基本觀念──這些觀念即叫作原理（principles）或基本設定或譯為要求（postulates），來把這些個別孤立系統的定律，連結為一整體，此即架構了物理理論（physical theory）。」❼讀者要注意：此處我採用吳大猷的看法，暫時將基本設定與理論作區分，以方便討論。

　　底下，筆者即就經驗資料、定律、基本設定與理論、以及預設或形上預設等各層次，去分別論述科學的修正性。

　　就經驗資料而言，可能因為日後實驗或觀測工具與儀器的更加精良而加以修正；此外，經驗資料也隨著日後的搜集而增加，而可能干擾了舊理論，甚至因此而必須修正。

　　就定律而言，它是由某些孤立系統的經驗資料歸納而成，其可能遭受修正的理由如下：(1)可能由前述之經驗資料之修正，而加以修正；(2)定律被發現之方法，乃是搜集許多經驗資料來加以歸納的歷程，但是此處所歸納的資料乃是「某些」經驗資料，而不是一切經驗

資料，亦即不是具有必然性的「完全的歸納」（complete induction），而是不完全的歸納。以此觀之，則已具備了修正性的可能；(3)此系統經驗資料的增加，若預測值與實驗值的誤差過大，而形成反例或異常現象（簡稱異象）（anomaly）的數目過多或某些反例或異象雖然不多，但卻關鍵性地干擾著某舊定律，則此定律也可能因此，而必須修正；(4)可能由統一各定律的理論之遭受修正，而定律也必須修正。

就理論或基本設定而言，其可能遭受修正的理由如下：

1. 由於前述經驗資料的修正而產生。

2. 由新理論所科學預測的物理現象中，其中有些現象是可用當前已有的實驗儀器及配合種種客觀條件，即可做實驗；萬一，實驗結果和理論預測值相符合或誤差比舊理論的預測值更小，則此新理論比舊理論更為成功，必要時舊理論即全然放棄不用了。但是我們要注意的是：此種對新理論的實驗只是所有理論預測中的數個實驗而已，並不是意味著，所有的新理論所可能提出的預測都全被實驗了。也許日後有更精密、更進步的實驗儀器再配合種種客觀條件，而可實驗以前所無法實驗的物理現象，結果發現和理論預測值誤差太大，則此新理論在邏輯上就如波柏所說的被否證了，如此就必須設法再修正此新理論。當然也可能與實驗值相符合或誤差仍比舊理論小，如此則無須修正。換言之，此理論在心理上，其印證性程度更強化了，而人們也由於在心理上對其較有信心，而更勇於對此理論予以運用或應用。但無論如何，誰也不能保證此理論一定能通過日後的

種種實驗。總之，理論並不是必然為真，而是等待著被否證或被修正，但未被否證或修正前，我們則暫時接受它，並一直依循其預設、其基本設定、研究方式、甚至是科學共同體的共通性的價值觀與形上宇宙觀，去細節化地研究該理論，以使其更精密且更能充分應用它。此即形成科學哲學家兼科學史家孔恩（T. S. Kuhn）所說的「常態研究活動」。

3. 有時發現新且重要的物理現象或異常現象發生，而舊理論又無法解釋，則此舊理論就有待修正，繼而嘗試建立新理論了。

4. 有些理論預測幾乎無法作實際實驗或觀測，如宇宙有多大？其質量密度為何？地球中心是什麼成分？……等，這些只能臆測（conjecture）或作思想實驗，因此，物理學發展至此，更是眾說紛云，其修正性更大。至於較成功的理論即是能使舊有的理論成為新理論的一個特例或是一種理想狀況，若能如此，則表示此新理論的有效範圍更寬廣、更普遍，當然是更成功的理論。若不能做到上述，則只好發展新的基本設定、新典範，甚至形成孔恩所說的「科學革命」，此時，就不只是單純的修正了。上列所述乃是科學理論之具有修正性的最重要理由，至於其他次要理由，暫時存而不論。

科學理論必須能更精確地解釋已知的物理現象，同時又要導出或演繹出舊理論所沒有導出的更多推論，或者導出比以前更精確的預測，當然也要導出或預測出一個或數個可供當前儀器去作實驗的物理現象，然後經過日後的實驗，如果證實比舊理論的預測值更準確，則

此理論就比舊理論更真或更成功、也更容易被人們所接受，如此則可以把舊理論暫時放棄；但是新理論若是誤差比舊理論大，則設法修正此舊理論、舊定律或舊基本設定，若是無法修正，則予以放棄，重新建立另一個新的理論。物理學即是如此地向前發展。

然而，修正理論的某些部分，並不意味著，其基本設定與形上預設就必然必須修正，它們可能會被修正，也可以不需要修正。例如在量子論的發展史中，當量子論發展至後期量子力學時，波爾理論（Bohr's theory）已被修正了，但是波爾理論中的三個基本設定，如穩定態（steady state）、頻率條件（frequency condition）與對等性原理（Correspondence Principle），卻沒被修正，而仍被保存且繼續被使用，此種修正，依筆者看法，並不宜視為孔恩所提出的「科學革命」。

但基本設定與形上預設若修正，則必然表示整體理論被修正，甚至可能形成「科學革命」，而不只是修正。以牛頓物理學和近代物理的發展為例，當牛頓物理學的基本設定被近代物理所修正，其整個理論也都修正了，由於這種基本設定的修正乃是根本性的修正，因此，這種修正可視為「科學革命」。

至於預設比基本設定更少修正。誠然，自然科學中的形上預設也可能經由下一代或該時代的科學家或哲學家的揭露及予以清晰的文字陳述，然後加以批判或修正，但也可能陳述後，由於找不到更好的形上預設或方式來取代，因而縱然發現其缺憾，而批判之，但仍未修正，而持續被許多人使用。例如本章第四節所批判的「自然二分法」及「簡單定位」即有類似狀況。總之，其修正性的機會比基本設定要

小，但仍可修正。

綜上所述，可瞭解：基本設定或原理、物理的理論、甚至經驗資料與預設均具備了修正性，而其修正的可能性，乃由上而下，依次遞減。因此，物理理論乃如吳大猷教授所言：「它不是終極的真理（ultimate truth），它只是趨近的真理（approach truth）。」❽不過，上述「趨近真理」的真理觀，在科學哲學的發展史中，只有早期維也納學圈、邏輯經驗論之卡納普（R. Carnap）及筆者比較接受；至於其後之批判理性主義者卡爾‧波柏（K. R. Popper）以及力主科學典範不可共量性的孔恩、費爾本（P. F. Feyerabend）等均不主張科學乃「漸近或趨進的真理」。至於自然科學其他部門以及人文社會之科學化，由於也努力朝向物理學的定量、實驗等研究模式去發展，但由於比物理學更複雜，因此更常在修正。至於人文及社會學科是否愈修正，即愈接近真理，又是見仁見智了。

不過，我必須提醒讀者，哲學也是具有修正性❾，即使懷德海及其他喜歡討論存有論（或本體論）的哲學家（如海德格），以及傳統討論普遍形上學的天主教哲學家或古希臘的柏拉圖、亞里斯多德⋯⋯等，也都有待後人批判與修正。甚至宗教信仰中的「神」，更常由於哲學家的批判與詮釋、以及時代的演化與需求，而常修正，換言之，神的概念也在不斷演化中。依此，懷氏所提「具體性誤置的謬誤」的理論也都有被批判與修正的可能。所以，人們對於任何的自然及人文社會科學理論、哲學理論、宗教信仰，絕不能抱有理論發展到此即是終極圓滿的獨斷態度；相反的，也因為其具有修正性，才使人類始終有機會繼續創新理論、產生新知識，而表現出人的偉大。

由於在物理學或許多科學部門中，微積分是相當重要的數學工具。所以在下文中，筆者即從古典物理所使用的微積分來論述科學的近似性。

　　筆者發現：當牛頓或萊布尼茲（Gottfried Leibniz, 1646-1716）在定義微積分時，已經是使用了無限趨近或無限小的觀念，這無限趨近也是抽象的，是一種過分理想化或過分簡單化的過程。就其應用在牛頓物理學時，例如：定義瞬時速度為

$$V = \frac{ds}{dt} = \lim_{\triangle t \to 0} \frac{\triangle s}{\triangle t}$$

　　其中 $\triangle s$ 是距離，而 $\triangle t$ 是所經過一段時間，v 是某點的瞬時速度，像這種定義瞬時速度的無限趨近的抽象過程，實際上是具有近似性的性質（approximacity）。「無限趨近於零」，原本不應等於「零」，而是一段時間，但是就瞬時或某點的瞬時速度而言，計算時又是把它當成零。同樣的，「瞬時加速度」的定義方式也是如此。再如，我們計算

$$\lim_{n \to \infty} \frac{n+5}{n} = 0$$

　　本來 n 只是趨近於無限大，絕不是 n 等於無限大，但若只是趨近無限大，則上式並不會真正等於零，總是還有個小數字。然而為了方便運用，尤其是牛頓物理上的應用，即把 n 看成差不多等於 ∞，甚至用等於 ∞ 去計算，因此上列運作的結果只是一種近似性的結果。而「無

限小」、「無限大」均是抽象的數學觀念或懷氏所說的高度抽象的科學對象,「無限趨近」也是一種抽象的數學過程,並不是具體的事實。換言之,微積分乃是具有抽象性與近似性。所以,由其所引伸發展而出的微分方程等其他相關的數學分支及應用到物理學亦復如是。亦即,牛頓物理學或古典物理學的出發點即是建立在此種無限小、無限大、無限趨近與近似性的抽象基礎上。例如:把數值非常小但也是有定值的蒲郎克常數當作是零,而把數值相當大,但也是有定值的光速看成是無限大,並由此產生了「現在是瞬時」的理論。而牛頓物理學或古典物理即把此種理想狀況或抽象的對象——瞬時——作為基礎,去定義許多物理量。總之,自然科學的研究在計算時為了方便,往往取近似值,因此,自然科學的研究結果與真實相比,往往只具有近似性。關於懷德海對微積分、偏微分方程等數學的進一步批判,可參閱吳金星〈懷德海歷程觀〉(1997,東海大學哲研所博士論文)。

從上述可瞭解,牛頓物理學及各種科學化的過程與結果都包含了相當程度的修正性、近似性、抽象性,就此而言,科學所論述的真實乃是近似真實且是抽象的真實形式,科學化的真理乃是「近似真理」與「抽象真理」,而不是具體完整的真理,而有待修正。然而,科學唯物論依舊將此種待修正的且有近似性、抽象性的牛頓物質理論當作具體事實或終極真實,並以此為基礎,去建構哲學,因此犯了具體性誤置的謬誤。

底下,筆者進一步論述孤立性的哲學意義。就孤立系統而言,其包含下列三種意義:

1.本文開頭所描述的孤立系統，即物理學內部所區分的力學系統、電學系統等。此種孤立系統在開始研究時乃是互不相干，各自獨立。雖然物理學家也嘗試將上述種種孤立系統予以融貫，但這只是一種抽象的類關聯，而不是具體的關聯。

2.就整體人類知識與整個大自然而言，人們往往將其區分成物理學、生物學、心理學、價值科學、精神科學等孤立系統及相應的存在領域，然後分別孤立地去研究，而形成了各種劃界的知識。就如方東美所說的：「這些孤立系統仍是在整個學問上劃地自封，要講物質就不講生命，要講生命就不講心理，要講心理就不講精神、不談價值，所形成的知識就是劃界的知識（demarcation knowledge），因為它先把研究的對象安排在一個孤立的系統裡面，然後再根據那個孤立的系統，來設計出一套特殊的方法，產生特殊的科學成果。而這個特殊的方法與結果僅能應用在那個系統裡面，如果一超出那個範圍就失效了！」❿但是就具體事件或實際存在本身及其發生過程而言，它都是同時整合了上述數個領域才會發生，因而上述各個領域均無法單獨具體存在，此外，在不同事件或實際存在中，各個領域所占有的比例也不同。以活生生的人為例，他包含了物理學所研究的「物質」或「能量」等物理結構與活動，也包含了生物學上的細胞或生命，以及心靈精神與價值，因此必須整合與融貫上述各層次，才構成較完整的有關人及其活動歷程的整體真知識，其中又以生命性、心智力量與精神價值所占的比例與影響最強化。亦即就具體的活生生的人而言，上述物質、細胞、

胞、生命、心靈、精神、價值均無法離開具體事件——人及其活動歷程——而單獨存在，而且更強烈外顯出生命性、心智力量與精神價值的存在。由不同成分的影響與比例，就形成整體宇宙的種種存在層級，但各層級又相互具體關聯，並相應的形成融貫成一有機整體的整體真實與知識，此即懷德海所論述的有關形上宇宙論的知識。綜上所述，上述孤立的各分殊學科所論述的，若與最具體完整的真實與上述形上宇宙論的知識相比，均是具備了高度的抽象性與孤立性。

3. 人們為了科學化研究某個對象或問題，經常把該對象、該問題與其他對象與其他問題或某段時空孤立起來，亦即此對象、此問題、此段時空乃和其他對象、問題或時空毫不相干，然後去研究此孤立系統中的規律性，此即在本章第四節中將討論的「簡單定位」的一例。

　　總之，由於科學的本質乃具備了修正性、孤立性、抽象性及近似性，因此我們又如何能將這些具有較大修正性、且具有較高抽象性及近似性的理論、基本設定或定律，當作是具體宇宙人生的終極真實或是最具體的真實，而以此為出發點去建構哲學呢？若如此，則犯了懷氏所謂「具體性誤置的謬誤」，而科學唯物論者即犯此種錯誤。因此，懷氏乃一方面從近代物理對牛頓物理學的修正得到靈感，一方面針對上述諸種抽象性等缺憾提出補救之道，而提出不同於上述科學方法的哲學方法，以建立事件與機體哲學，此即下文所要論述的主題。

(二)積極建構機體哲學

　　針對（一）所述有關近代科學論述之修正性、抽象性與近似性的真實，誠然，晚近物理學也發展出一種以公設法為基礎所建構出來的公設物理（axiomatic physics），亦即建構一純粹的演繹系統，以求其必然為真，只是其成功與否，仍有待考驗。但就懷氏而言，公設物理仍具有抽象性，哲學並不應該採用上述數學式的公設法，他認為「哲學乃是對抽象的批判，其功能如下：(1)使各種抽象事態相互和諧並使它們獲得正確的相對地位（亦即使諸種抽象領域的種種分殊知識獲得價值定位，而不要超出其適用範圍）；(2)藉著將抽象結果去直接對比於對宇宙的更具體直觀之所得，以便使抽象領域更整全，並藉此促使思想體系更整全圓滿。由於上述的對比具有非常重要的價值，因此偉大詩人的證言就顯得非常重要」（cf. SMW 87）。也可說，哲學必須「運用各門科學中明顯的證據（evidence），而且必須訴諸人類具體的直接經驗，它使（具有高度抽象性的）科學與具體事實相會」（SMW 87）。由於此類型哲學的建構係透過科學明顯的證據和具體直觀之相配合，並使科學與具體事實相會，所以此種哲學的抽象性與修正性比上述純粹科學理論、基本設定、定律更弱化。此外，人類的具體直觀或具體的直接經驗，由於不涉入抽象思維推理，因此，此種哲學又比各種抽象科學與其他類型的哲學更具體化，而避免高度的抽象概念化。

　　綜合言之，由上述方法所建構的哲學往往修正性較低、較具體化及更近似最後的具體真實。而懷德海認為透過此種具體的直接經驗所

正在感受到的最具體、最後的真實，即是「某些事情正在進行著、正在發生著」（CN 15），此即「事件」在懷氏科學哲學中最原初的定義。

針對物理學內部的孤立系統，雖然物理學家也是嘗試打破此種孤立系統，以建立相互融貫、相互關聯的物理理論。例如：愛因斯坦即嘗試發展統一場論（Unified Field Theory）來統貫電磁場與萬有引力場，但至今並未成功。就以今日物理學的發展，其最大的統一或統貫乃是要把電磁力、重力、強作用力及弱作用力等四種力融貫統一起來，但尚未成功。

但就懷德海哲學觀之，即使有一天物理學「真的」使用抽象理論去融貫各個物理內部的各種孤立系統，懷氏認為仍有下列兩點需要批評，並相應的提出積極補救之道：

1. 懷氏認為科學內部與科學化的關聯與融貫「只是抽象對象的融貫，只是抽象的因果關聯，而不是具體終極的因果關聯」（cf. CN 41）。蓋物理學或科學乃是由身體直接經驗中的最具體完整的世界抽離出部分事態去高度邏輯分析的抽象成果，也是孤立於人的某些價質活動，所產生的孤立化與抽象化的概念之成果。所以，科學中所論述的因果關聯只是高度抽象且過於簡化的因果形式，只是對象間的因果關係，而不是事件與事件間的具體實質的因果關係。後者乃是以「一攝多，多攝一（一被多所攝）」的「多因生一果」、「一因生多果」、「多因生多果」……等多元且複雜的方式去形成因果關係，而非科學中的「因

為A，所以B，因為B，所以C……」的單純直線型的推理與因果關係。此外，科學所論述的乃是只知其然或某種抽象層次的所以然，而不知其完整的終極或最後的所以然。此種較完整的終極所以然，即指科學背後的原理、形上預設與基本設定。對這方面的深入反省與批判，即屬於哲學研究的領域之一〔例如：形上學、宇宙論、知識論、科學哲學（此乃方法中的方法，或從後設角度反思科學方法之所以成立的正當性或理性根據所形成的科學方法論）均屬之〕。因此，懷氏乃針對上述物理學內部的孤立性與抽象性，運用了前述「人生最具體的直接經驗與更精確的具體的科學證據」及想像普遍化等方法，去探究較完整的終極所以然，而提出了最基本單位既不是物質，也不是波動、力等抽象的科學對象，而是具體且相互關聯的事件之流，然後以此來詮釋科學、來統貫上述多種層級的抽象孤立系統，以形成其機體哲學的雛型。關於此，在下一節中將有較詳細的闡明。

2. 懷氏不只批評物理學的統貫不是具體的關聯，他又進一步認為它依舊和純數學、生物學形成另一種孤立系統，但即使自然科學各分支又透過物理與數學的語言與原理去融貫，但也仍然孤立於心理科學、精神科學、價值科學，而形成另一種孤立系統，甚至科學唯物論者再進一步透過物理與數學語言與原理去融貫純數學、生物學、心理科學、精神科學、價值科學，此即邏輯經驗論，如卡納普等人所主張的泛物理論。但依懷氏哲學，這種關聯仍然是抽象的外在關聯，亦即以這種方式與方向

去詮釋人類經驗或整體宇宙中的各種現象的哲學，依然是以較抽象的事物去詮釋較具體的事物，仍然犯了具體性誤置的謬誤。此外，也仍然和其他不是透過物理研究方法或其他不同方法的研究所形成的其他學問，形成了相對的孤立系統。而懷德海則嘗試由具體的直接經驗出發，以最具體的事件與機體或「透過想像普遍化」的方法（PR 5）去建構具有具體普遍性的範疇綱領之觀念系統，然後進一步去清晰化、精緻化此範疇綱領，並儘量印證此綱領，由此而建構出其強調具體有機關聯的默觀哲學與機體哲學。懷氏即藉此種強調宇宙萬有相互密切關聯的圓融的機體哲學，去融貫各種孤立系統的抽象知識與種種層級的存在世界，以避免各種知識與各種存在的孤立化。同時也具體地詮釋上述科學與非科學的一切分殊知識與人類所經驗到的一切元素，使其成為機體哲學的例證。就如方東美所說的：「懷德海乃針對各種科學上面的孤立系統，想辦法要打破這些孤立主義，他在哲學的領域內，另外成立一種所謂有機體哲學（Organic Philosophy），就是要打破森羅萬象的許多差別境界的孤立系統，然後在它們之間建造一個理論橋樑，要把它們都統貫起來。這樣一來，便能把物理學同數學統貫起來，數學、物理學還要同生物學統貫起來，生物科學要同心靈科學統貫起來，然後再同價值科學統貫起來。這樣子一來，才可以產生體大思精的有機體哲學。他認為從整個宇宙可以看出它的有機的統一性或一體性（Organic Unity）或有機的融貫與統會」⓫。但我必須提醒讀者：上述「想像普遍化的方法」的此種想

像，仍必須受融貫性與邏輯完美性的理想的制衡（PR 6），換言之，懷氏乃是想化解想像與邏輯思考或理性的對立。

也許有人會認為其所欲概括或融貫的領域太廣泛了，是否真的做得到，我想這是做到多少的程度問題，而且這涉及個人的努力與能力問題，總不能因為自己努力與能力不足，就說別人也做不到或做很少。但無論如何，懷德海確實建構出機體形上學，並提出完全新穎的範疇綱領，以等待時間的考驗。而更重要的是，這種企圖確實實踐了文明社會與文明人所必須具備的冒險與探險精神。

總之，懷德海哲學所採取的科際整合之方法，並不是傳統化約論的方式，而是兼具具體普遍性與特殊性及傾向統觀式、全體式的機體形上學式的整合方式，但又特別強調個別差異性的自由發展，而避免了全體主義的流弊。

第二節　事件、機體與擴延抽象理論──如何詮釋及融貫各種分殊數學

懷氏機體哲學的涵義之一即是嘗試由事件與機體的理論去融貫邏輯、數學、物理、生物、心靈、精神、價值等諸分殊學科。但在本節中，筆者只是論述如何由事件與機體的理論去融貫純數學，至於如何融貫生物學、物理學則留到第三節討論，至於如何融貫心靈、精神、藝術、宗教道德等各種諸分殊學科與價值領域，則將在《存在、價值與生命》中論述。

其中純數學包含了代數、幾何。誠然，懷德海在和羅素合著的

《數學原理》中，力圖透過邏輯去融貫代數與邏輯。但是懷氏在和其學生美國著名哲學家槐因（W. V. Quine）討論「數」的問題時，指出「數乃隱含了形上學『本質』問題，而不只是如早期羅素、維根斯坦所認為的「數學只是套套邏輯、或譯同義反覆（tautology）或分析命題」（cf. MT 90）⓬，亦即「純粹數學」固然不是康德的「先驗綜合說」可解釋，但也不只是單純的「套套邏輯」，而是涉及懷氏獨特的機體式的歷程哲學。很顯然，代數與邏輯在其中後期哲學中，還必須透過其「事件」理論與「歷程形上學」去融貫或論述，此即下文（一）所述。至於幾何學則除了上述外，還必須使用其獨創的「擴延抽象法」去解釋與融貫，此即（二）之所述。底下，即運用事件即歷程為基本單位去解釋與融貫數學中的算術與代數部分。

(一)事件、歷程形式與算術、代數

懷氏在後期歷程哲學中謂：「事件就是將模型（pattern）的諸側面（aspects）攝入，以成為一個統一整體的歷程。」（SMW 19）。譬如說「$x + y = y + x$」是代數的一個模型，$2+3=3+2$乃此模型的一個側面或例子。就具體事件而言，則如「這兩個實物（如蘋果）加這兩個實物（如蘋果）等於這五個實物（如蘋果）」。亦即此事件乃是將$x + y = y + x$這個模型的某一側面如$2+3=3+2$予以攝入於具體的實物（如蘋果），以成為一個統一整體的歷程；同時上述的模型、側面即給予具體事件（如這兒有許多或兩堆實物）一個確定或明確的形式。但反過來說，$x + y = y + x$乃是由$2+3=3+2$，$2+5=5+2$等較不抽象的抽象對象之進一步抽象而得的高度抽象形式，而$2+3=$

3＋2又由具體事件即「這兩個實物加這三個實物等於這三個實物加這兩個實物」抽象而得的形式。

其次，懷氏又把上述等號兩邊分成兩個個別事件的歷程形式來討論，這兩個蘋果加這三個蘋果的抽象形式即2＋3，這2＋3是一個特殊歷程的形式，但本身也是另一種抽象的形式歷程，亦即把2跟3加起來的形式歷程。但相對於具體事件而言，它只是歷程的形式；而3＋2也是另一個歷程的形式，其間「等號」的意義並非代表同一，亦即左右兩邊並非相同的歷程形式，它只是代表這兩個不同的歷程形式用等號連接促成二個歷程形式的會集，同時也代表這兩個不同的歷程形式都指向相同的統一整體或暫時的結果即「5」，只是「5」未明白表示出來而已。而「5」本身又是另一個歷程形式，因為其又由「1＋1＋1＋1＋1」之基本歷程形式而形成。換言之，兩個不同的歷程形式或兩個事件可達成相同的暫時的結果或統一體、或產生相同的歷程形式；也可說，兩個不同歷程形式（如2＋3與3＋2）可會集或轉化成相同的另一個歷程形式，尤其是「1＋1＋1＋1＋1」的基本歷程形式。

簡言之，等號代表將兩個形式歷程之「會集」成另一個歷程形式，甚至2＋3＝3＋2之整個數學式本身又是另一個歷程形式。而6＝6也不需要被視為同語（義）反覆（tautology），它能夠被認為6乃是組合的特殊形式，且6乃是成了下一個歷程的資料的性質。因此，並不存在只是靜止的數的實有事物。而且只有「數」在各種不同的歷程扮演它們的角色，這些歷程乃是由世界歷程的整體抽離出來的「抽象事態」（cf. MT 92, 93, ESP 108）（例如商業買賣的數學活動）。

總之，代數也可視為由一個事件所抽象出來的形式，甚至相加、

相乘也可視爲歷程的形式。至於如何詮釋或融貫幾何，此即下文之「擴延抽象法」所要討論的。

(二)從擴延抽象法論幾何形成原理、事件與機體——點與體、瞬時與綿延

就古典物理而言，歐氏幾何是其最重要的數學工具之一。此種幾何的出發點是由沒有長、寬、高，亦即沒有體積、大小、厚薄，但有位置的「點」的公設爲基礎，逐步定義出線、面、體（volume）。亦即所謂線是指許多點的集合，線有長度、無寬、高；面是指許多線的集合，面有長、寬，但無高度；體是指許多面的集合，體有長、寬、高，然後再由點線面體去建構整個幾何學⓭。

但是就邏輯及經驗觀之，無不能生有，亦即沒有長、寬、高、沒有體積、沒有大小、沒有厚薄的點又如何能集合成有長度的線；無寬的線又如何能集合成有寬度的面；無高（無厚薄）的面又如何能集合成有高度、有厚薄的體。再就具體眞實而言，宇宙又有那樣實際存在的眞實事物是歐氏定義下的點、線、面呢？就懷德海而言，我們若訴諸人類具體的直接經驗則可發現：我們把任何一個小物體分割、再分割至非常非常小的具體實物，則此實物就其空間側面或面向而言，也依舊是有長、寬、高的「體」，而且是在時間之中流的「體」，而不是無長、寬、高的「點」。換言之，「體」是空間面向最具體的眞實，是幾何最基本的單位。而「面」則是由「體」將其高作無限小的擴延而成；「線」則是將「體」的寬與高作無限小的擴延而成；「點」則是把體的長寬高作無限小的擴延而成。但所謂無限小是高度抽象的產

物、是一種高度抽象的邏輯建構，甚至是理想化中的產物。所以，「點」乃是高度抽象、高度化約後的抽象概念，而不是具體真實。因而，就空間面向言之，只有「體」是最具體的真實，而點、線、面都是對「體」的進一步抽象，所導出的抽象的數學對象。所以當我們論及「點」時，實已先預設了「體」的存在；因此上述由較具體的「體」出發去定義較抽象的面、線、點的程序或方法，乃是由較具體的事物去定義較抽象的事物，即可避免犯「具體性誤置的謬誤」。依懷氏具體性的哲學，則上述詮釋幾何原理與建構幾何理論的方式，才是正確的方向。反之，若像傳統的歐氏幾何，是由「點」出發來定義線、面、體，則是由較抽象的去解釋較具體的，故犯了具體性誤置的謬誤。同樣的，懷氏在機體哲學中所提到的事件，也是一個體，是一個塊，而不是一個點。但是塊並不等於事件；因此更精確的說法應是：事件就其空間側面而言，是一個體、是一個塊；反過來說，「體」乃是事件在空間方面的一個側面或譯面相（aspect）。

　　下文所要論述的「時間」觀，也是採用上述方法。上述方式，懷氏稱爲「擴延抽象法」（The method of extensive abstraction）（CN 79）。底下我先解釋相對論與量子物理中有關時間性的論述，然後才說明懷氏的部分時間觀。

　　相對論認爲物理宇宙的空間乃是非歐氏幾何的空間，而不是歐氏幾何，尤其在其光錐（light-cone）理論中，可發現：由於物理宇宙已透過邁克森實驗，而確認「以太」的假設並不需要存在，同時確認光速是個相當大的定值，是宇宙常數，而非古典物理中的無限大，因此導出觀察者的「物理現在」是一段時間、亦即是綿延（duration），而

不是一瞬時（instant）❹。顯然地，單就物理學的發展而言，牛頓物理學中的「瞬時的現在」也被修正了。

再就量子物理而言，任何一個物理事件的發生也都需要一段時間。即使是光的瞬間照射，由於是透過電子能階之激發然後降落至穩定態，因此也是需要一段時間。

換言之，任何物理事件，甚至任何人生事件的發生，就其時間上之側面而言，均是綿延，而非牛頓物理學中抽象的「瞬時」。上述乃是物理學上自身的修正與批評。總之，「現在」與「剎那」都是由一段時間所構成的綿延或持續，而非抽象的瞬時。

從上述，我們可臆測：懷氏極可能是受了上述科學革命的影響，然後從哲學上加以詮釋，以使上述兩種時空理論成為其時空觀的例證，而使上兩者歸定位，並藉此融貫上兩者，以化解其不相容的對立。

他認為在我們具體的直接經驗中，並沒有瞬時可得，我們在經驗中之所得，在時間側面乃是一段綿延與持續（duration）。蓋懷氏認為事件的確實實現或發生必然需要一段時間，亦即對象或形式或模型（Pattern）在實現或內化入某一正在發生的事件，以使此一事件獲得明確的形式，而使該事件確實實現或發生於某時空，此乃必然需要一段時間才能完成。因此，在一瞬時，並無任何明確的事件可發生。所以懷氏說：「事件必須有一全時（its whole period），才能實現，這就好像音樂一樣，音樂的音調，在一瞬時是無所有的，必須以一全時表現之。」（SMW 35）所以，事件在「理論上」雖然可方便區分其前後順序，但由於時間就是「時段性或時期性的綿延」的相繼連續，而

且「時段性或時期性綿延」並不是透過其相繼可分的部分而實現，而是和它的部分一齊實現的（SMW 128）。所以，事件在「實際上」並無法明確與截然的區分其前後階段，而是這些「階段」必須被視爲「同時發生」、「同時完成的」。此種「同時」乃是一段時間、是一個單位的綿延持續，而不是瞬時。因此，時間的基本單位乃是「一段綿延與持續」，而不是所謂的「瞬時」。相應的，「現在」也是一種時期性或時段性的綿延與持續，而不是一瞬時。就懷氏言，過去發生的事件是會透過主體的記憶、回憶等種種方式而被攝受於現在的綿延中，而綿延又不能分割爲瞬時，只可區分爲較短的許多綿延；並且大綿延包含小綿延，一層包一層，但層層皆爲綿延。

上述時間理論，懷氏稱爲「時間的時段性或時期性理論」（An Epochal Theory of Time）（SMW 125-126）。

至於牛頓物理學中的「瞬時」又從何而來，懷氏認爲瞬時乃是經由綿延的無限小的擴延（或縮短），亦即經過抽象思考所形成的假想狀況或理想狀況，它是一種高度抽象的科學對象與精緻的邏輯建構，它是一種方便運作的工具；此外，筆者已在第一節之（一）中透過微積分的分析，去說明「瞬時加速度」及「現在是瞬時」乃是具有近似真實性與抽象性。因此，我們一談「瞬時」即已預設了「綿延」。換句話，綿延此瞬時更基本，也更具體。也可說，瞬時是科學家的理想化或抽象化的結果，而不是人類直接經驗到的在時間面向的最具體真實。所以，懷氏認爲在一瞬時，並沒有任何具體的事件發生、是空無或非有、虛無。因此，懷德海認爲我們必須由綿延來解釋瞬時，如此才是由具體去解釋抽象，同時必須把綿延看成是最具體的終極真實

——即事件之流——在時間上的一個側面。若是由抽象的瞬時來解釋綿延，或由抽象的瞬時來解釋具體的自然，都是犯了具體性誤置的謬誤。

總之，事件，就其空間側面而言，是體而不是點，就其時間側面而言，是綿延而不是瞬時。其次，懷氏認爲科學與哲學的基本出發點均是在人的具體直接經驗，因此他的機體哲學乃透過此種經驗，把事件看成是最基本的單位，每個事件是一個機體，同時也是一個動態的歷程，然後以此爲出發點來融貫生物、物理與數學。

關於上述理論，讀者若想進一步瞭解，除了參閱懷氏原著《自然的概念》，另外羅素的《我們對外在世界的認識》（*Our Knowledge of the External World*）更須參考。由於羅素的著作較早出版，且部分內容係取自懷德海上課的內容。因此，懷德海的「擴延抽象法」、「如何將數學方法運用於哲學研究上」以及「事件」理論即透過羅素此書傳播一部分。不過，羅素畢竟不同於懷德海，因而，此書發展到最後，又和懷德海哲學的特色相互分離了。

第三節　物質、能量、時空與由事件——機體理論詮釋及融貫物理學與生物學

牛頓本人雖然說：「吾不作假設（hypotheses non fingo）。」他的意思是指他所發明的定律是由實驗所導出。但從其整體物理理論觀之，仍可發現其有許多基本設定（postulates）。例如，物質微粒（即粒子說，此乃相應於物質的波動說）、絕對時空觀、以太、超距力、瞬時加速度……等。由於懷德海對牛頓物理學與科學唯物論的批判主

要是偏重物質粒子說與絕對時空觀的基本設定，以及自然二分與簡單定位的方法學的預設且兼形上的預設，而其他基本設定與預設也是其批判的對象，但為了配合筆者對科學結構與方法的分析，以及本書寫作的邏輯架構，我們可以方便地假定：懷德海認為牛頓物理學有兩大基本設定，即物質粒子說與絕對時空觀，以及兩大形上預設即自然二分與簡單定位。但在本節，我所要論述與消極批判的重點即是上述兩大基本設定（此即破），並由此積極導出事件、機體理論與多重時空觀（此即立）。換言之，本節仍與上節及下節一樣是「破中帶立」。至於自然二分與簡單定位兩大形上預設則留到下一節再論述。

(一)物質粒子、能量與事件

懷德海認為牛頓物理學與科學唯物論具有下列基本設定：「宇宙乃是由靜態、被動的、獨立自存、自滿自足（self-contained）（此已蘊含下節所述的簡單定位，亦即不涉及環境關聯）的不可再化約的物質微粒所構成，這種物質本身不包含價值、無目的、它現在所的確作的就正好是它作的，亦即它的一切活動都遵從由種種外在關係所加給它的固定常規而行動，而這些外在關係並不是從物質本身的內在性質所產生。」（cf. SMW 17, MT 138）此處的物質（matter）並不是我們日常生活所觸摸到的物體（material body），物體是由物質構成，也可說，物質是一種科學上的基本設定，甚至可視為形上學的基本設定。由第一節可瞭解：科學的本質是具有修正性、抽象性、近似性以及孤立性。物質粒子說的基本設定也是如此，因此我們如何能把這些待修正且具有抽象性的科學對象或基本設定當作是最具體與最後的真實

實呢？而科學唯物論者則認為哲學必須是科學化的，於是毫不加以批判地把此種具有高度抽象性的物質粒子的基本設定當作是宇宙最具體的與最後的眞實、終極的實在或基本單位，然後以此出發來解釋整體宇宙，架構哲學。亦即將此種物質擴充到視為整體宇宙的基本單位，甚至生命精神活動也用物質原理去解釋。因此懷氏認為科學唯物論的主張犯了具體性誤置的謬誤。

但就在批判牛頓物理學與科學唯物論的物質觀的同時，他又積極地透過牛頓之後的物理學發展去說明必須透過事件與機體理論才能較圓滿地解釋物理宇宙、生物宇宙及融貫整合相應的物理新知識與生物知識。

底下，我們即從牛頓之後的物理學發展來論述物質粒子說如何被修訂。

首先，懷氏指出，牛頓物理學與近代物理學過渡期中，馬克斯威爾（James Clerk Maxwell, 1831-1879）的電磁場理論並不把電與磁視為兩種不同的物質，而是主張電與磁的本質都是波，由此而融貫了電與磁，繼而發現：即使在眞空中也不是空無一物，而是充滿了電磁波。換言之，整個宇宙乃是充滿了動態的電磁波或電磁場。懷氏則依此，進一步揭露其預設，而認為「馬克斯威爾的電磁場理論已預設了事件的存在，換言之，電磁波只是事件的一側面，事件比物質或電磁波更基本」（PNK 20）；此外，懷氏也將「場」的理論，想像普遍化成：宇宙萬有或事件與事件之間乃相互擴延、相互攝受、相互內在關聯，而個別形成一個有機機體，整體宇宙更是一個更複雜的有機整體，而形成一種類似上述電磁場之場域（field）的有關事件場域的

「場域哲學」（cf. R 64）或唐力權教授所命名之「場有哲學」**⓯**。

　　而相對論物理學又比電磁理論更進一步，它提出了「質能守恆定律」及「質量即是能量」的主張，「能量」等於「質量乘以光速的平方」，它認為能量比物質更基本，它代替了往日物質的地位，同時電磁波也只是能量的一種表現方式或一側面，亦即能量又比電磁波更基本。但就懷氏觀點而言，能量依舊是科學對象、是具有抽象性的，它只是最具體真實──事件──的結構在量化後的一個側面或面向，事件還有其他側面。他解釋說：「能量是一種活動（activity），能量只是所發生的事件之結構中的量的側面（quantitative aspect）的一個名稱，它不是事件發生的全部，它必須依靠『一個機體的發生作用』的這一概念才能解釋。」（SMW 102）換句話說，近代物理雖然打破了物質觀念，而以能量去取代，但是懷氏認為能量依舊不是最基本、最具體、最後的真實，它必須依賴更具體、更基本的「事件」來解釋。在此處「機體的發生作用」意指「事件與其他諸多事件之相互擴延與相互攝受性之關聯。尤其是此一事件的某些面相被其他諸多事件所攝受，而成為其他諸多事件的內在構成分」，其次，此種事件的有機關聯所形成的此種機體作用乃是事件自發的作用，而且此種作用與關聯也必然構成了事件的內在本有的本質或內部真實結構，缺少這些有機的內部關聯與作用，則該事件也無從發生，也不成為該事件。換言之，事件的形成並非純粹只由可孤立化的本體與外在關聯所產生，而是「體用合一」及「內部關聯與外部關聯合一」。此外，事件之流的發生已蘊含了動態歷程的觀念。因此，自然的根本單位、最後的真實乃由具有動態活動歷程性之諸多事件之流取代了昔日靜態的物質；由

由相互含攝與相互內在關聯的諸多具有個別差異性的諸多具體事件取代了物質粒子間的可孤立化的具有偶然性的外在關聯且具有同一性的抽象的物質粒子。

其次，牛頓物理的物質粒子概念也無法解釋近代物理學中的某些現象，例如黑體輻射等等，因此蒲朗克提出了量子論來解釋此牛頓物理學所無法解釋的異常現象。蒲朗克認為電子的能階是不連續的，必須使用某一固定數額的能量，才能使某一電子由某一能階躍動至另一能階，由此，才有物理事件的發生。例如：某種顏色光光或電波的發射或發生乃是某能階的電子在受到某固定數額、固定頻率的能量所激發，由穩定態提升至另一激發態的能階，再降落至穩定態的能階後，所發出某種頻率的能量的過程。面對此種由電子振動所產生各種光的過程或現象，懷氏將其解釋成「振動式的機體變形作用」（SMW 131）。此處言「變形」意指原有事物在活動或振動之後，轉變成另一種形式的事物出現。例如：前述之「電子振動」轉變成「某種頻率、某種顏色的光的發射」。而此需要一段時間去發生的整個歷程即為懷氏自然哲學上的一個完整的事件。因此，任一事件的發生，就時間側面言之，是需要一段時間，而非一瞬時。換言之，綿延（duration）是事件的時間側面，也是時間的基本單位。

就生物學的發展，素樸唯物論者把生命化約成物質，亦即由物質原理去解釋生命現象，只是有生命的物質結構比無生命的結構更為複雜。懷氏認為如此的解釋仍無法充分且圓融地解釋生命的某些現象；因此，又有些唯物論者乾脆把無生命的世界與生命的世界區分成兩個孤立系統，亦即把無生命的歸物質，有生命的則以生命機體另外研

究，但此種孤立研究方式，就會形成生物學與物理學是兩個無交集的孤立系統。懷氏也認為不夠融貫，也不是宇宙的具體真實，而是抽象概念的二分。至於科學唯物論及其後繼者或生物物理學家，則以物理法則來解釋生物的活動。以1950-1970年代，生物物理學的發展為例，有些學者即把人體看做電磁場來解釋種種生理現象，例如魏凌雲教授曾在加拿大發表論文，企圖運用電子流來解釋中國哲學中「氣」的存在與活動。而筆者則常將「氣」詮釋成能量，並以此來詮釋「點穴」（即能量高度集中於指尖，則由於指尖的能量密度非常的高，而類似雷射形成原理，蓋雷射即是高能量密度的光束，故只要在適當時辰，點中某個適切的穴道，即由於高密度能量的進入該穴道，而使對方的穴道因此而阻塞、或產生重大變化，繼而導致對方產生某種異常現象或異常反應）。日本甚至可運用精密的電子儀器，去測出身體各部分的電位高低，並透過電位高低來精確測量出各種穴道的所在區間。

此外，邏輯實證論所提倡的科學統一運動與科際整合運動，則嘗試以邏輯架構、普遍語言與普遍方法來統合各分殊科學，甚至卡納普企圖將一切化約至物理語言（包含數學語言與事物語言）及數理邏輯與邏輯概率的建構。此處的邏輯若只是限於「二值演繹邏輯」，則顯然有其侷限。因為就此種化約而言，純數學還可，理論物理也還尚可，但實驗物理已有困難或有限制。至於生物學、生命科學、精神科學、價值科學更是逐漸失效。不過，晚近「多值邏輯」的發展，即可解決「二值演繹邏輯」所遭遇的大部分困難，但多值邏輯仍必須以二值邏輯為基礎去開展。這是讀者必須瞭解的。較重要的是，無論是化

約多少，這些可化約的部分及化約過程確實已使人類進步甚多，例如：此種化約導致電腦的發明、生物物理學的大幅發展及各種物理治療儀器的發明、也促成生理心理學的進步等。

總之，化約論、抽象概念與科學化的思考與研究方式，確實可以解釋整體宇宙的某些面相、確實可促進人類某些知識的發展，也確實造福了人群，當然也會增添某些的負面影響與問題。也可說，哲學科學化運動或科學化的哲學的目的乃是使哲學更嚴謹、更具有科學性，並以此去解釋整體宇宙、造福社會。

但此種科學化的化約途徑所建構的科學與哲學理論，就如同任一流派，總有其優點與附帶產生的缺憾。最基本的缺憾如下：它無法圓滿解釋人類精神生活中的價值世界與某些非理性的世界（按：非理性世界意指和理性無關的領域，並不必然是不理性與反理性，但確實有可能由於過度盲目情緒化或盲目激情化，而墮入反理性與不理性。例如：親情、愛情等種種情感、情緒、愛慾、意志與感性的整體美、目的性與理想性等，以及人類潛意識中的種種欲望等都屬於非理性的領域），但這些價值世界與非理性領域中的活動又是非常的具體真實，因此，就使科學化約論與任何科學化的論述暴露出缺憾，甚至附帶產生某種文化、社會與人生的危機，而有賴其他研究與思維方式去補充、修訂與化解。同時此種化約與解釋的方式，乃是透過化約至抽象的科學對象或普遍原理，以便去解釋比其更具體的世界，依懷氏哲學，則這種方式乃是犯了具體性誤置的謬誤。因此，科學研究者不要自以為其研究成果是非常圓滿的真理，而陷入自以為是與獨斷論的霸權心態。不過，上述批評並不妨礙上列科學化、概念化、化約論式的

種種研究進路的正面價值，甚至此種途徑的研究對瞭解人體的物理、生理、病理、心理、精神等層次與社會文化的眞相與提昇都具有相當大的幫助。

其次，從反面言之，若採取純人文取向或非化約論式的研究方式（例如：全體論式的研究方式）去研究整體宇宙或人類的精神世界，則由於欠缺科學化約論式的研究成果，所以也無法圓滿解釋具體世界，甚至會產生大而無當或太籠統與較缺少科學性的缺憾。

總之，化約論與全體論、科學與人文方向的種種研究途徑是互補的。

此外，達爾文演化論認爲：生物世界是由原生質、單細胞層層組織與演化而成，其次，則認爲演化與突變乃是由於偶然發生的外在事件所造成的結果；因此，懷氏認爲，生物學的演化原理「只是由偶然因素去解釋衆多新機體的浮現或創進」（SMW 100-101）、「演化論只是分析各種生物機體的形成與存活的條件」（SMW 102）。但卻可由此導出，生物學即是對機體的研究，只是它只侷限於對生命機體的研究。換言之，達爾文演化論的預設仍然是將無生命的存在物與活的機體予以孤立的二分。這種二分，依懷氏追求圓融的機體哲學觀之，仍然不夠圓滿，不只不足以理解整體宇宙的眞相，更由於生命機體乃是置於包含無生命存在物與價值世界所構成的整體世界內，而導致整體會對部分的構成與特性會產生本質性的影響，再加上生命機體也整合了無生命的物質層次，因此，即使是單論生物宇宙的眞實內容，孤立的生物學式的研究，也無法窮盡其奧秘。

不過，爲了融貫物理學與生物學或相應的物理世界與生命世界，

懷德海卻不願意如科學唯物論的將生命化約至物質，再以抽象的物質原理去解釋生命現象，而是運用最具體的事件及事件間的機體關聯性，去打破或融貫生命與非生命、心靈與物質、生物學與物理學的截然二分。就如前述，物理世界必須借助於機體的發生作用與事件之為機體與歷程為出發點去詮釋，才會較合理圓融與較符合眞實情境；同樣的狀況也適用於生物世界。

其次，物理學只研究無生命世界中，各種發生事態抽象的相互關聯，而生物學則研究生命世界種種發生事態的相關性，但由於生命世界均包含無生命的物理結構，因而其有機關聯的範圍比物理學的研究領域要更廣泛，故生物學研究的機體比物理學更複雜也「更大」。再加上，由物理學的原理去研究生命現象所產生的生物物理學（bio-physics）及相應的科學唯物論，若依懷氏哲學觀之，還是奠基於對機體與事件的研究。因此，就如懷德海所說的：「科學正形成一種既非純物理學又非純生物學的新面貌，它變成了對機體的研究，生物學研究較大的機體，物理學研究較小的機體。這兩類科學之間還有一種區別，生物學的機體含括了較小的物理學機體作為其組成部分，但目前尚無法證明機體能分析成更原始的組成機體。這也許是辦得到的。但我們總會碰到一個問題：是否有一種不能進一步分析的原始機體呢？我們很難相信自然界可以無限制地分析追溯下去，因此任何科學理論若拋棄唯物論（的孤立自存且自足的「物質微粒」的基本設定），就必須回答這些原始機體的性質是什麼，在這種基礎上的答案只能有一個，那就是：我們必須從『事件』出發，把『事件』當作自然發生或譯自然顯相（nature occurrence）的終極單位；並且任一事件與其他

事件相互關聯（按：此即事件的機體性質，或把「事件」視爲一個「機體」的意義）。」（SMW 103）也可說，物理學與生物學的最後基礎都是在研究機體與事件。

總之，懷氏提出諸多事件間乃是相互攝受、相互有機關聯而無法孤立自存的機體哲學，並融貫了生物、物理及無生命與有生命的各種孤立系統，以便解構自亞里斯多德以來所主張的「宇宙的構成基礎乃是獨立自存的實體」與唯物論者的以「物質」爲構成整體宇宙、物理宇宙、生物宇宙的最後眞實與基本單位的信念或一切可化約成物質的唯物論；也批判了精神與肉體、心靈與物質二分的心物二元論（如笛卡爾）。但由於某一事件的發生即是在某一場域中之諸多事件的有機關聯性的具體實現的活動歷程，所以機體哲學即是由分析此種處在互相關聯的共同場域中的諸多事件之具體實現歷程。也可說，機體哲學乃是以歷程爲最根本或終極的眞實性，故懷氏之機體哲學又被稱爲歷程哲學。因此懷德海下結論說：「機體哲學必須從唯物論的哲學立場的反面出發，唯物論的出發點是獨立自存的實體，物質與精神二分；機體論的出發點則是分析處在互相關聯的共同體中的諸多事件之具體實現歷程，事件才是眞實事物的基本單位。」（SMW 152）

(二)絕對時空觀、相對時空觀、多重時空觀、機體與事件

牛頓的「絕對時空觀」意指時間與空間互相獨立、互不影響、互不關聯。時間與空間是外在客觀獨立自存的實體、宇宙有個靜止的絕對時空座標系，無論事件有無發生，時間依舊均勻地流（即在整體宇宙中，時間系統只有一種，而且，無論主體在靜止狀態或運動加速狀

態，時間的流逝，就如最平常的時鐘，它的一分一秒的間隔都始終一樣）；空間依舊客觀存在。時間、質量、長度、距離均和運動狀況無關，始終維持著一個客觀的定值。而且宇宙是平坦的空間（即曲率始終等於零，故三角形的內角和始終等於歐氏幾何所認為的180度），而光速則是無限大。

　　但是就相對論而言，它修正或革命了牛頓的絕對時空觀，而提出相對時空觀，亦即認為時間與空間是相互依存、相互關聯、相互影響的四度時空連續體。空間不是客觀自存的實體，而是實體排列的一種秩序，時間也不是客觀自存的實體，時間乃是吾人藉著事件發生的先後次序來度量所產生的結果，它並不是可以獨立自存的實體，因此，我們可說：沒有事件發生，則無時空。愛氏謂：「如果你們不太認真的話，則我可以這樣說：如果我們假定一切物質會在宇宙中消滅的話，那麼在相對論未提出以前，人們會認為空間和時間會繼續存在，可是照相對論來說，如果物質及運動消失的話，則不會再有空間或時間的存在。」❶此外，相對論認為宇宙本身並沒有一個絕對靜止的時空座標系。當我們描述任何事件或任何運動之時，一定要說明是相對於那個特殊參考座標系，若兩個參考座標系具有相對速度產生時，則會產生「時間延長」（time dilation）及「長度收縮」（length contraction）及「質量改變」的物理效應（按：上列效應，簡言之，即運動體的速度愈加快，則該運動體所處的時間系統相對於靜止物體所處的時間系統會走得比較慢，同時該運動體的長度與空間會縮小，此外運動體的質量也會隨著運動體速度的變化而變化，上述變化都有數學公式可換算），由於速度不同，就形成許多不同的時空系統，因

此，完整的世界乃是包含了各種可能存在的許多時空系統與不同的世界，所以，就形成多重時空觀與多重宇宙觀。而牛頓的絕對時空系統與世界只是當光速等於無限大時所構成的永恆的時空系統與世界，它是多重時空系統與多重宇宙中的一個層次，而不是包含整體世界的每個可存在的世界。關於這方面的詳細論述，請參閱筆者著〈從相對論談多重宇宙與人生即是夢〉❶。換言之，相對論的時間觀和牛頓物理學之視「時間乃均勻的流及某一存在物的長度、質量是固定不變的，而和相對速度的變化無關」大不相同。總之，依相對論，時間、空間與質量是隨著每個觀察者的參考作標系之差異而變更的相對性物理量；而牛頓則是永恆不變的絕對物理量。

最後，相對論認爲牛頓物理學有關以太實體的假設或基本設定是不需要的，同時，主張物理宇宙是個四度時空連續體、是曲度空間（curved space）且曲率是隨不同的地方而不同，而且曲率始終不等於零（因此三角形的內角和始終不是如歐氏幾何所認爲的180度，而是非歐氏幾何的不等於180度），彎曲乃是時空的幾何性質，這使得物理宇宙必須使用非歐氏幾何才能表達，因而與牛頓物理學的視宇宙是平坦的空間且可用歐氏幾何去表達大不相同。

綜上所述，牛頓主張的絕對時空觀已被修正成相對時空觀。然而，懷氏除了接受上述相對論的暗示外，又透過人生具體的直接經驗，進一步認爲，時空乃由於事件的下列兩種特性所產生：一爲事件的流逝，一爲事件的擴延。

所謂「事件的流逝」意指由於事件不斷接續的發生，而且每一事件一發生、一具體實現，即成爲過去，並且永遠不會重複發生，任何

再發生的已不是以前的事件，因而形成了先後秩序；由具體事件的流逝及先後秩序的抽象所得即為吾人知覺中有關時間的概念。亦即時間乃是由自然的流逝、發展以及創進所抽離出來的某些抽象的數學秩序的側面。

所謂「事件的擴延」意指此一事件可擴延至其他諸多事件，且成為其他諸多事件的某個側面與內在構成分，其他諸多事件也同時擴延及此一事件，而成為此一事件的某些側面與內在構成分；另一個事件又擴延及其他事件，其他事件也同時擴延及此另一個事件；各個事件間都相互擴延、相互關聯。就如懷德海所說的：「每一事件擴延到其他事件，而成為其他事件的某一部分；每一事件也被其他事件所擴延到，而使其他事件的某些部分成為此一事件的一部分。」（PNK 61）由於事件的相互擴延（形上學階段稱為相互攝受），使得事件具有可入性，而不是洛克所說的「存在物或物質具有不可入性」，也不是萊布尼茲的「單子無窗戶」所構成的不可入性，由此種可入性而形成諸多事件間的內在的有機關聯。而吾人知覺中有關空間的概念即是人類透過抽象的概念思考由具體事件間的互相擴延所構成的有機關聯之連續體中所抽離出來的抽象形式。

總之，時間與空間的概念都是由具體事件之流及事件與事件的關係中透過人類抽象思考所抽離出來的抽象形式或形象。這些抽象的形象都是不能離開具體事件而單獨存在，故時間、空間是不可能在事件之外知覺到的。所以，懷氏說：「時間、空間之為吾人所知，乃是由於對事件流逝的抽象所得，而使得此種抽象作用成為可能的基本事實，一則是自然的流逝、發展及創進，二則是自然的另一特性，即事

件間的擴延關係；這兩個事實，即事件的流逝與互相擴延，我認爲是抽象的時間空間所產生的根本理由。」(CN 34, 78)

綜上所述可知，有事件發生，才會產生時間和空間的概念；沒有事件發生，則沒有時空產生（cf. CN 66）；因此，事件比時空更具體、更基本，同時每一事件均攝受某一系列的事件的側面以成爲該事件的內在性質或成爲其側面。總之，時間空間是我們把事件間的攝受與擴延之內部關聯，加以抽象所得的結果；若離開事件，則無所謂時空。所以時空並不是康德所主張的主體內的先驗形式，相反的它是由人類經驗而產生；其次，時空也不是自然中最基本最具體的眞實。事件才是最根本、最具體的眞實，而宇宙或自然即是由此種具有機體關聯性質的諸多事件融攝而成的複合體。

從上節可瞭解：事件就時間側面而言，乃是一綿延。推而廣之，就時間側面而言，每一系列事件的發生均爲一類綿延或一時間系列，不同系列事件的因果相續的發生，則形成不同類的時間綿延或時間系列，亦即綿延或時間系列不只一類（cf. CN 72），因此，不同系列事件的發生就產生不同類的時間系列與不同類的綿延，亦即，時間系列不只是一度、一類或一系列，它是多類、多度或多重的；空間系列亦如是。由此即構成多重時空觀與多重宇宙觀。

更細節言之，吾人所觀察到或知覺到的某一事件的發生或日常生活所觀察到的某個存在物，乃是有關構成此存在物的系列事件的某一已發生事件，而不是有關此存在物的現在事態。例如：我看到某個遠方的星星或某個椅子，一方面由於光速並非牛頓物理學的無限大，而是有限的恆定值，因此物體所發出的光傳遞到觀察者的神經系統，而

使觀察者知覺到出該物體的形象，必然需要一段時間。但該物體在這段傳遞時間中仍持續變動中，所以我所觀察到的直接表象乃是此物體的過去，或此系列事件發生過程中的某一過去發生的事件。其次，從因果關係言之，則我所知覺到的此物體的表象乃是從此一系列的具體因果相續的事件之流中抽離了時間性所產生的一種具有抽象性的果。用形上學語言即是，某一系列因果相續的事件之流之互攝所構成的具有某種抽象性的集結。但由於此系列因果相續的具體事件之流並不會因為你的觀察而停止其在下一刹那的生滅與生成為另一刹那存在，亦即因果相續的事件之流仍然一直連續的產生「另一個果」，相對的，前述觀察者所知覺到的「果」乃立即轉移成「另一個果」的原因之一。嚴格說來，上一刹那與下一刹那的星星或某個椅子，其個別所攝受的系列事件，也因為後發生者多經過了一刹那，而攝受了不同的諸多事件，它可以形成同一系列的事件，但也可以形成不同系列的事件，但無論如何，吾人在下一刹那所知覺到的某個遠方的星星或某個椅子與上一刹那所知覺到的那個星星或那個椅子是不相同的。但更重要的是，世界上同時有許許多多不同系列的因果相續的事件之流一直持續不斷地在同時發生。而時間、空間都是由不同系列的許多事件之流抽離而成的抽象概念，因此，就使得時空系統是多重的、多元的，而不是如牛頓所說的只有一種，這種多重的、多元的時空系列即形成了懷氏的「多重時空觀」（space-time manifold）（cf. CN 174, 176）。其次，這種多重具體事件系列又相互攝受與擴延，同時也不斷地遷流、生滅、創進，又形成天羅地網式的更多元複雜的多重時空系統。相應地，整個宇宙也因此多重具體事件系列的相互擴延與攝受，而層

層相疊、互相交織成一具體的生生不息的擴延連續體或天羅地網，此即構成「層狀重疊的自然」(stratification of nature)(cf. CN 187)的重要意義之一。

由上述這種多重時空觀與自然觀即很容易導出筆者所主張的整合科學、哲學與宗教的「多重宇宙觀」的部分基礎（參閱⑮）。此外，我們也可將上述「多重時空觀」應用到詮釋人生的境界，而謂境界之不同，即由於每個人在某一刹那或某段時間中乃處於不同的時空系統或不同的系列事件之流所導致；或更根本的說，即其所隸屬的事件系列之不同所導致。再如儒家、道家、佛家對這個世界的看法（此即三種事件）之不同，即由於其所隸屬的時空座標系統之不同或隸屬於不同的事件系列所導致（參閱⑮）。

最後，筆者要提醒讀者：懷德海的「事件」理論仍不完全等同於時空和合，亦即事件的發生是處於某個時空，但是「時空和合」並不等於一個完整的事件之流，時間、空間、時空和合只是內存於具體事件之流，只是事件之流的某些抽象側面，具體事件之流本身還有其他側面或性質。例如：種種概念攝受關聯、種種價值形式、外部關聯等等。然而事件之流的諸側面，例如：擴延（即空間）、流逝（即時間等）均是相互關聯，是同時構成事件的內在不可分割、不可孤立的成分，因此，事件、時間與空間乃不可截然區分成互不相干的孤立系統。所以，懷氏進一步認為，相對論所提出的時間與空間的相互依存、相互關聯及不可二分，實際上已經預設了自然機體論的存在。亦即，時間及空間並非單獨孤立的存在或實體，而是透過「事件」相互依存、相互關聯，此又構成機體性的一個例子，若再配合本節之(一)

的論述，則相互有機關聯、相互擴延與攝受的「事件之流」乃取代了具有抽象性、孤立性或不可入性的「物質」與「能量」，而成為整體宇宙的最基本單位。

總之，時間、空間、物質、能量甚至相對論中的四度時空連續體都是由有機關聯的諸多事件系列之流抽象而成的某些側面或面相。反過來，懷德海透過具體事件之流所構成的機體去解釋抽象的時間、空間、物質、能量、時空連續體等，乃是由具體解釋抽象，故不犯具體性誤置的謬誤，同時也解消了時間、空間、物質、能量、事件、機體的對立，而向圓融哲學邁進一小步。

第四節　自然二分、簡單定位與有機機械論

(一)自然二分與整體自然

在本節中，筆者將懷氏所提出的自然二分（Bifurcation of Nature）及簡單定位（Simple Location）視為牛頓物理學與近代科學中的兩大方法學與形上學的預設，並透過對此兩大預設的批判去導出機體論或有機機械論。

所謂自然二分「乃是將自然分割為兩種真實（reality）的系統，而自他們之為真實而言，卻是不同意義上的真實。一種真實性是如電子等的實有事物（entities），此乃思辨物理學（即指理論物理學、數學物理學）所論究者，雖然此種真實在理論上，是永遠無法被知覺到的；而被我們知覺到的乃是另一種真實，此種真實卻是心靈上的副產

品。因此，這將存在著兩種自然，一種爲臆測中（conjectured）的自然（按：如電子），另一種則爲夢中的自然（按：即心靈的副產品）。」（CN 30）此處言「永遠無法被知覺到」是因爲像數學表式中的電子、基本粒子等我們並無法直接知覺到，此外，科學實驗所觀察到的乃是電子等所產生的作用，並不完全等同於具體實存的完整的電子事態等，科學所論述的電子等乃是由具有個別差異性且內存於實際事物中的具體的電子事態所抽離出來的具有同一性的抽象電子的形象。其次，言「心靈的副產品」或「夢中的自然」乃因爲像洛克所說的次性理論、康德與其後的德國觀念論者的自然哲學與知識論，都主張，我們可知覺到的有關自然的性質，如綠油油、科學知識等，並不是客觀的實存，而是主體心靈所建構或知識與眞實，故是「心靈的副產品」；而由於不是客體本身固有且客觀實存的眞實本性，故有點像「夢幻中的自然」。

自然二分的另外一種說法如下：「將自然分割爲兩部分（divisions），一部分是在覺知中所認識的自然，一部分是作爲覺知原因的自然。在覺知中所認識之事實的自然，就是有樹之綠、鳥之歌、陽光的溫暖、有椅子的堅硬及有天鵝絨的感覺。但作爲覺知原因的自然，則是被臆測爲分子與電子的系統，它們影響了心靈，並藉以產生對『表象自然』（apparent nature）的覺知。這兩種自然的會合之點就是心靈。其中『原因的自然』（causal nature）是發動者，『表象的自然』爲流出者」（CN 30-31）。上述觀點是一般念科學的常態觀點，例如：爲何是綠色，因爲電子的躍動造成發生某種頻率的光，而此頻率的光正好是綠色光的界定，故電子與光波之波長或頻率即是樹之綠的

根本原因。

此外，根據上述，可瞭解近代科學理論與哲學理論所認為的自然有二：一方面是覺知中或身體經驗中的自然，這是有聲、有色、有詩意、有情趣、有價值介入、有美感、有樹之綠、有鳥之歌、有花之開、有水之流，可見可聞，可嗅可觸的自然。另一方面則為促成上述覺知或經驗的原因所構成的臆測中的自然，這是無聲、無色、無詩意、無情趣的自然。例如原子、電子或科學推論所得的物質（matter）或實體（substance），所有不為官覺所直接經驗到的都是。蓋原子、電子等科學對象都是透過儀器且是被間接測試到。此外，上述自然觀又將前一種自然（即有聲、有色、有詩意、有情趣等的表象自然）視為心靈的副產品，是主觀的、是私有的，甚至是想像的、幻想的，各人不同，故不是自然的真相；後一種科學論述的自然才是客觀公有的真實，而且只有這種自然才是自然的終極真實、才是自然的真相。

然而，懷氏並不同意上述自然觀。他主張上述兩種自然是不可截然分割為二的；自然就是一整個的自然，也就是在知覺或經驗中的自然。此種自然不只是有聲、有色、有價值介入、有美感，而且是包含電子等高度抽象的科學對象的整體自然。懷德海認為上述不可二分的整體自然「是一項自明之理」（CN 40）。他明確指出：「科學並不是虛構的童話故事（fairy tale）。它所從事的，絕不是拿一些任意與想像的屬性去裝飾一個不可知的實有事物（按：如康德所說的吾人理論理性所無法認知的物自身）。那麼，科學在作什麼呢？為什麼理所當然地認為它是某種一直具有影響效果的重要事物？我的答案是，它一直在決定諸多已知事物的特性，亦即表象自然的特性。但我們儘可丟掉

『表象』這個語詞，因為只有一個自然，亦即在我們之前的知覺中的這個自然。」（CN 40）

其次，他又認為，科學的自然並不是原因的自然，科學知識的產生都是從日常生活中透過可直接經驗到的事物加以觀察，然後再經過抽象的思維推理而產生，此種科學的自然（如電子實有等）都是屬於科學對象，都是具有抽象性。科學所研究的乃是這些抽象對象間的關係，並不是真正討論自然界中具體的因果關聯的知識。因此，電子……等的自然不可稱為原因的自然」（cf. CN 41）。

不過，上述科學對象雖然是抽象的，但也不是不存在，它們是真的內存於有聲、有色、有花之美的具體的、直接經驗中的整個自然，只是不能具體獨立存在。因此，懷氏認為，自然的真相並不是只具有抽象對象的無聲、無色，且不為官覺所及的臆測中的自然，也不是只有表象的自然或夢中的自然。自然乃是有聲、有色、有電子等，亦即自然是有形式、有內容、有骨、有肉且可具體直接經驗到的整體自然。因此，懷氏說：「對自然哲學而言，被知覺到的一切事物都是在自然之內，我們不可以撿拾與選取。對我們而言，夕陽的紅色光芒與科學家用以說明該現象的分子和電波一樣，都是自然的一部分。自然哲學即是在分析構成自然的這些種種不同成分的如何相關聯。」（CN 29）

總之，自然乃是如懷氏所說的：「自然就是吾人經由感官覺知（sense-awareness）中所產生的。」（CN 185）但此處的感官覺知或覺知（awareness）是不包含、不涉及抽象的思維過程，就如懷德海所說的：「思考自然並不等同於感官知覺（sense-perception）自然，所

以感官知覺的事實中有一種不是思考的構成要素，我稱此種不是思考的構成要素爲感官覺知（sense-awareness）。如果感官知覺並不涉及思考，則感官覺知與感官知覺就等同了。」（CN 3）因此，此處的「感官覺知或覺知」並不等同於洛克的可清晰分別的抽象思考中的感官知覺（sense-perception），而是較接近直接經驗中的原始的身體感受或感應。由這種覺知與感受所獲得的內容是模糊不清且渾然爲一體，而哲學的職能之一即是要澄清與描述這種模糊不清且渾然爲一體的整體自然的各種內在構成分的種種相互關聯。這種關聯在懷氏形上學中即稱爲「攝受」關聯，而整體自然（可視爲大規模之單一事件）與自然中所發生的任何次級事件，即是攝受統一體。

但是在這種感官覺知或直接經驗中的具體自然，最具體終極的事實又是什麼呢？懷氏認爲這就是「事件」，其謂：「在感官覺知中最終極的事實即是事件，這整個的事件可以再區分爲許多的部分事件，我們覺知我們的身體生活爲一事件，覺知此房間內的自然遷徙歷程爲一事件，也覺知到某種模糊不清地知覺到的其他部分事件的集結。」（CN 15）亦即自然的一切，就是這些「事件」，「凡在自然界所發生的都是一種事件，舉凡一言、一行、一舉手、一投足、一切我的身體生活，都是事件，我所居住的房內的一切也是事件，而房外的一切，所隱約知覺的，也是事件。總之，盈天地之間所發生的一切或一刹那之所見，都是事件，離開這些事件，就沒有自然了」❸。甚至，整體宇宙、整體的生物宇宙或是整體的物理宇宙本身也是一個大規模的事件與機體。

上文所述之自然二分，就哲學史的發展觀之，主要是起源於英國

哲學家洛克的知識論。洛克將物體區分為初性或原有的基本性質（primary qualities）和次性（secondary qualities）；所謂初性意指物體的堅實性（不可入性）、擴延性（體積大小）、形狀、運動或靜止的性質、數目……等（按：這些性質可非常客觀的量化）。洛克認為這些乃是屬於物體本身，是客觀的真實性質；至於次性則意指顏色、味道、氣味、聲音、冷熱及其他屬於感覺方面的性質等，這些性質並非物體的固有真實性，而只是藉著存在於物質中的初性之力量所產生的主體的感官效應❶，較具有主觀性，是人類的心理或心靈所附加於外在自然的增添物，因此並不屬於客觀外在的自然。懷氏認為初性次性均不可二分，而是一個有機整體，一個真實的自然原本即包含這兩種性質；同樣的，康德所謂現象與物自身的二分，在懷氏看來，現象與本體（或表象自然與原因自然）也是必須被視為一個有機整體，不可二分，才能更真實的理解自然的真相。如果洛克及康德的二分可以成立，也只是抽象概念思考與概念分析的方便與成果，是理論上的方便二分（即理論區分），而不是實際二分（即實際區分），它主要是具有工具性價值，而不是等同於具體的整體宇宙的終極真相；亦即終極真實並不是真的可以如此二分，因為那已是抽象思考的結果。換言之，上述二分在懷氏論述中，乃是抽象的理論二分，並不是實際二分（即實際區分）。

　　若要深入瞭解懷氏哲學，上述「理論區分」與「實際區分」之差異，必須區別清楚。例如：在《歷程與真實》中，就理論區分（即方便區分），可以將歷程區分成好幾個有先後差別的階段（stages），但就實際世界的真相而言，卻是不可區分為「好幾個有先後差別」的階

段,亦即這些階段並無先後的差別,而是數個階段「同時完成」的有機整體的一個單位的完整歷程。因此,從「機體」與「同時完成」角度觀之,則上列理論區分的「有前後差別的數個階段」,即轉化成為此「同時完成」的不可分割的單位歷程的數個面相(phases)。前者(即區分成數個先後階段)即是一種理論上或進行抽象分析時的方法學上的技術性與認識過程中的方便區分,此即「理論區分」;後者(即視為同時完成的各個面相的區分)即是「實際區分」,後者才是宇宙人生的終極真相或具體真相。

此外,懷德海在第三期形上學前奏曲的階段及此階段之後的任何論述,更明確的主張第三性(即價值,如美感等)及初性次性均是構成整體自然與任何事件的本然存在的內在真實成分。關於價值、攝受與存在的相關性,筆者將詳述於《存在、價值與生命》。

總之,自然二分乃是抽象的理論二分,從具體真實言之,則二分中的自然乃是渾然融為一體,不可分割,並不是二分中的某一種自然是真的,而另一種自然是假的,或者視為主觀心靈所附加的產品。它們是客觀的具體存在的部分性質,都是同時存在,同樣的真。所以,自然二分的自然觀乃是犯了把某些抽象的真實形式等同於具體完整的真實,並以抽象的真去解釋具體的真,故犯了「具體性誤置的謬誤」。但抽象的真並不是不存在,而是真的內存於最具體的完整真實內,只是不等同此完整的真。所謂的(最高或整體)真理應當是其所論述的內容符合此完整的真實。依此,則機體哲學比科學化的論述更接近此種真理。

(二)簡單定位與有機關聯──有機機械論與心物二極說

筆者將懷氏「簡單定位」的理論區分為狹義及廣義兩個層次：

第一，所謂狹義的「簡單定位」主要是侷限於牛頓物理學的物質粒子的觀念，亦即視物質為占領一定的時間和空間而和其他空間、時間無關，因此懷氏謂：「我們若說一小塊物質微粒具有簡單定位，其乃意指，在表明它的時間──空間關聯時，只要說出它的位置就在它本身所在之處，即非常適切與充分。亦即只要指出其在一確定有限的空間區域或一確定有限的時間延綿中，而完全不必涉及該物質微粒與其他諸多空間區域及其他諸多時間延綿的基本指涉關係，則對此小塊物質微粒的表達即是非常的適切與充分。」（SMW 58）

第二，「廣義的簡單定位」則並不限定於物質方面的簡單定位，而是指任何主張某一固定時空領域可和其他時空領域毫不相關，並且認為透過此種孤立方式即可孤立地賦予此固定時空完整的意義的那種論述，就稱為「簡單定位」。就此義而言，則古典物理的絕對時空觀、相對論的相對時空觀，甚至大多數科學的研究方法或過程、與科學認知的對象均是具有此種簡單定位的性質。因此，懷氏謂：「任何有關時間及空間的理論，不論其觀點為絕對的或相對的，只要其理論對某一確定的空間區域或某一確定的時間的延續給予一種意義，那麼簡單定位的概念便有完整的意義了。」（SMW 58）

由上述可瞭解：簡單定位即第一節所提的牛頓物理學或近代科學所採取的孤立系統化的研究方法中的預設之一，甚至是許多從事科學化研究的研究者（包含社會科學、人文科學的研究）所採取的方法，

而且認爲必須使用此種簡單定位的方法，才能精密研究，並認爲其研究成果乃是符合眞實事態。但懷氏卻認爲此種簡單定位已遺漏具體眞實事態間的許多內在固有的關聯性，而不符合眞實事態，甚至其研究成果乃是具有高度抽象性的，因此，犯了「具體性誤置的謬誤」。在批判的同時，懷氏乃積極建構其機體哲學。細節言之，如下：

1. 就科學言之，假如各個確定的特殊時空領域互不相關聯，那麼「自然現象各自孤立，不相聯繫，則質力懸隔，形態離異，物體之運動，絕不能彼此溝通，聲音之震盪，絕不能先後存續，光波之布護，絕不能遠近交網，全體宇宙之統會立即滅裂，萬有引力之場合頃刻毀壞，這不是硬把自然界——科學研究之對象——根本取消了嗎？」❷此乃就科學研究自身所產生的本體的詭論或譯吊詭（ontological paradox）而論。但是懷氏則直接確認：「在我們具體的直接經驗中，對世界所感知的基本元素（elements）中，沒有任何一種元素具有簡單定位的性質」（SMW 58），因爲「任何局部的振動（agitation）均可振動了整個宇宙，極遠處的效應雖然少，但還是有」（MT 138）。也就是說，在這具體的世界中，任何事件或任何確定的時空區域多多少少總和其他事件或其他時空區域具有某種具體的內部關聯。

2. 每一個事件的空間面相與時間面相均會透過擴延或攝受而契入其他事件，並成爲其他事件的內在眞實的一部分。甚至如萊布尼茲的單子論，每個單子或事件均可反映出一切。就如懷氏在《科學與近代世界》中所初步指出的：「（就事件的空間側面而

言）假設A、B、C是三個占有空間的體（volumes of space），則從A的觀點與立足點去觀察或感受B（用系統形上學的術語即是「攝」或「感」），則感受到B所享有的某個特性或面相或譯側面（an aspect），從A觀察或感受C亦同。同樣的關係也發生在，從B觀A、C或從C觀A、B的事態中。從A觀察或感受B時，A所感受到關於B的某個特性或面相也立即內化成A的本質或不可或缺的必要因素（亦即若缺少關於B的此特性或面相，即不成爲在該觀點與立足點下的此A）。因此，在此空間的諸多體並不是獨立的存在。它們只是總體性內的眞實存在物。你不能夠從他們的環境拔出來（或抽離出來），而毫無毀損它們的本質。綜上所述，所以，我將說從A觀點所得有關B的那個特性或面相即是B進入A內部而構成A的一種樣式（mode），此即空間的樣式之性質。因此，關於A的攝受統一體乃是從A的觀點與立足點去獲得的所有其他的許多體的諸多特性或面相所構成的統一體。所以，某個體的外在形式或形狀即是此種普遍公式，某個體的諸多特性或面相所構成的總體性即起源於此種普遍公式，或可由此種普遍公式所導出（按：例如抽象的慣性定律的公式F＝ma可導出許多具體的事例，這些事例的總體才是慣性定律完整的眞實內容）。所以，某個體的形狀是比它的諸多特性或面相更抽象。很明顯的，我可使用萊布尼茲的術語，而說每一個『體』（volume）的自身都像鏡子一樣，反映出在空間內的每一個其他的體。」（SMW 65）上列狀況也可確切的類比於時間的綿延性。懷德海認爲：「時間的綿延也類似上述

狀況，沒有綿延性的瞬時乃是想像的邏輯建構。每一個時間上的綿延在其自身都像鏡子一樣，反映著一切時間中的諸多綿延。」（SMW 65）

3. 事件的形成乃是由於攝受了下列三種事態：(1)過去的某些與自我密切相關的事件系列；(2)同時發生的某些其他事件；(3)未來的期望（但內存於現在），這三類事件的關聯構成了此一事件的本質。因此，若論述某一事件，而只是孤立在某個明確固定的時空，而不討論和其他時空所發生的事件的內在關聯性是無法真實相應地理解此一事件。就此義而言，事件並無簡單定位的性質。

4. 懷氏又進一步認為「每一個終極的事實單位即是一個細胞複合體」（PR 219）。此乃比喻式的表達，亦即，懷氏所主張的「事件間的有機關聯」乃是類似生命的如何由細胞所組成的模式。簡言之，事件乃非常類似一個細胞複合體或機體，它與細胞類似，都與周遭環境密切相互內在關聯，它的各部分並不只是並排在一起，而是渾然互攝為一有機整體，每一分子皆影響到全體，而全體也是每一分子的決定者。例如，每個人是社會的一分子，每個人皆會影響到全體社會，全體社會的特色也會影響到每個人的特色；若要瞭解一個人，除了必須瞭解孤立的個人外，更必須瞭解他和其他人及其他事物與事態的關係，以及將其置於整體社會情境中，由整體去觀照這個人，才能充分瞭解此人。再如，人類身體中的某個電子事態的內在性質及其所產生的作用，和在桌子中的電子事態即不相同。因此，「對於整

個事件或事物的細節，我們必須把它放在整個事物的系統一起去觀察，才能見其本來眞面目」（SMW 16, 21）。而此種「必須由統觀全體以便去瞭解部分」、以及「部分加部分不等於全體（因爲忽略了部分與部分的有機關係及相互影響）」的觀點乃是機體哲學的基本出發點之一。甚至，同一個A事物，置於不同的全體（即有機整體）（如B、C），則A在B中及A在C中，即形成不同的事態。例如同一個科學所論述的具有同一性的抽象電子，當其內存於不同的物體中，則呈現不同的內在性質，亦即形成兩個不同的具體的電子事態，更何況是內存於無生命的物體與生物中的兩種具體電子事態，其個別差異性更大。

底下，我將透過懷德海所提出的「有機機械論」（organic mechanism）與系統形上學中之「心物二極說」去進一步說明全體如何影響部分與不同部分間的有機關聯性，以解構簡單定位的論點，同時論述每一個體的差異性如何形成，並進而融貫無機世界與生命世界，以及相應的物理學與生物學的知識。

首先，對於無生物界與生物界、心靈與物質的區分以及種種存在現象與活動的解釋，懷德海並不是如笛卡爾的心物二元論，將心靈的活動歸心靈，物質的活動歸物質，兩相隔絕，然後再用時鐘理論去調和上兩種實體或兩種世界的運作。也不是像泛活力論或譯生機論（Vitalism）之主張「在非生物界完全適用機械論，而在活生生的生物身體中，則機械論要作部分的修正」（SMW 79）。懷德海認爲，這種安協折衷式的解釋仍然是將心靈奠基於物質機械論上，而且是一種武

斷的假設（cf. SMW 79）。相應的，懷德海爲了化解機械論與傳統目的論的對立、以及無生命界與生物界、心靈與物質的對立，以建立其圓融哲學，乃提出「有機機械論」與「心物二極說」。

「有機機械論」認爲「生物界與無機物界的差別非常模糊不清，並且問題重重，它並不是像生機論者所提出的一種武斷的假設所能說得通的」（SMW 79）。雖然「分子仍遵循著某些普遍規律，盲目地運行，但由於每一分子所隸屬的普遍的有機計畫的情境與機體結構並不相同，因而使其內在性質也隨之不同」（SMW 80）。此處的「有機計畫」蘊含了傳統目的論所強調的目的性，換言之，全體中的分子或任何部分都由於整體所蘊含的有機計畫、目的性、整體情境、與相互攝受、相互擴延所構成的有機關聯與結構等因素所產生的作用，而導致有機整體對部分所產生的影響非常大，甚至改變了此部分或各成員的內在性質，因而全體對部分的影響並不只是如生機論所說的生物身體的活動與結構乃是「修正」機械論之所述而已，即使在非生物界也不是單純的依照機械論所述而運行。例如，具體實存的每個分子事態與電子事態由於內存於不同的物體，導致每個具體實存的分子事態與電子事態形成不同的內在性質與內在眞實，尤其當其內存於生命世界與無生命世界中差別更大。因爲在生命機體中，由於前述不同的有機計畫、目的性、整體情境、有機關聯、有機結構所產生的作用，必然影響了體內的物質層次的構成因素（例如電子事態）之內在性質與運行方式，若再加上生命層次的特殊構成因素（例如手、腦、細胞、情緒、意志力、心智作用、理性、價值觀等）加諸於電子等的作用，則這些在生命體內的電子與分子事態被影響的又比在非生命世界中更強

化；因而形成懷氏所說的：「就一個動物而言，當某種心智狀態進入了整個機體的計畫中時，它就影響了一系列從屬的機體，直至最小的機體（如電子）等都會有影響。因此，任何活生生的身體（living body）（或生物體）內的電子同體外的電子是有區別，理由在於身體計畫。固然，電子無論在體內還是在體外，都是盲目運行，然而在體內，則要遵循它在體內的特質而運行，亦即，必須遵循身體的一般計畫而活動；並且這一般計畫還包括了諸多心智狀態在內。修訂與變更性狀的原理（the principle of modification）在自然界是普遍的現象，絕不是活生生的身體（或生物體）所獨有的特徵。」（SMW 79）

簡言之，諸多電子在不同物體中所形成的諸多電子事態具有內在性質的差異性，而且在不同生物體中也產生差異性，當然在物體與生物體中的電子事態，其差異性更大。而從這許多具有實質差異性的電子事態中，運用高度抽象概念思考所產生的具有同一性、但去除其差異性的「電子概念」，即是物理學所論述的「電子」。故電子是高度抽象的科學對象，但不等同於具有差異性的具體的諸多電子事態，但確實內存於具體的真實中。所以，科學的真理是一種抽象的真，而不是具體的真，但確實是內存於具體真實世界的具有同一性的抽象形式。

其次，對於上述無生命與有生命領域的模糊區分，在懷德海中後期哲學中，則進一步提出「心物二極說」去取代笛卡爾的心物二元論，並透過此去分析「生物界與無機物界的差別非常模糊不清」的意義。所謂「心物二極說」意指任何層級的存在均同時享有心極（mental pole）與物極（physical pole），只是愈高級的存在，其心極作用愈強化，並進而影響了物極的運作。此處言「極」（Polar）表示兩

者乃同時和諧共存於一體內、兩者不可二分、不可孤立存在，且兩者同時相互作用、同時完成，甚至是相輔相成、相反相成，類似電磁場之陰極、陽極之處於共生、共存狀態。亦即兩者形成「必要的張力」（the essential tension）。由此而使任何事件、任何實際事態、任何演化活動歷程得以發生。至於由存在物中的心極所產生的攝受作用即稱為「概念攝受」（conceptual prehensions），其所攝受的資料乃是抽象的永恆對象，此乃以主動且自由地吸納與修正為主，被動地接受與被決定為輔；而由物極所產生的攝受作用則稱為「物理性攝受」（physical prehensions），其所攝受的資料乃具體、變易的諸多事件或實際事態，此乃被動接受與被決定及因果效應為主（此種論述即吸納了機械論的部分內涵），主動自由吸納、修正為輔。由上兩種攝受之相互作用所形成的活動歷程或有機整體，即促成具體的實際事態或事件的發生或具體實現。此外，他又強調即使是物質層級的存在，亦有心智作用，只是它是處於潛存狀態（MT 167）。「透過意識、記憶與期望的逐級強化，就有可能由無生命演化到生命」（cf. ESP 90-91, SCHILP 695）。

透過上述理論，懷德海乃將生物演化中所蘊含的演化原理，普遍化到宇宙萬有各存在層級的如何從低級存在演化到高級存在。此外，在後期系統形上學的延伸中，更強化了目的性與生命性對置於不同有機整體內的部分與個體成員之內在性質及其存在的形成的重要影響，藉以更圓融地化解傳統目的論與機械論宇宙觀的對立。

總之，簡單定位乃是牛頓物理學或近代科學方法為了研究方便，尤其是定量上的方便所產生的研究方法與自然觀，然而此觀念或方法

原本只是限定於自然科學，尤其是牛頓物理學或近代科學所使用，而牛頓物理學及許多科學化的研究也因為此種抽象法，即簡單定位的運用，獲得了重大的科學成就。但是我們若拿來用在研究具體的整體的宇宙人生，則有其侷限處，因為具體的整體宇宙人生乃是一個更大的機體，各部分均是息息相關、不可分割、不可孤立的。細節言之，則每一事件都滲入其他事件，而成為其他事件的部分內在構成分，同時，其他事件也滲入此事件，成為此事件的部分內在構成分，這種有機相關聯的場域式存在與整體宇宙的具體真實，並不等同於「簡單定位」下的明晰確定的事實；相應地，若要論述上述機體關聯的具體真實也不能只是單純地採用「簡單定位」的研究方法去論述。但科學唯物論並未深刻自覺到此種「簡單定位」只是人類抽象思維與科學上研究上的方便方法與抽象的真實性，而且將具有「簡單定位」性質與高度抽象性的物質微粒視為終極的真實或最具體的真實，而由此出發去建構哲學，所以是犯了「具體性誤置的謬誤」。

結語——反省與批評

第一，牛頓物理學及許多科學化的研究，由於透過抽象思考、孤立系統化、自然二分、簡單定位等種種近代科學方法去探索宇宙的真實及充分應用由此方法所產生的理論，而獲致了極大的成就，也造福了人群，但卻遺漏了許多具體的真實內容，其所形成的科學化的真實也是具有抽象性、修正性、孤立性與近似性，所以其所論述的真實或自然並不等同最具體的真實，也不是終極的真實，而是高度抽象的結

構形式。因此，牛頓物理學或近代科學的偉大成就誠然是人類抽象思想的勝利，但是「具體世界卻經由科學之網孔中遺漏出去了」(MT 18)，亦即懷氏並不認為科學已真的完全瞭解且解釋了具體的宇宙，而愛因斯坦也指出：「科學最高的結構是犧牲了內容來換取的。」[21] 此外，偉大的物理學家牛頓也從來不認為他的物理學真的完全且描述與解釋了物理宇宙的終極真實，更不用說是整體宇宙。所以他在臨終前曾說：「我不知世人如何看待我，但就我自己而言，我只不過是如同一位在沙灘上玩耍的小孩，有時拾取圓滑的石子或比較美麗的貝殼以自娛，然而在我面前，那偉大的真理海洋，則仍全然未曾發現過。」[22] 最後，愛因斯坦則認為科學所認知的只是整體宇宙真實中的理性部分而且和整體宇宙相比實在是非常少，但即使是很少，也讓他心滿意足了，同時此種理性的成就，也是人類所擁有最珍貴的事物。他如此說：「我自己只求滿足於生命永恆的奧祕，滿足於覺察現存世界的神奇結構及窺見它的一麟半爪，並且以誠摯的努力，去領悟在自然界中所顯示出來的理性部分，即使是極其微小的部分，我也心滿意足了。」[23] 他又說：「在我漫長的一生中，我確實學到了一件事。那就是，所有人類的科學，當它和真實世界相比時，實在是非常的初級且幼稚，不過它也是我們人類所擁有最珍貴的事物。」[24] 而筆者則認為此一點點理性的成就，已足以顯現出人類乃優於一般動物。

　　面對科學化的研究所必然遺漏某些具體的真實，懷德海乃進一步想建立一套新方法及新的哲學系統，以便探索具體的整體宇宙所蘊含的理性與非理性的奧祕，而不限制在抽象的科學宇宙及理性世界；並企圖使各分殊科學理論及宗教、藝術、道德等分殊價值理論與實例成

爲其哲學的一個例證，並使各門學科在科際整合的哲學宇宙論中獲得價值定位。亦即，他一方面積極地接納科學研究的成果，另一方面也批判抽象的科學方法、抽象思維與科技研究成果的侷限性，而強調由具體的身體直接經驗去建構「體驗哲學」，以彌補科學化的缺憾。但他不並像某些強調人生體驗的哲學工作者，一旦批判科學，就變成排斥科學及反科學，這類人通常是對科學的無知所造成，他們往往沒有好好受過科學訓練即在批判科學，或者沒有受過良好的理性及邏輯訓練，即在反理性及反邏輯（按：念了一年「大一邏輯」，並不是就可稱爲良好的邏輯訓練，這必須視個人學習的成效而定，更何況，那些連邏輯與科學知識都很少接觸的純粹人文工作者；誠然，理性及邏輯有其侷限處）。這類人經常成爲筆者所說的「反理性、反科學、反邏輯的法西斯獨裁者」或「非理性的獨裁者」或「感性法西斯」，甚至更墮落成「不理性的獨裁者」。

但反過來，一個人若視科學、理性、邏輯爲萬能，而無法自覺到其侷限處者，甚至排斥「非理性」對人類的某些正面價值，則往往形成了「理性法西斯」，或「科學法西斯或邏輯法西斯」。一個更健康的哲學應該超越上述兩種法西斯。懷德海哲學基本上的傾向即是如此。羅素亦是如此。歷史上大多數名垂不朽的大哲學家均是如此。但是研究哲學或各種藝術、科學的人，或研究上述大哲學家的專家，卻經常因爲心胸太狹隘，而將大哲學家的理論太過於簡化，而陷入上述兩大類的法西斯。甚至怒斥對方「不是哲學」，甚至運用結構性暴力不讓對方的哲學理論列入正式課程。更惡劣者，則運用政治力與行政力量解聘與政治迫害對方或根本不聘任對方。在邁向多元價值的開放社

會，任何派別的哲學都是需要的，都必須互相尊重對方，以避免流於各種形式的法西斯獨裁，才能建構健康、快樂、和諧的好社會。更何況，這種開放的心靈乃是作為一個真正的好人或學術研究者最必須保持的心態，更是人類是否進步到更高級的「人」的最重要關鍵。

此外，也有一些人，由於對科學的無知及盲目附和科學常識，而形成當代著名物理學大師及才子費因曼（R. P. Feynman, 1918-1994）所譏諷的「雜混式、娛樂性的哲學家」（cocktail-party philosophers）。費因曼謂某些人一聽到愛因斯坦的相對論，即高喊：「喔！那太簡單了，愛氏理論告訴我們一切都是相對的。」或說：「一切都是相對的，是愛因斯坦的結果，而它對我們的觀念有很深奧的影響。」或說：「在物理學上已經證明現象隨著參考座標系而變，它對當代思想有很大的影響……，所以一個人從前面看，與從背面看是不同的。」等等❷。其實要獲得上述結論，根本不需要運用愛因斯坦相對論，即很容易透過常識經驗去歸結。而物理學的相對論所以被視為具有重大的突破，當然不是因為上述觀點。

第二，懷氏並不否認透過自然二分法、簡單定位的方式或任何近代科學中的科學方法、抽象思考去研究自然會產生許多有用的價值，也有助於吾人認知整體宇宙的抽象形式、具有抽象性的事物與抽象關聯，但這種理論上的區分及抽象形式，仍不足以使我們領悟（或默悟、默觀）整體宇宙的終極真相或全體存在的有機整體性。亦即就終極真實而言，無論是初性、次性、抽象形式、電子、色彩、蟬鳴、花香、日出日落之美、人之行動……等都是真實地內存於不可分割的有機整體，都是實際上是不可分割的渾然為一體的真實，不僅不是幻

影，也不是如康德所主張的，主體的先驗形式附加於客體，甚至不需要、也不可以實際區分成主體（或能知）與客體（或所知）（這只是理論上的二分），而必須將主體客體整合並融貫或視其為有機整體。亦即，必須將各種二分、三分或種種二元對立視為理論區分（用佛學乃稱為戲論），而必須解消其二分、三分或種種對立，並視其為同時完成，且予以整合成具有攝受關聯且和諧對比的有機整體（或統一體），則透過此整體性的統觀或直觀之所得去描述，才真正默悟更具體、更真實的宇宙人生之終極真相。也可說，機體哲學的主要職責即是要描述上述之渾然為一體的特性與種種具體的攝受關聯。所以，只是運用自然二分法、簡單定位去瞭解宇宙是不夠的。同時，此種有機整體乃是將主體與客體、能知與所知、形式與內容、抽象與具體、潛能與實現、永恆與變易、事實與價值、人與自然、機械論與目的論所論述的兩種宇宙全部融貫整合，而超越了任何的二元對立，而形成和諧對比的統一體。就懷氏而言，最大規模的對比統一體即是上帝與世界的具體關聯所構成的有機整體。亦即懷氏的機體哲學整合了傳統上帝與世界的二元對立，例如：上帝創造世界即是將上帝與世界對立與分割，這乃是對上帝與世界的抽象思考之理論二分所導致；但實際上，上帝與世界是不可分割的有機整體。但是讀者切記：懷氏的上帝也不等同於宇宙或世界，亦即不是斯賓諾莎泛神論式的上帝，上帝又比宇宙多了許多的事物，例如：包含了具有超越性兼具內存性的無限的永恆對象（如無限的潛能、無限的理想形式……等）、神性之演化所形成的具有動態歷程性的上帝……等。有關懷氏神明理論的進一步申論，請參閱筆者著《懷海德哲學》第四章〈上帝〉。

第三，科學唯物論與科學化哲學的流弊如下：

1.科學方法誠然非常重要，也是基礎，但仍有其侷限性，不過他們把上述有限制性的科學方法運用於研究一切，尤其拿來運用於研究具體的宇宙人生上，往往會流失最具體真實的某些重要事態（例如最具體的攝受關聯、情緒、情感與種種價值領域等）；誠然，科學唯物論的論述也包含了某些片斷的、重要的、具體的經驗內容與真實性，只是它不是最具體、最根源性及完整的真實。更重要的是，這些遺漏的具體真實之內容對於人類社會與文化的健全發展是非常重要的。

2.他們把具有修正性、抽象性、近似性、孤立性的科學理論與知識、基本設定（如獨立自存、靜態的、據有簡單定位的物質微粒與絕對時空觀）當作是最終極的真實，而忽略了人生具體的直接經驗所經驗到的最具體、最根源性的真實，並不等同於上述具有抽象性的形式與清晰的表象，但他們卻以此種具有高度抽象性的理論為出發點，去解釋具體的宇宙人生或一切經驗，此即犯了懷氏所謂具體性誤置的謬誤。

懷氏乃針對上述缺憾與謬誤，運用其哲學方法，一方面重視科學實驗證據，一方面又從活生生的身體所正在直接經驗到的具體真實為起點去建構哲學，而發現此起點即是具有有機關聯之「諸多事件」，且這些事件乃是不斷地正在發生、也不斷地在流逝，此即「諸多事件之流」。雖然此種「事件之流」與「事件及事件間的種種有機關聯」在吾人知覺中並不是非常的清晰，但機體哲學的重要任務即是要使其

清晰化、並詳盡的描述它，同時也以此種「事件之流」作爲構成整體宇宙的基本單位及最具體的、最後的眞實，並以此去統貫、去詮釋具有某種程度之抽象性的物理、生物、數學，甚至進一步嘗試融貫價値學，以便解釋整體宇宙人生及一切的經驗，同時又主張自然是一個大事件，它是由諸多次級事件所構成，每個事件均是互攝、互相擴延而形成一個多重層疊的諸多事件系列所構成的有機整體，由此而形成「多重宇宙觀」；同時任何大小事件的動態活動歷程均有共通的形式結構，歷程哲學的職責之一即是要描述此種歷程的普遍形式結構，同時也解釋宇宙各層級的特殊存在與各層次的特殊認識活動歷程的如何形成。

　　第四，有機機械論與目的論的興起。每一個時代每一門學問皆有其形上預設與基本設定。尤其是「宇宙觀」更是如此。而這種形上學預設與基本設定往往影響了時代氛圍，也左右了那個時代的思維模式。從融貫數學、物理、生物、人文社會等各層次宇宙，以及人與自然合爲一體的天人合一的整體宇宙所蘊含的「整體性」觀之，則牛頓物理學、科學唯物論、愛因斯坦相對論及各種分殊科學、如科學化的政治科學、社會科學、人文科學以及科學化的哲學等，均預設某種程度的「孤立系統化」、「自然二分」與「簡單定位」的思維與研究方式是合理且有效的。而牛頓物理學的基本設定除了純物理學中的超距力、瞬時加速度、科學化的因果律與因果決定論、光速是無限的……等。另外，則必須加上介於形上學與物理學之間的「絕對時空觀」、以及將獨立自存且自足的物質微粒視爲構成宇宙的基本單位。

　　上列預設與基本設定導致了自文藝復興至今的西方哲學主流系統

大多偏向機械論的宇宙觀，而捨棄了古希臘與中世紀的許多主流學派所提出的目的論宇宙觀。而懷德海則透過對「孤立系統」、「自然二分」、「簡單定位」、「科學唯物論」、「泛活力論」（生機論）、「機械論」與傳統「目的論」的批判與融攝，而建構了具有目的性的有機機械論，力圖融貫傳統的機械論與目的論，以解消其對立。至於「目的性」的深入論述，則需等到懷氏系統形上學及其延伸時期，才有更完整的交代。而強調目的性的存在乃是後現代哲學的特色之一。

第五，科學與哲學的關係。懷氏認為科學化的論述相對於最具體完整的眞實是具有抽象性、孤立性、近似性、過分簡單單純化，因此，他要求人們瞭解：「科學的研究，由於爲了方便，而追求簡單單純化是必然的，也是必需的。但是，我們卻不能信任此過分簡單單純化的理論，並把它當作最具體的眞實。」（cf. CN 163）其次，他又認爲「科學並沒有取消形上學的需要（cf. AE 154），但是科學最根源性的基礎並不是依賴著形上學的任何結論的假設，而是科學與形上學都是從最具體的直接經驗出發或爲基礎，而且就整體而言，它們是以相反的方向進行不同的工作」（cf. AE 161），近代科學的解釋是由抽象解釋具體，形上學是由具體的普遍性與個體特殊性的同時並存的具體眞實出發，去解釋抽象，同時也將「抽象的科學論述」與「人類最具體的直接經驗之所得與詩人直觀眞實的證言」去作對比（cf. SMW 87）；並透過預設揭露法去揭露近代科學的預設，而由此去批判近代科學與科學化的種種論述。透過上述對比與批判，一方面使各抽象的分殊知識與學科歸於正確適當的地位與價值，另一方面則使抽象的科學化論述與最具體的眞實相會；然後由此去建立其強調具體的有機關

聯的機體哲學。

第六，懷德海機體哲學所採取科際整合的方法，並不是傳統化約論的方式，而是具體普遍性及統觀式、全體式的機體形上學式的整合方式。更細節言之，即機體哲學在知識論的部分涵義乃是以「事件」為基礎，去打破種種孤立系統，建構有機哲學，以便去統貫邏輯、數學、物質科學、生命科學、心靈科學、價值科學、藝術、宗教、語言、歷史、社會科學等，並使上列各種分殊知識（或稱為特指的知識或主題化的知識）成為其有機哲學所論述的整體普遍知識的一個例證。也可說，此種有機整體的融貫知識且符合具體真實的知識乃是最真實、最高級的知識，亦即最高級的真理。換言之，懷德海的真理觀乃是融貫傳統所提出的「符合說」與「融貫說」，而自成一家之言。

就其第二期自然科學的哲學而言，主要是融貫邏輯、數學、物質科學、生命科學，然而此種融貫並非使用價值來融貫，也未能綜合能知與所知。懷氏認為綜合能知與所知，亦即此種最大範圍的綜合，乃是形上學（即完整的機體哲學）的工作，而此種形上學的綜合，價值乃是一大關鍵」（PNK Vii, CN 5），總之，在自然科學的哲學中，是對價值暫時存而不論；但在形上學中，其所論述的最廣泛的科際整合，則價值是最重要、也是最根本的要素、更是每一個事件或實際存在、及整體宇宙、人與自然合為一體的具體大自然的內在固有的真實。

相對的，生物物理、生理心理學或哲學上的泛物理論與懷氏所批判的科學唯物論等學科或流派的科際整合方式主要是採用科學化約論的抽象方式，亦即運用更抽象普遍的原理去整合某些學科的分殊知

識。例如：將多元複雜的具體宇宙與人生化約成一元化且簡單單純的抽象普遍的物理學或生理學或普遍的邏輯結構與物理語言等，並透過物理原理或生理原理或普遍的邏輯結構與物理語言去解釋種種精神現象，也可說是由下層結構去解釋上層結構，這種方式誠然是一種相當有用的研究方式，也產生許多應用功能，對人類幫助很大，也使人們更深入瞭解生命現象與整體宇宙的某些重要側面與形式；在知識領域的發展上，也形成了化約論式的科際整合，而開展了許多新學科與新科學知識甚至到了馬克思手中，更發展成辯證唯物論與歷史唯物論。但這種方式仍然不夠圓滿。亦即，此種整合的成果遺漏了許多具體且重要的許多事態（例如「攝」之關聯與價值活動等）。因此，人類有必要採取另一種非化約論的研究方式去作科際整合，以補充化約論之不足，藉此種相互補充對方的不足，就可以探討整體宇宙人生的更完整的奧秘。例如有機整體式的科際整合可以補充化約論在價值領域、非理性世界及最具體性關聯的不足。這種有機整體的整合方式即是機體形上學式的科際整合與融貫。懷德海即採取此種整合方式去建構其中期及後期的哲學。但請讀者切記：哲學科學化，還是哲學，其次，運用科學化的化約論與近代科學中之科學方法去探討宇宙人生也是一種好方法；而懷德海強調具體性、有機關聯式的形上學式的探討，又是另一種好方法。上述兩種相反方向的研究方式及其研究成果，乃是相反相成，均有助於吾人去瞭解宇宙人生的奧秘及有益於社會與人生。吾人不需要以各種狹隘的心態去排斥任何一種研究方法及成果，免得患了「狹心症」、「偏食症」，畢竟這兩種方法各有其優缺點，必須相反相成、相互補充，才能產生更健全的科學、哲學與人生。

第七，懷德海機體哲學的圓融性，也表現在融貫牛頓物理學與相對論之「對立」。亦即上兩者所描述的自然（或時空、物質、能量）均是同樣「具有部分抽象與部分具體性的眞」，均是構成大自然的部分眞實因素或部分形式與部分內容，但都不是全部，而且兩者都是由懷德海的事件與機體理論所論述的整體自然所抽離出來的抽象結構，也可說，必須加上懷氏理論的模式去補充與詮釋，才是全體宇宙的更具體、更完整、更終極的眞實。懷德海的科學觀，事實上是排除唯心論之自然科學理論及一切知識乃純粹是人類心靈的建構，也排除如費爾本、新馬克思主義所認爲的，科學與技術只是人類多種意識形態之一。科學畢竟科學性、客觀性、知識性與理性的成分較高，情緒化的意識型態的成分較低；或說不同於「非科學」的意識型態的另一種科學化或有關科學的特殊意識型態。但無論如何解釋，科學所呈現的眞實確實是實在界的一部分，只是它是抽象的骨架，而不是全部。此外，懷氏也提出相當複雜的理論來爲其立下合理的根據，以便「證立」或「正當化」科學知識。懷氏的論點，較相近於當代科學哲學中，由科學發展的合理性去論述科學與實在之關係，如夏皮爾（Quelly Shapere）之結合邏輯分析與歷史分析而提出的「科學實在論」。但夏皮爾具有唯物論傾向，而懷氏則是想融貫唯物論與唯心論、經驗主義與理性主義、觀念論與實在論（此處融貫或圓融意指化解二者之對立），但是否融貫成功是另一回事。但由於懷氏強調客觀超然的存在與認識眞實的客觀性之存在，因而懷德海乃被視爲「實在論」的成員之一，但此種「實在論」並非如傳統哲學中，「天眞樸素的實在論」、「獨斷的實在論」、洛克的「表象實在論」，而是蘊含了「強調

關係眞實且富於科學性」的「新實在論」（neo-realism）、「主張自然的眞實性的某些部分是人所建構出來」的「建構實在論」（constructive realism）或「觀念的實在論」（idealistic realism）」。

最後，在本章第一節所提出的有關科學方法論及科學本質的論述只是我個人的淺見、只表達出科學方法論的某些重要部分。若要更完整，就必須加入邏輯經驗論及其後的科學哲學家、科學史家等當代科學哲學、及胡塞爾現象學與海德格所提出的更豐富的論述。關於此，可參閱筆者著《邏輯‧民主‧科學》及《身體‧感性與理性》。但筆者深信，依筆者正文所述的部分心得，可使讀者更深入、更清晰地理解懷德海的科學哲學及其所批判的「科學唯物論」、「自然二分法」及「簡單定位」等所蘊含的種種豐富的意義。

註解

❶方東美：《華嚴宗哲學》（上冊），台北：黎明文化公司，民國七十年，
頁321-322。

❷大正藏，第九冊，華嚴部上，大方廣佛華嚴經卷第九初發心功德品第十
三，頁453，另請參閱頁450。

❸方東美：《華嚴宗哲學》（下冊），台北：黎明文化公司，民國七十年，
頁287。

❹Alfred Kazin（ed.), *The Portable Blake.*（New York: Viking Press,1963）
p.150.

❺關於預設、基本設定、理論、定律、經驗資料的區分及其界定，請參閱
楊士毅：《邏輯・民主・科學——方法論導讀》，台北：書林，1991，
頁117-119。其中預設與基本設定的區分，有關已用語言陳述與未用語言
陳述的部分，是筆者在1977年旁聽美籍女教授孫靜雅有關「懷德海與中
國哲學」課程時，於課後向孫教授請益之所得，謹在此致謝。其他區分
乃筆者的論點。

❻吳森：《比較哲學與文化》，台北：東大，1978，頁209。關於揭露預設
法的如何應用於思維方法的訓練上，請參閱楊士毅：《邏輯・民主・科
學——方法論導讀》，台北：書林，1991，頁279-282。

❼Ta-You Wu: *The Physical and Philosophical Nature of the Foundation of
Modern Physics.*（Taipei: Linking Publishing Co., 1975）pp.4-5.

❽Ibid., p.5.

❾科學真理本身具備修正性；哲學真理也具備修正性。哲學史上各派對整

體真理的描述均不盡相同，其原因主要是因為每個人、每個學派都是從不同層次或不同角度去描繪整體真理的一部分，而形成了不同的部分真理，這些部分真理間的相互關係是相互補充與澄清，但此種補充與澄清往往促成原有理論的修正。但由於是部分真理，因此哲學史上雖然眾說紛云，但大都具備了永恆性的探索價值；而科學史上有許多被大大修正或被典範式的科學革命所革除的理論，則只有史料或哲學的價值，不研究某些史料，也可瞭解應用當代科學。但更重要的是：既然各派都是部分真理，因此，研究哲學最重要者乃需要以開朗的心胸去體諒各種不同的部分真理，然後加以哲學上的會集，使部分真理的有效範圍擴大，最忌者乃自認為是整體真理，而構成了獨斷、封閉的自滿主義，如此其部分真理的內容，雖然在人類追求對整體真理的過程中，也有其積極貢獻；但恐怕比不上其封閉性所造成的災害，歷史上任何獨裁專制的思想體係或個人均是如此。

❿方東美：《華嚴宗哲學》（上冊），台北：黎明文化事業公司，民國七十年，頁340-341。

⓫同上。

⓬懷德海是美國著名邏輯學家及哲學家槐因的博士論文指導教授，槐因每隔兩週即去懷德海家報告進度及討論問題，當時（一九三一年）懷德海已建構出其具有豐富原創性的哲學。因此，懷德海在聆聽槐因描述其論文中的純邏輯理論時，經常一直聽到與哲學部分相關時，才開始表達；但很少是邏輯方面的內容。但槐因仍確定自己從懷德海的言說中帶走兩種邏輯專技術語及數的「本質」。W. V. Quine, The Time of My Life, An Autobiogrophy,（Cambridge, Mass: The MIT Press, 1985）p.84.

⓭由於筆者手邊並無歐氏幾何原本，因此點、線、面、體之定義乃有把原來歐氏幾何「現代化」之嫌，但是就其由無大小、但有位置的點出發去定義線、面、體的基本精神是相同的，正文中所批判的對象，即是指此由點出發去定義線、面、體的幾何學，故和歐氏幾何原本或當時牛頓採用如何定義的細節略有出入是無關緊要的。

⓮F. K. Richtmyer, E. H. Kennard and John N. Cooper, *Introduction to Modern Physics.*台北：豪華書局，民國五十九年，頁56-57。

⓯參閱唐力權：《周易與懷德海之間》，台北：黎明公司，1989。

⓰法蘭克著，謝力中譯：《科學的哲學》，台北，世界書局，民國五十五年五月再版，頁136。

⓱關於此時空系統的問題，筆者大學同學宣大衛曾和筆者討論，將相對論應用於解釋人生如夢。蓋夢中的世界乃一時空系統，而吾人現在所生活的塵世乃另一時空系統，但人在作夢時往往覺得夢為真。此可由相對論之時間延長及長度收縮加以引伸，雖然筆者的多重宇宙觀和懷氏哲學之論證不同，但內容相當類似。關於此方面的進一步論述，請參閱筆者著：〈從相對論談多重宇宙與人生即是夢〉，台北：《世新傳播學院人文學報》第一期，1994年7月，頁237-276。

⓲參閱謝幼偉：《懷黑德的哲學》，台北：先知出版社，民國63年10月初版，頁38。

⓳cf. J. Locke, *An Essay Concerning Human Understanding.*（Oxford: at the Clarendon Press, 1975）Book II, chap. VIII, p.134.參閱鄺芷人：〈對懷德海所謂「自然二歧性」問題之論衡〉載於《中國哲學與懷德海》，台北：東大，1989，頁103。

⑳方東美：《科學哲學與人生》，台北：虹橋書局，民國54年9月台二版，頁344。

㉑巴涅特著，楊葆樑譯：《愛因斯坦與宇宙》，台北：廣文書局，民國59年9月初版，頁142。

㉒F. K. Richtmyer, E. H. Kennard, and John N. Cooper, *Introduction to Modern Physics,* p.17.

㉓A. Einstein, *Ideas and Opinions,* (New York: Wings Books, 1954) p.11.

㉔B. Hoffmann & H. Dukas, *Albert Einstein, Creator for & Rebel,* (N. Y.: New American Library, 1973) p.1.

㉕R. P. Feynman: *Lectures on Physics.* 2nd. ed., (Massachusetts: Addison-Wesley Publishing Co., 1970, Reprinted by Mei-Ya Publications, Taipei, 1970) p.16-1．

第六章
結論——邁向歷程形上學與科學民主之路

一、抽象的缺憾與文化危機——邁向價值與有機關聯的歷程
形上學

二、邁向科學民主之路與歷史因素——對亞洲文明的批判

三、懷德海知識論的批判與過於強調有機整體性的缺憾

四、「具體性誤置的謬誤」之價值定位

五、具體性思考與抽象性思考的平衡——現代、後現代、未
來

六、對去除中心化、非系統化、另類、邊緣與顛覆的省思

七、本書後續的發展

一、抽象的缺憾與文化危機──邁向價值與有機關聯的歷程形上學

從三、四、五章中可發現,科學化世界是透過抽象概念思考從具體的有機世界與生活世界抽離掉各種萬有間的具體關聯所產生的具有抽象性的成果。雖然這種科學化的抽象思考模式及成果對人們瞭解真實,有其貢獻,例如非常方便人們去運作,並產生豐富的應用價值,但也有其缺憾。亦即由抽象概念思維模式、科學方法、孤立系統式的研究所建構的科學理論與科學化的種種哲學所論述的真實或抽象之理網(或清明理性化的抽象形式與結構),往往遺漏了最具體完整真實的某些重要內容,並相應的產生了當代科技思維模式與科技文化對人文文化的沖激所產生的有關思維模式、與整體文化的危機或導致文化失調。關於後者,筆者將綜合懷德海、羅素、胡賽爾、海德格的論點另出專著《身體、感性與理性》詳細論述之,在此我主要論述所遺漏的某些重要內容:

1. 遺漏了原始身體所感受到的人與自然、主體客體未截然二分前的物我交融、天人合一的具體感性世界的整體性。因而無法認識較完整的、具體的事實真相,尤其是非理性的部分。也遺漏某些無以名之但非常精微的客體資料、身體主體的感受、與有機關聯的活動歷程。例如:人與人間的某些由精微的情感、意志的感受、感應與關聯活動所構成的世界,由這種世界往往蘊含了許多說不出來與說不清楚,而只能默默感受與實踐才能體

會到的事態，偏偏這些「無以名之」、「不可說」或模糊不清但可「感通」的事態對人與人的能否和諧親密地生活在一起，扮演著極為重要的角色。這些事態用一般常識語言，即如「含情默默或脈脈」、「無言最消魂」、「默契」、「默許」、「默認」、「默悟」、「心照不宣」、「心領神會」等活動與實踐行動。同樣的狀況也適用於人對自然的認知與相處等關係。

2. 遺漏了全體對部分的影響、部分與部分、部分對整體的相互影響及全體與部分同時完成，所交織而成的整體性。也忽略了整體的性質與目的性、整體的規劃或計畫會改變每一個體成員的內在性質，而與孤立的個體成員在本質上產生相當大的差異。這些差異若不去注意，不只無法確實認知此成員的真相，而且無法解決此成員在此整體社會中所遭遇的個別問題與社會問題，也無法解決此成員對整體的影響所產生的社會問題。此外部分與部分的相加所構成的有機整體有時大於部分的總和，而呈現相乘的效果。當然有時也未必大於部分的總和，甚至產生相減的效果，而導致整體的融合未必優於各個部分的分立自存，用政治術語即是「合而治之」未必優於「分而治之」。這一切依狀況而定。凡此種種具體關係與影響大多是科學與科學化的論述所容易忽略的。

3. 遺漏了具體存在物與存在物間的最具體的有機關聯活動，這種有機關聯活動即是「攝」（prehension）之相互關聯活動，尤其是物理性攝受或身體感應之內部關聯。若人們忽略上述性質的關聯，則往往弱化了人與人、人與自然間的種種具體直接的親

切交往關係，而強化了疏離現象與疏離感，並使公德心弱化，進而使治安惡化。這也是工商社會與都市文明的重大危機。

4. 遺漏了最具體的不斷遷流與創新不已的具體活動歷程的具體內容，亦即遺漏了時間性、歷史性與未來性。繼而忽略了最具體的歷史事件所造成的對當前與未來的影響，例如要理解科學或憲法的本質，必須理解科學史或該人類社會史與政治史；再如忽略了歷史事件對當前文化、風俗、語言、性別的差異性所造成的影響與既定真實，也忽略了不同個體對未來的不同期望，從而導致人類文化的齊一性，而壓抑了人類本有的創新力、探險精神與多樣性，而使文化一元價值化。

5. 遺漏了剎那生滅、且相互攝受之具體事件之流中的具體因果關聯或因果效應的接續。此種因果效應之流的具體內容是相當含混不清，並不同於科學世界中非常清晰明確的抽象的因果形式或因果律。前者是透過「一」與「多」的攝受關聯所構成的「多因與多果說，但又可轉化成一因一果、一因多果、多因一果、因中蘊含果、果中蘊含因或彼是相因」，但無論如何用穿傳統術與描述都不等同於具體世界非常複雜的具體的因果效應，都只是其部分面相；而後者所論述的由數學及邏輯關聯所呈現的因果關係乃是由最具體的有機的攝受關聯或最具體的因果效應之流抽離掉其多元複雜且吊詭的具體關聯活動，所形成的過於簡單單純化的某些抽象的關係形式。

6. 遺漏了主體活生生的最真實的身體感受。例如：主體實質體驗到的神經痛、牙齒痛，非常不等同於科學化論述中所描述的抽

象概念中的神經痛、牙齒痛,也不是他人所能感同身受的痛。簡言之,科學化論述忽略了體驗哲學。

7. 遺漏了價值領域中的情感、意志世界與直覺式的整體美感世界。亦即科學理論所建構的抽象之理網往往流失了身體直接感受到的有血有肉、有美麗色彩、有花之芬芳、蟬鳴鳥叫、有盲目情緒、有情感、有意欲之剎那生滅之具體事態,同時,這些剎那生滅之具體事態又相互攝受、渾然交融為一體。偏偏這種由身體感受所感應到、所認識的具體世界與感性知識,正是人類日常生活中非常重要的,也是最常接觸到的領域,更是人類身體「生活在其中」的最親密的生活世界。這種感性與體驗型的認識活動與人性世界,一方面是人類認識活動與產生科學知識的基源處,一方面又是存在的奧祕之所在。哲學家必須避免過於單純地只限於描述抽象之理網,而必須儘可能地去具體普遍化與具體特殊化地如實的描述及提醒世人重視此種具體有機的生活世界。忽略此,就有可能使科學知識只是成為人類控制、征服世界的工具,甚至成為權力鬥爭的工具、更甚者則導致人被科技所宰制、所操控,而成為科技思維、科技產品的奴隸,而形成科技的異化現象。因為抽象形式之理網是缺少非理性的情感與溫情的(例如愛、大慈大悲等),它也極可能導致缺少上述特質的理想目標。若人類社會缺少此類事態,則會形成冷酷及缺少情意之美的世界。總之,一個人若太偏重或只懂得科學化的抽象思考及科學化的世界,而忽略了作為其根源存在的具體的生活世界,往往會遺漏了和人類生活非常密切、非

常重要、內容非常豐富且具體的充滿情感與意志作用的感性世界，很難整體地領悟或用身體直接感受到宇宙所蘊含的詩情畫意的美感；從而誤導人生與社會改革的部分方向。

8. 遺漏了人類情緒、情感、非理性的面向所造成的種種特殊意識型態，及其對人、對社會與對自然所產生的正面影響。當然上列面向所可能產生的流弊，更是必須運用整體理性、科學與種種更富於創新性的整體知識去避免之。

9. 遺漏了非系統化、非秩序化、非規則化、非清晰化的種種混沌、混亂、含混模糊、吊詭與矛盾的另類事態。這些事態有時是社會進步的關鍵。

10. 遺漏了生命性與目的性。科學只能在自然中發現接續變化的規則，並不能在活生生的自然（或有生命性的自然）中發現生命性的三種特徵（MT 152-154）：(1)自我享受的絕對性與直接性；(2)自我創造及創新性；(3)內在目的性及價值性。

偏偏上述遺漏的內容乃是具體的整體自然與人類生活世界中非常重要的具體實存的真實事態，而且由於此種遺漏，會產生某些哲學、文化與社會的危機。

為了補充上列科學論述所遺漏的種種非常重要的內容，並與科學論述相整合，以便更完整的描述具體的真實，以及解除種種可能發生的哲學與文化的危機。懷德海乃建構了以價值、有機關聯與生命性為中心的歷程形上學或宇宙觀及價值哲學。換言之，一個最完整的哲學不只應當補足上述科學與科學化論述所不得不遺漏的重要具體內容，

以及解除種種可能發生的文化、社會與人生的危機，而且也應該理性地吸收與詮釋科學知識與科學化的技術，並深入批判之，但不是排斥科技、反科技或排斥理性、反理性。甚至更應該努力強化「整體理性」（Reason）的功能，以便去直接面對與詮釋人類所經驗到的一切元素。此處的「一切」不只包含理性的一面，也必須包含非理性的一面，例如：神祕的宗教經驗、藝術活動、道德活動、科技活動、歷史研究以及種種實踐行動中非理性的一面，而非避開此領域，如此才能直接認識具體世界的真相，也才能針對目前的實際世界因為理性與非理性或科技或反科技等因素的不平衡所產生的病症，對症下藥，而確實地改造實際世界。

為了達成上述目的，懷德海乃建構了以「攝」及「感受」為中心的機體哲學（我稱為「關係哲學」）、歷程哲學、生命哲學與價值哲學。然而，懷德海的機體哲學、歷程哲學、生命哲學與價值哲學乃是融為一體，亦即我們可由機體哲學出發，去融貫歷程哲學與價值哲學，也可由歷程哲學出發去融貫機體哲學與價值哲學，也可由價值哲學出發去融貫機體哲學與歷程哲學。

而融貫上述諸面向以合理詮釋人類所經驗到的一切元素的整體哲學，即懷氏所稱為的「思辨哲學」或譯「默觀哲學」（speculative philosophy）。就如懷德海在《歷程與真實》一書中所說的：「默觀哲學乃是嘗試建構出一個融貫（圓融）、一致、合邏輯的、必然的普遍觀念系統，同時藉著這個系統，使我們所經驗到的每個元素（element）都能夠被詮釋。」（PR 3）從這兒，即開始進入筆者於一九八七年出版的《懷海德哲學》（台北：東大）及計畫出版的《存

在、價值與生命》所要論述的領域。但是上述較完整的第三期的機體與歷程哲學，乃是與其自然科學的哲學及更早期的純數學與純邏輯的哲學密切相關，當然又補充了前兩期哲學的不足。但是一個人若只孤立地理解其最後的結果（即三期的《歷程與真實》及其後之發展），而不瞭解第一、第二期的發展，尤其邏輯與數學、自然科學的哲學之發展，就等於只背結論，而缺少更完整的論證過程，是相當獨斷的；而且學不到更多的懷氏型哲學智慧的結晶，也缺少歷程哲學的「歷程精神」。從這兒，也可凸顯本書的重要價值與功能。

然而，懷德海對上述種種問題的論述仍不夠充足與外顯化，因此，我們必須再進一步發展下去。其方式有二：(1)尋求具有家族近似性的哲學流派之會通式的相互補充與整合；(2)吸收與其差異性較強化的學派，以產生相反相成的整合。關於(1)，可包含胡塞爾現象學及其後發展與東方形上學。亦即，本書對科學化的同情瞭解與批判，以及上列所述之科學化論述所遺漏的具體世界，非常近似於胡塞爾現象學對科學化論述所作的批判，及其所欲積極建構的充滿具體性的生活世界與生命世界。此種生活與生命世界蘊含形上學、認識論、倫理學三層次，胡塞爾主要是偏重後二者，尤其是認識論方面，同時胡塞爾對學術與文化危機的論述，比懷德海外顯化，所以上兩方面可與懷德海相對比、相補充。但胡塞爾對形上學中的生活或生命世界描述不多，因此懷德海論述詳盡的形上學與某些東方哲學正好可補充其不足。其後的海德格之倫理形上學或存有論之論述，則可與懷德海形上學相互會通、補充與融貫，並開展出其科學觀、藝術觀、與「家」之哲學，懷德海則透過自然觀、科學觀開展出形上學、價值哲學、宗

教哲學、教育哲學、藝術哲學,也可延伸至社會哲學。但更重要的是,透過上述的相互補充與融貫使我們更深入理解整個世界,也更能改造提升世界。當然更健全的理解與改造則必須再加入具有(2)性質的英美的分析哲學、科學哲學。這一切,筆者將進一步論述於《身體、感性與理性》及其他著述中。

二、邁向科學民主之路與歷史因素——對亞洲文明的批判

懷德海雖然對抽象概念思考、科學化的哲學及任何分殊科學等提出批判,但他並不否定其價值,他只是不希望人們迷信科學萬能與視科學即是唯一真理的心態,而且指出其重大缺憾,但他同時也強調抽象概念思考、科學本身、與強化哲學中之科學性的重要性。亦即,他除了積極補充與整合上文(即本結論之第一點)所述之遺漏內容外,他更深入剖析西方科學的歷史起源與科學心態,並對亞洲何以未能在西方文藝復興時代的同時產生近代精密的科學,提出原創性的解釋,甚至認為健全的人與文化教育應該尋求抽象概念思考與具體性思考的平衡。但在下文中,筆者增添了羅素的論點與民主的開展因素。

底下,筆者首先從科學的心態論述科學的起源與優質民主的相關性。其次則整合懷氏、羅素與筆者的論點,以便更周延地論述科學與民主發展的歷史起源與因素,以說明亞洲文化為何未產生近代科學與開明的民主文化的理由。其三則論述懷德海如何批判亞洲文明。最後則扼要提出更具體的改造哲學與文化的研究方向與實踐方式,以便使科技與民主落後的地區也能夠發展出更健全、更優質的科技與民主。

(一)科學的心態與科學的起源，及其與優質民主的關係

科學起源於下列心態，同時這些心態也與優質民主的發展相互關聯：

1. 相信宇宙自然存在著和諧與秩序，這種信念造成積極研究各層次的宇宙（如物理宇宙、生物宇宙、人文社會宇宙），並相信它可化約成種種簡易且具有和諧美感的普遍公式。就如懷氏所認為的科學的心態乃是：「出自一種本能的信念，它相信事物中存在著秩序，尤其在自然界中更存在著秩序，亦即自然秩序與和諧的信念是科學產生的理由之一」（SMW 3-4）。這種和諧秩序的信念在東西方均存之。

2. 為學術而學術、為求知識而求知識的研究精神，不可太著重於是否可立即實用的現實心態，而且對任何事件，即使是小事件，也必須具備此種研究精神。就如懷氏所言：「對生活中簡單事件的本身具有積極的興趣，為事件本身而研究這一點非常重要。」（SMW 13）上述精神東方乃較缺少，尤其東方的宇宙論經常要將其導入或應用於道德領域。此外，東方文化也因此形成兩個極端：一種是說大話及提倡相當不切實際的道德教條，另一種則是極端講求人生經驗層面的直接應用的知識的發展，而缺少高度抽象語言與高度抽象理論的發展。

3. 對於具體事實與抽象普遍化的追求必須處於平衡狀態。就如懷氏所說：「科學的產生係由於對細節的具體事實的狂熱及對抽象概括的極度傾心，這兩種心態的兼顧並達成一種獨特的心理

平衡。這兩種心態在各地方均曾單獨發展，或失之偏頗。但在某些偉大的文明中，科學研究所需要的這種獨特的心理平衡，只是偶爾出現，並且所產生的效果極微。」（cf. SMW 3, 6）此處偉大文明即指未產生西方科學的種種古文明。例如東方文化對於抽象普遍化並不是很感興趣，所謂玄之又玄，只是「玄」到看不懂，未必是抽象普遍化的「玄」，勉強可說是具體普遍化的「玄」。

4. 上述抽象普遍化的內容也需要和抽象的邏輯系統相結合，才能形成有組織、有系統、有嚴謹論證且語言表達清晰化的知識，因為「沒有邏輯，就沒有科學」。在這方面，中國乃從缺，就如懷氏所認為的，中國的思想並未產生龐大的且清晰外顯的抽象概念系統。至於隱含的概念系統、或非系統化的零散游離的概念對近代科學的發展並無多大幫助。

5. 強調抽象概念理論必須具有豐富的經驗內容，並且必須外顯出來，如此才不會形成缺少經驗內容的空洞的玄學。甚至如懷氏所說的：「本能的認為把一切大小事物都看作是支配全部自然秩序的普遍原則之例證。」（SMW 5）

6. 仔細觀察的耐心與建構與重視方法論的研究與廣泛應用。懷氏謂：「科學的產生過程之一乃是透過仔細且耐心的觀察，然後才使用歸納法的綜合過程」（SMW 7）。此處要注意的是，科學不只要粗略的觀察與實驗，更重要的是具備仔細、精確、細心與耐心實驗的習性。筆者即是對實驗缺少細心、精確的度量習慣，而太過於大化之，所以就由放棄研究化學，而選擇研究物

理，但大學物理系畢業後，又放棄鑽研物理，而專研物理背後較不需要作細心、精密的實驗的形上學與知識論等領域，但卻有耐心去深刻體驗各種人生，只是這種身體經驗式的耐心仍不同於科學實驗所需要的仔細、精確、細心與耐心。此外懷氏在剖析古希臘文明與其他也具有玄想哲學的文化差異時，指出希臘的充分運用方法理性於各方面，是其他文明所不及的。這也造成古希臘科學與民主興起的重要原因之一。此方面可參閱（三）。

7. 追求定量化及精確化的心態與習慣：凡事不可馬馬虎虎，以避免形成胡適所說的「差不多先生」。相反的，必須培養一般人對研究數學的興趣，以養成能夠定量化及精確化的事態，則予以定量化及精確化的表達習慣❶。也可說科學心態即是必須對數學極感興趣，亦即對幾何、演繹邏輯、代數與定量化感興趣。

8. 在語言表達上，儘量清晰化，並避免含混籠統：古代東方的文言文均犯此毛病，詳細例子可參考筆者所著《邏輯與人生》❷。關於此，懷氏的強調語言消極的限制性及表明隱喻的重要性，誠然和東方哲學對語言文字的看法相近。但是過於強調此點，對科學發展並無多大助益。偏偏東方哲學最喜歡強調此點，例如印度哲學與佛學沒用語言論述多久，即下結論說：「真理是不可說，不可說或聖默然」、其他如老子之「道可道，非常道，名可名，非常名」、孔子之「天何言哉，四時行焉」、以及禪宗之「不立文字與頓悟」等也都有此傾向。也因而導致東方的科學很難強勢開展。為避免此種缺憾，就必須強化下文

所述之種種科學心態。

9.要求與必須培養「就事論事，嚴謹邏輯論證」的心態與習慣
❸，不能過份使用「武斷的直覺」與「如人飲水，冷暖自知」
的體驗來當藉口。東方文化缺少嚴謹的邏輯論證習慣與耐心仔
細的觀察，又太過份強調「武斷的直覺」，自然很難高度發展
科學知識及嚴密的強勢哲學。

上列所述雖然是科學心態，但反觀今日之庸俗民主所導致的充滿
黑金民代與治安惡化，更可發現其根本理由乃是許多選民、候選人與
政府官員都非常缺少上列心態。因此，若要提升選民、民代與行政人
員的決策品質與辦事效率，並掃除黑金政治、改善治安，則培養人們
具備上述科學心態，並使其內化入生活習慣中，再配合其他社會政治
體制的改良，才更有可能由庸俗民主提升至優質民主。就中長期的改
革，則必須強化與提升邏輯與倫理學的教育方式與內容。

(二)科學民主發展的歷史起源與因素

關於近代科學與民主何以在西方文藝復興時代開展出來，而未曾
出現在東方的思想史因素如下：

第一，「希臘悲劇中的命運成為近代思想中的自然秩序」（SMW
10）、「這種命運觀是冷漠無情的，它驅使悲劇的發生走向不可避免
的結果」（SMW 10）、「物理學的定律就是命運的註定」（SMW
11），懷氏此種說法事實上只解釋了前述科學心態的第一種以及加上
「決定論」的傾向，後者和傾向機械論的牛頓物理學所蘊含的物理宇

宙觀有些關聯。我們可作如下的解釋：科學所觀察到的事實具有不可避免性，無論人類如何加工也很難改變它，如哈雷運用牛頓物理學預測哈雷慧星每隔七十六年就訪問地球一次，即使有的迷信者認為那是使人倒霉的象徵，但卻沒有能力去避免這個「殘酷」事實的來臨，就如同希臘人對命運之不可抗拒，而提出了「可欲而不可得」的悲劇命運觀。換言之，命運有外在客觀性，科學所陳述的真命題或事實也具有客觀性，這些都不是簡單的靠人的力量即可改變它、避免它。

羅素大致同意上述論點，並進一步補充說：「在荷馬詩歌中，所能發現與真正宗教情感有關的，並不是奧林匹克的諸神明，而是連宙斯也要服從的命運、必然、定數等這些冥冥中的存在，命運對於整個希臘思想起了極大的影響，而且這也許是科學之所以能產生對於自然律的信仰的根源。」❹

此外，希臘一般流傳的倫理秩序、為事物本身而研究的種種哲學宇宙論的探索，亞里斯多德、阿基米德等人耐心地仔細觀察星象與提出簡潔的數學推論的精神都為進代科學埋下伏筆。至於亞氏等人的嚴革遵照演繹推論的方式及熱情追求普遍性與創立普遍的數學原理、要求清晰且大膽的觀念，再由這些觀念進行嚴謹的推論，……這乃是思想上的準備工作，但仍然不等同於我們所理解的科學（cf. SMW 7）。

此外，自希臘以迄文藝復興之後十七世紀的克卜勒，宇宙論、占星術、天文物理學往往相互影響，甚至有許多哲學家都是身兼物理學家與占星術家，因此，宇宙論、占星術在科學化後產生精密的天文物理學，但純算命的占星術依然持續發展。相對的，東方的命相家對於物理學不甚有研究，仍一直停留在形上宇宙觀的玄思中無法進一步科

學化而只能算命，較佳的，則應用於漢醫，這種發展一直到今日❺。

　　最後，希臘哲學已開展出個體主義與民主思想，雅典城邦已發展出選舉制、多位法官共審一案並民主表決的司法體制等民主制度，為未來自由主義與更健全的自由民主立下基礎。

　　第二，希臘化後期羅馬斯多葛派（Stoicism）的自然律與自然法哲學及羅馬時代羅馬法之提倡與執行，有助於強化西方人對自然和諧秩序的信仰，並且有助於將和諧秩序實踐於日常生活中，而成為一種生活習慣，而不是像東方只是感性的身體感應、信念與游思。

　　羅素則進一步補充斯多葛派在科學與民主的貢獻。羅素認為：「斯多葛派是科學化的，例如在邏輯上，發展了假言三段論、選言三段論及選言這個名詞，對文法的研究和對名詞的各種「格」的變化的創見，也都出自斯多葛派。」❻在知識論方面，羅素則指出：「斯多葛派認為柏拉圖所主張的感官的欺騙性是可避免的，繼而發展出一方面傾向經驗主義的很精緻的知識論，二方面又傾向被後期中世、笛卡爾所接受的先天觀念的理論（並以此作為定義的出發點），三方面他們在數學及科學方法都有進展。在法學上，則區分了自然法（jus naturale）與民族法（jus gentium），並認為所有的人天生是平等的。羅馬皇帝馬庫斯‧奧勒留（Marcus Aurelius）更在他的《沉思集》（*Meditations*）中，擁護一種能使所有人都有同一法律規範的政體，一種能依據平等的權利與平等的言論自由而治理社會的政體，一種最能尊敬被統治者的自由的君主政府。這是一種羅馬帝國不可能澈底實現的理想，但是他卻影響了立法，特別是改善了婦女與奴隸的地位。這種自然法與天賦平等的學說，進入了中世紀，到了十七世紀的洛克

終於開花結果……總體來說，斯多葛派的主要論點固然是倫理學，但這種學說是健康的（sane）、科學的。」❼

我想補充的是：斯多葛派對後代以民主法治來管理社會，而不是走向人治的觀念，非常具有影響力。同時斯多葛派篤信在社會政治的變動之上存在著一種超越實際社會的一種普遍自然律的論點，此即自然法哲學的基礎。在一般獨裁國家經常以「惡法是法」爲藉口去制定惡法，並強制人民遵守這種惡法，並藉此惡法去維護統治階級的既得利益，及透過惡法來壓制抗議此惡法的人，而形成結構性暴力❽。但透過自然法的理論，我們卻可以理性地說明人們並不需要遵守違反自然法的實定法。亦即斯多葛派自然法的思想繼續在歷史上發揚光大，一直到二十世紀。例如中世紀的聖奧古斯丁（St. Augustine, 354-430）更認爲「任何不公正的法律一點都不是眞的法律」（les ingaustauon est lex）。而二十世紀，德國海德堡大學自然法學派大師拉德布魯赫（Gustav Radbruch, 1878-1949）更爲了抵擋希特勒控制下的議會往往以多數暴力通過惡法，斷然由其所精研大半生的實證法理論轉入研究自然法，他主張：「如果在任何法律的制定過程及結論，其公平正義（justise）已不被奮力爭取，而且作爲以公平正義爲核心的平等性（按：即消除任何政治、經濟、教育、文化等一切各式各樣的特權）已不斷地被否定；那麼這種『法律』不只是缺少公平正義的法律，甚至整個地缺少了被稱爲『法律』的本質。當法的正義性與法的安定性相衝突時，原則上國家的實證法占優先，也就是爲了法的安定，承認實定法優先。但是如果國家的實定法牴觸正義性，達到不可容忍的地步時，則法的正義性優於法的安定性，換句話說，應該爲了正義而否

定實定法。國家的實定法，假如不追求正義，並且違反公平，那麼這種法律，不但是一個『不正的法』（unrichtiges Recht），而且失去了作爲法律的資格。國家的實定法完全否定人權，這是絕對的不正當的法律。」❾換言之，惡法應立即修正，若立法機關根本不願修正，人民無需遵守它，因爲它根本沒有資格被稱爲「法」。上述自然法的理論也影響到戒嚴時代的台灣，前所引述的拉德布魯赫的論點即是刊載於民國六十七年的《美麗島》雜誌，第一卷第四期（參閱❾）。此處的「惡法」和較不方便的技術性法律有些區別，關於此，筆者將另文討論之。但上述自然法的理論乃是對抗不義法律、不義政權的重要抗爭武器之一。

總之，斯多葛派、羅馬法由於對自然秩序的信仰，而提供了科學心態，並且透過法律的確實執行，而使此種心態落實於多數西方人的生活習慣中，由此即形成科學化與法治化的「習慣」。斯多葛派也由於進一步發展了基本的邏輯推理與較科學化的知識論與倫理學，因而助長了文藝復興時期科學思潮的重大發展。此外，我們更可看出，其有關自然法的觀念對文藝復興以迄今日的民主思潮，都產生重大的影響。換言之，民主科學的心態與習慣是密切關聯的。

第三，懷德海認爲中世經院哲學與神學中的理性主義由於傳承了古代「事物秩序」、強調邏輯論證及神學理性化，也「把追求確定精確的思維習慣深植在歐洲人的心中」（SMW 12）。如雖然明知上帝是超越理性的，但聖多瑪斯依然透過邏輯中的類比論證運用五種途徑去證明上帝的存在及其特性，此即著名的五路類比論證。這種將神明與宗教理性化及人格化的嘗試。即表示即使宗教亦有理則可循，而不是

盲目的信仰，這種精神有助於養成科學的心態，至少強調邏輯論證、秩序與理智的和諧即是有助於科學知識的產生。總之，懷氏認為「在近代科學理論尚未發展以前，人們就相信科學可能成立的信念，而且是無意識的從中世神學中繁衍（derivative）出來的（SMW 13）」。

在此，我要補充的是下列民主與科學的相關性，亦即上列強調合理性及邏輯論證的精神不只是建構科學理論的基礎，而且是人們在從事民主式的開會、溝通與談判所需要的，因為任何的開會、溝通與談判、協調都應該要講理由，也就是要有論證過程，而不能只武斷地下結論、與動不動即使用多數決，而形成多數暴力❿。至於人格化的神較不會流於空疏；而且將人格神的力量儘量理性化，而使人民能夠理解神明、並合理化自己的信仰即是一種科學的心態。

此外，獨斷（即缺少嚴謹的邏輯論證或沒有理由的盲目相信某一事物）不只不是科學心態，同時也不是民主心態，它是獨裁的根源。上述缺憾也是亞洲後來無法產生高度發展的科學及民主的理由。反過來說，即是要培養任何原本是神祕事物，也儘量要去合理的解釋它、論證它、理解它，才是科學的心態，雖然我們也知道人類理性認知能力仍有其極限，但人生的意義之一即是在此極限中衝刺。一代接一代，一代比一代更將神祕合理化，此即進步，雖然也一直會存在著神祕。換言之，不排除神祕，但也不會盲目、獨斷的相信它的理性心態，也都是發展科學、民主的基礎。

但更重要的是，中世哲學末期，由於唯名論的興起與「信仰的歸信仰，理性的歸理性，知識的歸知識」，理性與知識的發展不再被獨斷的宗教教條與信仰所宰制，因而大為發揚光大，終於導致文藝復興

時期，科學民主的大放光芒❶。

第四，文藝復興時代的伽利略與牛頓等運用精確清晰的數學語言或定量化去度量、解釋及描述自然，而打破了自亞里斯多德以來，一直停留在分類及定性層次的知識。亦即度量比分類更重要，這是科學的本質之一。此外，「伽利略又從亞里斯多德那兒獲得清晰的頭腦與分析的心靈」（SMW 12），至少綜合上兩者才有可能對近代科學產生貢獻。但我要補充的是：文藝復興所強調的人與自然的二元對立也促成了近代科學的興起，更深入言之，乃是由外在客觀的認識自然轉化到操控、利用與征服自然或人定勝天，然後又提升到人理智地與自然和諧相處。這些自然觀的發展都有助於近代科學的開展。此外，文藝復興的再生古希臘的人文主義、個體主義、民主主義，更是促成近代自由主義大興的理由之一。這種思潮相當程度地打破了宗教、政治上的束縛及階級的不平等，再加上經濟的發展比中世紀繁榮，更促成資產階級民主與菁英民主思潮與體制的逐漸興起。這種自由民主的時代氛圍，更有助於科學與理性的自由發展；反過來，科學家與種種知識人也由於科學的發展而日益被社會所重視，這些都有助於民主科學的進一步開展。

總之，懷氏透過西方思想史的分析，認為下列幾點造成了西方近代科學的興起：(1)希臘一般流傳的倫理秩序與悲劇中的命運成了近代思想中的自然秩序；(2)斯多葛的相信自然法則、羅馬法的制定與切實執行；(3)中世紀對神明的合理化所構成的對自然之合理秩序之信念，以及牢不可破的科學心態與習慣；(4)文藝復興運用「數學」去度量、解釋及描述自然。但筆者與羅素的補充使科學民主發展的歷

史因素更周延。

(三)懷德海對亞洲文明的批判

懷德海在反省西方近代科學心態的起源後，也相應的對亞洲文明提出下列批判：

1. 懷德海認為在古希臘同時的印度、中國都曾發展。三者都曾展現相當深度的宗教性、哲學性的思辯，但是古希臘多發展出較完美的技術與方法的訓練，而使古希臘的哲學與文化產生更多元化、更豐碩、更有效力的成果與影響（cf. FR 41）。

2. 懷德海認為大部分的傳統亞洲文明，相對地，都只限於片斷的玄想或體驗，較缺少大規模抽象概念系統的思維與建構，而把「產生新奇的混亂的好奇心窒息了，便得觀念的探險幾乎成為靜止」。因此，「亞洲文明在其輝煌的發展後，即比較的停滯不進，理由就是因為它已耗盡了它的觀念、資本及好奇心的產品。」（FR 72-73）

3. 我們再縮小到各種分殊科學的「個別狹窄範圍的抽象概念系統」言之，「人們也由於具有某種抽象思想系統的存在，才會有新發明，以物理為例，例如：千百萬人都曾見到蘋果從樹上墜下，但在牛頓的心靈中卻具有力學關係的數學系統……」（FR 73），而亞洲文明則較為缺少發展此種對個別分殊學科的個別的抽象思想的系統，當然也缺少大規模抽象思想系統的哲學，所以，上述抽象思想大系統也無從活躍於亞洲人們的心靈中

（FR 73）。傳統亞洲文化所形成的只是片斷的體會與片斷的肉眼式觀察與語言含混籠統的記載；因此較偏重經驗層次的技術，較缺少系統理論層次的科學，及詳細的論證過程及細節化的定量過程。因此整體科技的進步較為緩慢。總之，包含科學性的抽象思想體系是當代亞洲所迫切需要的。

4. 人民的信仰內容，懷氏認為「亞洲對於神明的觀念不是太武斷，就是距離人性太遙遠，因此對於思想的本能習慣無法發生巨大影響，不只使人民無法理性的理解神明，而且似乎盲目的相信，神明是不理性的專制神明，具有許多非人格性或神祕不合理解釋的超自然力量，甚至萬物也由此而出」（SMW 12）。例如：我們看封神榜各種奇妙超越人類理性所能解釋的超自然力量的武功。這些在懷氏看來並不是科學的心態，也無法產生合理化的秩序與理則的信念與習慣。不過，亞洲的神明信仰並不僅只是如懷氏所述，還有其他更多樣性的論述。尤其是其所蘊含的人與自然和諧相處、順乎自然、尊重自然以及對不同神明的包容力等觀念，則非常有助於發展不同於近代科技的今日新科技、宗教民主化及世界和平的種種優於西方宗教的強烈排他性的開放精神。關於發展新科技部分，筆者將論述於《身體、感性與理性》。

5. 我想補充的是，東方的數學工具並未如西方文藝復興時期的精密化。在三百多年前，牛頓與萊布尼茲已發展出微積分。但在東方，這類三百多年前的學問也一直到最近一百年才引進東方。甚至在數十年前，西方國家已將基本的微積分當作高中教

學內容，但東方甚至一半左右的大學生（尤其是文學院）連這
種基本的數學訓練都從缺。偏偏科學的發展與精密數學的訓練
與普及化非常密切關聯。

(四)如何使科技與民主生根

若要使科技與民主生根，除了須培養（一）中所述之種種科學心
態外，也必須落實下列更具體的哲學與文化的研究方向與實踐方式：

1. 發展科技或使科技生根，總是需要吸收相當強化的數學、自然
   科學的知識，且需要將其普遍化於大多數人的心中。但科技知
   識的架構主要是邏輯。偏偏亞洲文明相當缺乏這方面的內涵，
   因此更需要強化此方面的教學，最好在國中即教授非形式的謬
   誤與基本的語言分析，在高中即教授完整的基本邏輯。

2. 在當代科學民主理念對人類生活方式產生巨大影響的時代背景
   下，要創新當代形上學或發展科技或使社會進步，是一定要強
   化邏輯、科學哲學、科學社會學的研究，並使其普遍化。

3. 引進與吸納「肯定科學精神與知識的價值，但也批判其缺憾」
   的哲學論述，例如懷德海與羅素的哲學及相關流派，本書即是
   一例。但是我們也不要忘了對比、吸收、融貫懷氏或羅素所批
   判的其他哲學流派。就如懷氏所說的：「很顯然，形上學的範
   疇並不是獨斷的陳述，他們只是對終極的普遍性作嘗試性的詳
   細表達，而且每個人建立的範疇綱領都有其優點及失敗之處
   （亦即有其有效範圍的限制性），此外，不同的人所建構的範

疇，也可能是相互競爭中的對立，甚至使得彼此之間形成不一致性，但是哲學研究的重要目的之一，即是（同情瞭解對立的另一方，然後尋求它們之間的關聯性與更廣泛的普遍性，藉以）調解它們之間的差異性（及紛爭）。」（PR 8）換言之，更重要的是以部分真理的態度去融貫、協調各種以不同角度去觀照宇宙人生所形成的各種不同的經驗、理論或部分真理，以形成更高級、更普遍的部分真理及更高級的和諧對比的有機整體❷。這種寬廣包容的「真理民主」與「哲學民主」的精神不只是在創新當代東方哲學所需要注意的，也是任何時代，建構任何普遍性而且規模龐大的哲學或任何學問所需要時時保存的，尤其更不應該以政治力排斥學術上的異己。上述精神並不能只是口頭說說，而必須以具體行動去實踐，才有助於科學民主生根。

4. 任何哲學若不能實踐於日常生活的態度與習慣中，則只是紙上談兵，其理論的價值就大打折扣了。但若要使上述「真理民主」與「哲學民主」的精神普及於最大多數人日常生活中，則除了透過語言的傳播，更有賴於社會制度的開放建全，以確保真正的言論自由。因此，任何哲學若要落實於實踐上，最後往往涉及社會哲學與對現行社會制度的批判與重建。所以，面對當代分殊學科之發展，哲學除了需要解決我在《懷海德哲學》所提出的四大時代問題外，也必須深入反省自然科學、社會科學的本質與研究方法，並促成科際整合，這也是二十世紀哲學家應該做的工作之一。

5. 從知識論及形上學的歷史發展觀之，面對古代數學（尤其是歐氏平面幾何）與經驗科學有柏拉圖、亞里斯多德哲學，面對近代的牛頓物理學、數學，則有洛克、康德哲學。但是面對當代符號邏輯、代數、非歐氏幾何、集合論、近代物理（量子論、相對論）的最新開展，以及十九世紀以來生物演化論、社會演化論及社會學、科學心理學、經濟科學、法律學與民主思潮的衝激，單憑透過重新詮釋傳統的東西方哲學，如儒家、道家、佛家或亞里斯多德、康德等即要對其作哲學的回應，是非常不夠的。誠然，懷德海與當代的現象學及其後的發展積極地做了許多回應與批判，但我們還需要大幅吸收當代分析哲學、科學哲學等科學化的哲學，才更充足。

最後，在本書中，筆者曾初步對比了懷德海哲學與東方哲學，但是我們要注意的是，縱然東方哲學的某些結論與西方哲學（如懷德海、康德）或某些論證，有會通之處，但是我們必須特別注意及理解其間的差異性，以及東西方在達到相同結論之前的不同的論證過程與歷史發展過程，如此才能對雙方都產生更強化的滋補作用。這是在論述比較哲學、對比哲學或創造新文化、新哲學所需要特別注意的。就東方而言，最需要滋補的即種種西方式嚴謹的純邏輯、邏輯哲學、科學哲學、數學哲學、語言哲學、科學方法與方法論、知識論、科學化、民主化的哲學宇宙論、美學、史學與社會理論等。而邏輯訓練又是上列學問的基礎，也是民主科學的基礎。因此，筆者特別為邏輯、民主與科學的相互關聯性，出版了三本邏輯與科學哲學之著作，因此

第三本乃以「邏輯・民主・科學」為書名去總結這三本著作的基本精神。換言之，它們不是一般的教科書。筆者也深信如此著述，有助於創新與提升亞洲文明。

三、懷德海知識論的批判與過於強調有機整體性的缺憾

綜合本書所述，可發現，由自然科學知識論的對象論，普遍化到形上學或是廣義的認識論的永恆對象論。甚至，所謂的「科學的認識論」或「最廣義的認識論」均是懷德海形上宇宙論或形上學的部分面向，亦即其所謂的有機哲學或哲學並不認為傳統哲學中有關知識論、形上學、倫理學、美學、社會哲學的區分、及各種分殊科學與主題化的知識……等等的區分，是實際上的區分，而只是抽象的理論區分，亦即從最具體的整體真實與相應的整體知識或整體真理言之，這些分殊部門是相互融貫成一有機的整體，不可孤立研究的。這即是「圓融無礙」哲學的最重要精神之一。在本書中已初步將知識論或認識活動與知識的地位與價值，提升到形上學或存在層次的地位，而使知識與存在之間並無法截然清晰的二分，而形成融貫整體的兩個面相。此外，更將數學、物理、生物學等分殊知識、主題化的知識與相應的分殊存在世界融貫成一有機關聯、渾然為一體的整體性的知識與整體性的存在世界。

懷德海的知識論對抽象思考、化約論、科學化論述的批判，誠然有其獨到的見解，並相應地提出機體哲學；但是，他對科學知識的內在結構、及如何促進知識內部的進步，以及如何積極地將科學精神、

科學方法充分地應用於改善人類的文明發展或提升「生活世界」，是相當浮泛的，尤其是胡塞爾系列。雖然懷德海提出了對象理論及宇宙論，想為知識的結構與知識的客觀性、合理性奠下更好的基礎，甚至透過上述理論去解釋知識為何會不斷地創新，而喚醒人們本有的創造潛能。但無論如何，懷德海與胡塞爾系列對科學化知識的如何成長、如何進步及語言意義的釐清，卻建構地不是非常精緻及系統化；剛好這方面的論述正是二十世紀英美主流哲學——科學哲學與分析哲學，對二十世紀的文明發展最有貢獻的地方。

因此，我們有必要進一步吸收英美主流哲學——科學哲學與分析哲學以補充懷德海及胡塞爾及其相關哲學之不足；反之亦然。

底下，筆者透過羅素、卡納普與殷海光的論點去反思懷德海透過負面批判抽象孤立系統，及過於強調具體性整體性與過於強調有機的內在相互關聯的重要性，所可能產生的某些缺憾。就如殷海光藉羅素與卡納普的論點所指出的：

■ 抽象孤立系統有助於知識的形製

就如殷海光所引羅素之所言：「至少就知識的形製而言，是拿不出辦法的表現。顯然得很，我們所需要的知識總是特指的（specific）。我們要知道人為什麼患胃病，無須知道彗星對地球有何影響，不必知道漢尼拔怎樣攻擊羅馬。我們有把握地說後二者不是前者的充足條件。」❸

■「孤立系統」純然是一個方法論中的技術名詞，有助於科學的發展

殷海光認為，我們要確定相干的範圍，必須假定孤立的系統。並

引羅素對孤立系統的分類方式，將其分爲兩種，解釋孤立系統與科學發展的相關性：

　　1.相對的孤立系統：在一段時期以內相對的孤立系統是這樣的一種系統，即是，無論宇宙其餘的部分怎樣構造，在某一可指明的錯誤邊沿上，它將會在此整個時期內以同樣的方式而動作。亦即相對的孤立系統必須予以特分（specify）。例如：就落體而言，地球是一個相對的孤立系統。但是，就潮汐之漲落而言，地球便不是一個相對的孤立系統，因它受日月之攝引。就經濟現象而言，地球在目前是一個實際的孤立系統；在若干年後，也許不是。

　　2.實際的孤立系統：「在一段時期內雖然宇宙其餘部分的狀態也許產生比已指明的錯誤邊沿較多的錯誤，可是我們有理由相信這樣的狀態在實際上是不會出現的。在這樣一段時期之內的系統，可以叫做『實際的孤立系統』。」

　　這裡所說的「孤立系統」，純然是一個方法論中的技術名詞。這個名詞不含任何情緒義涵（emotive connotation）。沒有孤立系統之設立，獨立變化原理（the principle of independent variation）則不可能。獨立變化原理如不可能，則科學的成就可能較目前的大爲減少❶。

■抽離作用與抽象概念不只促使科學發展，也使科學產生豐富效果，它固然犧牲某些事物，但也掌握某些真實與事實

　　殷海光引卡納普的論點，而認爲「有些哲學家說，抽離作用產生

了邏輯，同樣也產生了定量物理學。這麼一來，關於這個實在世界的某些特點，例如『真正的性質』，沒有把握著，我不同意這種看法。」他接著說：「關於這一點，我們做一個比譬就可明白。假定我們畫一個圓。這個圓占有界劃中的範圍。我們要在圓內畫若干四邊形來占其中若干面積，但這些四邊形並不重疊。我們要辦到這一點，可以用許多不同的方法；但是，無論我們用那一種方法，而且無論我們將有限的程序用多少次，我們總不能占盡圓內所有的面積（任意多邊形可逼近於圓，但不等於圓──作者）然而，如果我們依照與剛才所舉哲學觀點相似的觀點來說，說我們因此一點也未蓋覆著圓內的面積，那是不對的。恰恰相反，對於每一個點，而且甚至對於每一有限的點，都有一組有限的四邊型與之相符，關於抽離，情形正相似。在邏輯系統裡，換句話說，在具有精確語構和語意規律的任何語言系統的任何建構裡，有些東西是犧牲了，即沒有把握著，因為我們行了抽離作用或圖示化。然而，如果我們因此說一個語言系統什麼也沒把握著，那麼是不對的。對於這個世界裡的任何單獨事實，我們可以構造一個語言系統。這個語言系統雖然沒有包羅別的東西，但它卻可表徵這個事實。」顯然的很，如果我們排斥抽離作用的話，那麼正如卡納普所說，我們將「失去科學之最有效果的一些方法」**⓯**。

不過，懷德海並不是如前述所要批評的全然否定抽象論述對論述具體完整的真實的一切價值，也不是極端的機體一元論者，也不是澈底的內部關聯論者，也不是澈底的全體論者，他不只認為抽象概念或孤立系統具有實用性的工具價值，也認為抽象概念形式乃是構成「具體真實」的重要成分，只是他認為還必須補充許多被遺漏的更具體真

實事態，以更接近宇宙大全。簡言之，他是要補充科學方法與科學化哲學之不足。他不像黑格爾的極端的機體一元論，也不像歐陸現象學，如胡塞爾及存在哲學家海德格、法蘭克福學派將抽象概念與科技只是視爲有實用性的工具價值，而不是「眞實」的內在構成成分。

總之，不同的思維模式、不同的學派都有各自的有效適用範圍與功能，也都有助於人們瞭解世界的眞相。整體統觀式固然可見有機整體的林，但是往往不夠清晰與精緻，同時對於個別樹木的論述更是籠統，甚至只將其視爲整體樹林的具體普遍性的例子來描述，而忽略個體的某些性質也可能不是具體普遍系統所能涵蓋，因而無法窮盡論述每個個體更具體實質的特殊性；相對的，邏輯分析式與強調科學化的經驗檢驗的哲學，雖然很難見整體的樹林但卻逐一去清晰精緻地理解每一個個別的特殊的樹木。亦即逐一地解決個別的問題，而不是融貫性、整體性的一次解決。懷德海雖然努力化解上述分析與統觀之間的對立，並盡力地去清晰的見到樹林的整體性與個別樹的具體特殊性，但最後還是偏重前者，而且表達仍不夠清晰，因此，在筆者早期出版的《懷海德哲學》及計畫出版的《存在、價值與生命》即努力彌補這些缺憾。但如此做仍然不夠。我們還需要更精緻的英美哲學所強調的邏輯思考的訓練、經驗分析哲學、科學哲學，以及具體性的歐陸現象學、以人的此有爲主的海德格哲學、及以生命體驗爲主導的亞洲體驗哲學，去進一步補充懷氏型哲學之不足。關於邏輯與科學哲學之入門，筆者曾出版《邏輯與人生——語言與謬誤》（1987）、《語言‧演繹邏輯‧哲學——兼論在宗教與社會的應用》（1991）、《邏輯‧民主‧科學——方法論導讀》（1991）；關於體驗哲學，則將論述於

《身體、感性與理性》，至於有關亞洲哲學與文化也計畫陸續集結昔日舊稿，以提供給讀者參考。目前已出版《命運與人生》（1996）、《命運與姻緣》（1996）主要是論述命理（或算命）的人生哲學；《藝術與人生》（1992）則是一本生活美學的入門書；至於《愛‧婚姻‧家庭──差異‧衝突與和諧》（1996）更是人們在日常生活世界非常容易體驗到的哲學。

簡言之，人們必須培養達觀開朗的心胸，不要狹礙的排斥任一學派，如此才更有益於社會。

四、「具體性誤置的謬誤」之價值定位

在本書中，筆者已透過懷德海「具體性誤置的謬誤」批判了以抽象概念思考為主的下列哲學：(1)柏拉圖的觀念理型論；(2)任何主張亞里斯多德式的由「獨立自存的、且永恆的實體（或譯自立體）（substance）與屬性（attribute）」去詮釋整體宇宙或「共相─殊相」二分或「以抽象的共相解釋具體的殊相」之歷代哲學；(3)笛卡爾的心物二元論；(4)洛克的初性、次性二分理論；(5)康德之主體性概念範疇論、先驗綜合說、現象與物自身的二分；(6)對近代科學與科學唯物論的本質與科學研究方法及其研究成果，所預設的「抽象的孤立系統」、「簡單定位」與「自然二分」；(7)傳統的機械論、生機論、目的論。

底下，筆者再評論休謨、康德等人的哲學，懷德海認為他們都是以抽象概念之範疇去詮釋具體真實、或將上述抽象概念範疇視為具體

的眞實，因此犯了「具體性誤置的謬誤」，例如：忽略了人類的經驗活動除了清晰的概念分析及直接呈現的知覺外，還有最模糊不清、多元複雜的、最具體的因果效應之知覺，及因果效應之時間之流，這種知覺與效應均是「一攝多，多攝一」所構成的具體存在。換言之，這種因果效應既不是如休謨的將因果關聯視爲人類的習慣所導致，也不是康德主體概念思維中的先驗的因果形式，也不是牛頓物理學中抽象思維中的「因果律」的形式，蓋牛頓的因果律主要是偏向於由具體的整體宇宙抽離而成的具有抽象性的物理宇宙中之抽象的因果形式，只是最具體複雜的具有「一攝一切、一切一攝」性質的因果效應之流所抽離出來且簡單單純化及機械化的某些可數量化的重要側面或面向，因而不等同於全體諸多事件與諸多事件的攝受關聯所構成的非常複雜的因果效應之流。

誠然，從具體性的角度言之，懷氏哲學是比康德及亞里斯多德的範疇更觸及人類具體的直接經驗與認識活動的根源處，因而其哲學中之事件與範疇理論比亞里斯多德及康德的範疇論更爲基礎，亦即亞里斯多德及康德的範疇都是人類運用抽象概念思考，由最具體的主客未二分前的最具體最完整的眞實抽離出來的抽象概念，但懷德海自己所提出的範疇總綱，是否是另一種抽象思考所構成的結果？其次，縱然這些範疇總綱是具體普遍性的呈現，而不是如科學之抽象普遍性。因此，懷氏會認爲他的哲學是以具體去解釋抽象，而沒犯「具體性誤置的謬誤」，但是我們也可質疑：這些具體普遍性所形成的系統，是否也因爲其強調普遍必然性及系統性，而形成另一後設層次的抽象性，由此，是否又形成另一層次的「具體性誤置的謬誤」？或許有人會

說：哲學本來就尋求普遍性，也只能表達至此，要不然要如何「做」哲學工作？然而，我們若從另一個角度看，世界具體的個體及其活動，原本就蘊含了許多具有個別差異性及非系統化的事態。吾人是否一定要努力製作任何範疇綱領去尋求其具體普遍性及系統性，然後再將人類所經驗到的一切，納入此一普遍的系統、普遍的觀念。很可能，在透過此系統去運作時，人類所經驗到的某些非系統化的內容也許必須被修改，以適合此系統。換言之，我們是否必須再建構另一種非系統性的哲學以補充系統化哲學的不足。關於此，懷德海也清晰地意識到，因此，他在後期哲學中之《思想之諸模式》中，則非常強調非系統性的哲學會集（philosophical assemblage）對吾人追求真理與智慧的重要性，以補充系統化之不足（cf. MT 2）。此方面，筆者將在《存在、價值與生命》中再詳述。

其次，世界是否真的有抽象普遍同一性的存在，還是如維根斯坦所強調的只有「家族相似性」，這些問題將在《懷德海、羅素與維根斯坦》中細述。不過，我認為：具體性誤置的謬誤，嚴格說來，並不能被視為一種邏輯謬誤，那是由懷氏的哲學典範——由具體的有機整體性與剎那生滅的宇宙觀出發——所產生的對比於其他由抽象靜態的普遍性出發去建構哲學的方式所形成的差異。也可說，犯此種謬誤的諸哲學派別，乃是用另一種方式去瞭解、描述、詮釋整體宇宙或整體真理，只不過，每個學派都只描述到整體宇宙及整體真理的一部分。但無論是犯此謬誤或不犯此謬誤的種種哲學都對吾人理解全體宇宙的奧祕與整體真理產生獨一無二、不可被其他學派所替代的貢獻。只是懷德海所描述的整體宇宙和其他學派相比，更能促使我們注意到整體

宇宙中某些更具體真實、更豐富的重要內容。這些重要內容即是懷氏形上學與後期哲學所要論述的重點。但整體宇宙的全部奧祕仍然不是懷氏型哲學所能窮盡，而仍需要依賴其他觸犯「具體性誤置謬誤」的哲學派別去補充。亦即懷氏哲學依然無法融攝亞里斯多德式、洛克式、康德式及二十世紀科學化哲學的全部哲學精神與內容。因而前述各種被批判的理論仍有助於人們理解懷氏理論所未包含的某些部分真理。也可說，此部分和懷氏所論述的具體真實都是構成全體宇宙奧祕的重要部分。兩者融貫才是更接近完整的真實與真理。

總之，透過批判具體性誤置的謬誤所產生的運用非外在於自然的人類身體去超然地直接經驗、直接感受主體客體、身體與自然未孤立截然二分前的整體真實所形成的具體性思考方式、與同質性思考方式，乃是一種有別於傳統抽象思考模式的新型思考模式，此種新的思考模式對於人類探索整體宇宙的奧祕是非常重要的途徑之一。但由於每種哲學都論述到全體宇宙的某些側面，都形成了適用範圍不同的部分真理，而且其間亦有交集。因此吾人若欲認知與體驗整體宇宙，則在瞭解懷德海所描述的整體宇宙的某些部分或整體架構後，更必須以寬闊的心胸，去研究與同情瞭解前述被批判的犯具體性誤置謬誤的各種哲學流派。反過來，只研究前述被批判的哲學流派，而排斥本系列的哲學，也不是研究哲學的健康心態。更重要的是，大多數對立的學派往往可以互補對方不足之處，而且透過對對立學派的研究，往往會更深入理解雙方的極限與優缺點，繼而更認識自身，甚至形成「相反相成」的效果。筆者在後記中所述的學思歷程即是明顯的例證。從這兒，也可瞭解：單單偏食一個學派會形成「營養不良症」。而哲學工

作者之所以被視爲大哲學家，是因爲他儘量融攝許多前人的研究成果，避免「營養不良症」，並爲人類的瞭解整體宇宙的奧祕或追求眞理，開啓了歷史上所未曾開啓的新方法或論述了過去未曾詳細論述的新內容，由此才形成集大成且原創性非常豐富的哲學，繼而促成哲學、文化與社會的進步。懷德海確實做到此點，故爲大哲學家。

五、具體性思考與抽象性思考的平衡——現代、後現代、未來

具體性思考與抽象性思考乃是人類思維活動的兩大方式，也是歷史上爭辯不休的議題。前者強調若欲瞭解部分，必須考慮當部分置於有機關聯的整體中，整體對部分與部分對其他部分的內在關聯所產生的影響，由於上述兩層次的關聯之作用往往修正了孤立研究此部分的結果，甚至所瞭解的此部分的內在性質會與孤立研究此部分的結果差異非常大，而不只是小幅修正。後者乃是將部分由全體抽離出來，而成爲孤立的此部分去研究，其乃強調科學抽象，以及由各個部分分別清晰孤立的瞭解後，再去整合瞭解全體。

此外，具體性思考強調具有整體性的感性（但俗化後經常墮入只是分離化的個別感官知覺或純粹感官刺激，而無精神性）、身體感受（或身體感應）、身體實踐、直接經驗、直觀、非理性（但俗化後常墮入不理性、反理性，而無法補充清明理性或理智之不足）、主體客體未二分時之整體機體之體驗、是非科學化的思考（但俗化後往往是反科學，而不是補充科學之不足）；相對的，抽象性思考乃偏重清明理性或理智與邏輯的思考、抽象概念與抽象理論的建構、主客二元對立

的認知活動、是科學化的思考。在哲學上，前者形成哲學非科學化的運動，後者則形成哲學科學化的運動。前者導致認為最後的具體真實是具有時間變易性、含混、曖昧、複雜、矛盾、不確定、非規則化、非標準化、非結構化、多元化的種種特性；後者導致認為最後的真實是具有清晰、單純、一致、確定、規則化、結構化。前者偏向整體論；後者偏向化約論。前者偏重主體客體的個別差異，甚至偏重主體的自然感受，但也可發展至相互尊重的互為主體性與互為客體性，甚至取消主體，也可能發展成取消主體與客體截然之二元區分與對立，而步入佛學所說之「空」及「圓融」之心境與真實世界；後者偏向以主體為中心，並清晰明判的區分主體與客體，以便客觀的認識主客二分下的客體，以便獲得有關此種客體的客觀知識，而使主體能夠充分的掌握與運作此種客體與此種客觀的知識。

雖然人們很容易瞭解若要健全地發展文化與提升人生，則上述兩種思維模式均需要，但隨著歷史的發展，人類又不可避免地造成某個人或學派、及某個時代偏重前者或後者。以十九、二十世紀初葉的哲學思潮為例，偏重抽象性、科學化思考的有馬克思、彌爾、羅素、邏輯經驗論、分析哲學、結構主義；偏重具體性思考的有柏克森、胡賽爾現象學及其後之發展（如海德格、沙特等存在哲學家、梅洛龐蒂）、以及俄國的巴赫金，誠然，懷德海力求兩者的平衡，但早期較偏重抽象性思考，中後期較偏重具體性思考。但上述同為抽象性或具體性之諸多哲學系列，彼此間仍有差異，例如：懷德海是偏主客交融，人在自然之內，胡賽爾則主客並非交融，人與自然仍是主客之區分。相對的，但不同系列的哲學彼此間仍可以產生某些共通性。例

如：以抽象性、科學化思考爲主的羅素及其跟隨者、與以具體性思考爲主的懷德海、巴赫金均力主以變易的事件之流作爲最後、最具體的眞實，而解構了傳統亞里斯多德以來所強調的永恆不滅的實體概念。

由於哲學自古以來，即經常引領著各領域的演變，而且領先各種學科的演變約二十年至五十年。其根本理由，無非是哲學是靠全然自由的想像、思辯，並靈活運用邏輯推理與說寫語言的利刃，去使其外顯化。它不需要像文學、藝術、社會科學必須再運用種種圓熟的技巧將無形的思想轉化成小說、戲劇、圖形、建築物、社會體制、甚至必須能夠實質地解決實際問題，才算完成。所以，當具有原創性與領先性的哲學思潮轉化應用於文學、藝術、社會學、政治學、法律學時，往往需要一段時間，而形成時間的落差。也可說，當前的文學、藝術、社會科學等思潮，經常是稍早的哲學所產生的連帶影響。至於普及於一般大衆，且內化入日常生活中，則需要更長的時間，也許五十年、百年、千年，但無論需要多久，哲學的著作是永恆的、且持續和緩地展現其影響力，尤其是較有深度的知識論與形上學，柏拉圖、亞里斯多德、釋迦牟尼、孔子、耶穌、洛克、康德、馬克思、彌爾、懷德海都是如此。

以二十世紀爲例，自十九世紀中葉至二十世紀中葉主要是以偏重抽象性思考、邏輯思考、科學化思考、理性思考與爭自由平等的民主哲學爲主流；因此，二十世紀的前六十年，在藝術上，則形成以理性、邏輯、科學與民主爲主導的現代主義的抽象藝術及各種流派，也充滿了表現追求階級平等的社會意識型態。在這兒，我先以抽象藝術爲例印證之。例如，這六十年發展出蒙德里安（Piet Mondrian, 1872-

1944）的新造型主義（Neo-Plasticism）或叫風格派（De Stijl）、康汀斯基（Vassily Kandinski, 1866-1944）、帕洛克（Jackson Pollock, 1912-56）的抽象表現主義（Abstract Expressionism）、俄國馬勒維基（Kasimir Malevich, 1878-1935）的絕對主義（Suprematism）、佩夫斯納（Persner）、塔特林（Vladimir Tatlin, 1885-1953）的構成主義（Constructivism）及最低限藝術（Minimal Art），甚至五〇年代在台灣的「五月畫會」也強烈地受上述抽象藝術的影響等。其他如野獸派、立體派等繪畫也明顯表現抽象與科學化思考所導致的簡單單純性、一致性等特性。尤其現代主義建築更刻意表現抽象、邏輯與科學化思考所導致的種種特性；並藉此顛覆與批判巴洛克至洛可可年代的非理性、過多無機能性的裝飾、複雜性、矛盾性與封建貴族的階級意識型態；以便上承文藝復興所強調的理性、民主與科學精神。例如：聯合國火柴盒式的大廈、台北市立美術館或種種機能主義的建築，均是在展現單純性、無機能性的裝飾、無限延伸、理性化、秩序化、規則化、一致性、平等化……等抽象建築的特性，但又具有科學化的機能性。再加上由現代主義哲學所強調的抽象普遍性所轉化而成的建築上的超越地域文化差異的國際風格（international style）。

　　但相對的，由於後現代哲學強調互為主體性、非理性、感性、身體感受、具體性、時間性、歷史性、特殊性、差異性、多元性、複雜性、吊詭性或矛盾性等，也使後現代藝術呈現上列特色。例如：強調具體性則揚棄了抽象藝術，而走向經過現代科學洗禮後的後現代的具象藝術，例如：超級寫實主義（hyper-realism）；而強調時間性、變易性、歷程性與身體性，則形成歷程藝術、事件藝術、偶發藝術、身

體藝術、表演藝術等，而由時間性轉化而成的歷史性則轉化而成刻意結合傳統與現代所形成的後現代的重要精神之一，例如：建築上的「後現代古典主義」；而強調具體性、特殊性、差異性、多元化則促使人們注意到現代主義的國際風格所流失的由各地區不同的文化、地理、歷史、種族、國族、族群、性別、階級……等種種因素所造成的各地區應該存在的特殊風格與差異，再配合互為主體性所產生的自由與相互尊重，由此而形成必須尊重各地區獨特風格的保存與開展，繼而在現代主義國際化的背景下，使全世界各地興起了並非完全等同於復古的本土化運動，因而各地紛紛重視與發揚本土文化與藝術，同時興起尋根的熱潮，例如：七十年代及其後的台灣鄉土文學、鄉土美術、鄉土電影及古蹟與聚落的保存……等。若將尊重各地域的文化縮小到尊重各個社區文化的特殊展現，甚至尊重附近周遭環境的風格與生活習慣，則形成社區主義或區域主義（regionalism），由此而促成更多元化、多樣性的社會。

至於現代與後現代的融貫性乃是它們都是努力在打破階級不平等及實踐充滿人道關懷的社會運動。這種思想轉化成藝術，則形成現代主義建築的簡單樸實之風格調，無論是貴族、平民的住家至少在外觀上不像巴洛克產生明顯的階級差異與歧視，而後現代則產生追求民主、平等且反應當代科技、工商社會、大眾文化的普普藝術及其後的種種流派，在性別上則有兩性平等的種種新思潮與藝術的興起，尤其是女性主義。

總之，如果採用方便的二分，則一九〇〇至一九六〇年代的現代主義藝術思潮偏重抽象性思考所呈現的理性、科學化、抽象普遍性、

永恆性、單純、一致、形式平等……等前已述及之種種特徵，而一九
六〇年代之後的後現代主義藝術思潮則偏重具體性思維，強調感性、
非理性、非科學化所展現的具體特殊性、時間變易性、歷史性、複雜
性、矛盾性、多元化、多樣性、社會性、權力慾、情慾的解放、差異
性平等與實質平等……等種種特徵。那麼二十一世紀的未來應該且必
須是走向「抽象與具體的平衡」，繼而形成「抽象中有具體，具體中
有抽象」、「理性中有感性，且感性中有理性」、「科學化與非科學化
的平衡」、「普遍性中有特殊性，且特殊性中有普遍性」、「永恆性中
有剎那生滅，且剎那生滅中有永恆」、「單純一體中有多元複雜，且
多元複雜中有單純一體」、「一致與矛盾的並存」、「連續中有斷裂，
且斷裂中有連續」、「規則與秩序中有非規則與混沌，且非規則與混
沌中有規則與秩序」、「主體中有客體，且客體中有主體」、「國際本
土化，且本土國際化」、「權力慾、情慾的解放與理性的適度節制」、
「形式平等中又融貫了差異性平等與實質平等」……等種種消除兩極
端所產生的平衡、整合與創新，並由此產生和諧對比的新事態，而解
消了傳統、或現代與後現代所視爲二元對立的種種事態，這種化解任
何對立、走向圓融的未來發展趨勢，正是懷德海的圓融哲學所要呈現
的。因此，人們透過懷氏哲學，可以超越與融貫現代、後現代，而邁
向更和諧的未來。

　　嚴格說來，一個健全的人、健全的哲學、或藝術、文學、社會理
論與實踐應當是上兩種思維及其所展現的哲學與藝術的種種特徵的互
相制衡，所形成的一種必要的緊張關聯，甚至形成更高層次的動態演
化中的平衡與和諧，從而促成社會的進步。不過，在人類文明發展的

演化過程中，由於不同時代往往會產生不同的偏重點，而形成該時代的特色或風格或時代氛圍。但通常都是由於前一時代太偏重某種思維模式，而使後一時代，必須且自然地補充其不足，以平衡其偏頗；但後一時代往往由於此補充又形成另一種偏頗，因此，在下個時代又發展新思潮，以平衡其偏差，但又無法達到完美的平衡，因而又產生不平衡的偏差，但又很自然地且必須地再發展新思潮，以再尋求另一層次的動態和諧與平衡……，歷史就在此種追求完美平衡，但又無法完美實現的悲劇中，不斷地演化下去……。

但由於下列理由，我必須在這結語中，再度強調邏輯與抽象思考的重要：

1.具體性思考是人類與生俱來的本能，誠然，當人類此種本能逐漸弱化時，教育上必須強調此種思維方式的重要性，並補強其訓練，一如本書之所述。但即使要達到上述目的，也必須受過嚴謹的抽象思考訓練，才能達成。就如筆者本系列著作之所以比二十年前的碩士論文的表達更清晰、更嚴謹，內容更豐富，除了知識與經驗的遞增外，更根本的理由是因為筆者長期的教授較完整的邏輯課程。換言之，若不能強化抽象性思考，則具體性思考是模糊不清且不自覺，對社會的進步往往只有一點小貢獻。甚至人的思維方式，原本即是運用抽象思考來闡述具體性思考。但由於嚴謹且高度抽象的思考大半需要後天的訓練與教育，而這後天教育之成效，往往決定了一個社會的強勢或弱勢，因此筆者必須再次強調高度抽象思考的重要性。

2.整體宇宙的真實性是具體中有抽象，抽象中有具體，是無法截
  然二分的。是以兩者皆不可偏廢。更何況，抽象的科學知識也
  是由於具體與抽象的平衡才產生，而傳統東方文化正由於抽象
  概念分析的思維模式比西方弱化，也因此較缺少科學與科學
  性，因此需要補強嚴謹且高度抽象的概念分析的思維模式。就
  如懷德海所說的：「科學的產生乃由於對細節的具體事實的狂
  熱及抽象概括的極度傾心，此兩種心態的兼顧達成一種獨特的
  心理平衡，這兩種心態在各地方均曾單獨發展，或失之偏頗，
  而在某些偉大的文明中，科學研究所需要的這種獨特的心理平
  衡，只是偶爾出現，並且產生的效果極微。」（SMW 3, 6）此
  處的「某些偉大的文明」主要是指亞洲文明。
3.由於六○年代後現代思潮比較偏重具體性思考，同時本系列著
  作的哲學也較偏重具體性思考。因此有必要再強調抽象思考的
  重要，以讓人們的思維模式合乎中道，而能成為全方位思考的
  人。這種全方位思考也是成為一流領導人才及形成健全人格或
  「全人格」的基礎，也是超越現代、後現代，走向未來的基礎。

　　由於抽象概念思考的核心主要是邏輯思考與邏輯分析，所以重新
提倡邏輯思考乃是未來思潮的主流。但由於邏輯思考歷經近四十年具
體性思考與體驗哲學的衝擊，因此，此種二十一世紀的新邏輯思考與
邏輯分析必須外顯出有血、有肉、有情感、有美感、有社會價值的具
體生活世界，而不能只是冷默枯乾的純粹形式的論述，我相信這是新
邏輯未來的發展方向。而懷德海在最後期哲學中，也嘗試對邏輯與美

學（cf. MT 60-63, SMW 18）、數學與善（ESP 97-119）予以對比與整合，這也可視爲西方主流與東方主流的思維模式的對比與整合❶。而筆者所著之「邏輯與科學方法」三書即由於採取上述諸方向去論述，因此雖然筆者並未進入哲學系任教，也沒掌握任何的行政力與政治力，也未在媒體大力誇張地宣傳，但上述三本書的讀者群卻非常的廣泛與多元化。這點也初步印證了本文所預測的未來人類思維模式的發展方向。

六、對去除中心化、非系統化、另類、邊緣與顚覆的省思

在後現代的歐陸思潮中，尤其解構主義（destructualism）更強調弱化或去除中心、甚至解消主體及解消最後不可再化約的基本對立的結構，透過此種作法，固然可去除某種霸道或獨裁的形式，而獲得自由；而從英美科學哲學的後期開展，也產生費爾本（P. F. Feyerabend）所提出的「無政府主義的方法論」或「任何皆可行」（anything goes）的新自由的觀念與行動，進而導致對那些原本不被主流、傳統、強勢者所重視的邊緣事態、另類事態能夠被人們所尊重，而有助於社會的進步與和諧。簡言之，強調非中心化（或積極建構多元中心）、非系統化、邊緣、另類及互爲主體性與顚覆的重要性乃是後現代思潮的重要特色之一。

就「去除中心化」而言，傳統宇宙觀往往以「人爲中心」、「以神爲中心」或「以物爲中心」去論述。但懷德海哲學則打破這種中心論，而嘗試以「個別存在觀點」去同情理解、觀照、尊重一切的存

在，無論是人、神、物，也無論是主流、非主流、結構、邊緣或另類之事態，他都盡力融攝於其宇宙觀中，且予以適切的存在價值，而且認為每一種事態都有獨一無二的重要價值，而無法被其他事態所替代。

其次，對於主體、客體二元對立的問題，懷德海一方面就認識論立場，提出古老的主體性原理，亦即，任何存在物至少會被某一主體所感受到，否則無從確認其是否確實存在。只是此主體不限制在人，也可以指一般動物或神。另一方面，就「存有本體論」（ontology）言之，懷德海亦提出存有原理（ontological principle），亦即任何事態（包含形式）必然內存於至少一個實際存在的事物或主體中。此處的實際存在的事物及主體也是包含一剎那的人、物或神。

此外，懷德海認為主體在完成其自身時，即隨時轉化成客體，而等待被其他的主體所攝受，而且必然被至少一個存在物所攝受。此時的主體即轉化成超主體（superject）。也可說，主體一方面形成主體，但又成為超主體及客體。這三個面向是「同時」構成任何剎那事態的三種內在構成分；但這三者在實際上，是「同時」完成的。此處的「同時」或「剎那」，是指具體持續的一段時間，而非抽象的瞬時。但就抽象的理論思考，我們可區分成主體、客體、超主體，而形成種種對立或取消主體等抽象的理論；但就懷德海而言，這些都是從最具體的真實透過抽象的概念思考所造成的「人造的對立與區分」。所以就具體真實而論，就主體與客體乃是相互攝受，因而形成互為主體性與互為客體性。

就懷德海而言，其哲學原本即是系統化哲學為主體，而且認為系

統是非常重要的。但他也批判了系統化的優缺點，而強調哲學除了盡力建構愈廣博圓融的普遍系統外，更必須盡力會集此系統化所遺漏的種種事態，以形成哲學的會集（cf. MT 2），甚至必要時，必須以詩、藝術去印證該系統理論所欲隱喻的部分眞理與補強該系統之不足。此外，他也盡力避免由於高度系統化與組織化的強制性所產生的宰制個體獨特性的自由發展的流弊，因此，懷氏重視個體的自由與特殊存在價值，但也強調「協調」的特殊重要價值，以形成整體的廣大和諧。

對於另類思想與事態，懷氏則認爲人們若接受最高理想價值的誘導、培養高尙的宗教情操〔例如：對世界的整體性關懷、接受神性（上帝之先在性）之誘導，而去感應神的本性或理想〕，並將已完成的現實和最高的理想價值或神性中的理想相對比，則自然會重視超越自己及對自己之外的事態，而意識到「其他性、他異性、另類」（otherness）的特殊存在價值，並將其融入自身中（cf. MT 103），而形成更高級的創新活動。相對的，他者或另類由於受到尊重，而可自由發展其獨特性與新異性，而持續刺激自身、傳統或主流的自我省思。同時另類也由於意識到存在與存在的相互密切關聯性，而自然地攝取他人他物，以豐富其自身，也會產生更高級的創新活動。懷德海甚更注意到邊緣、混沌、非結構化、非規則化、非秩序化、非系統化的事態對宇宙歷程創新與社會進步的特殊重要性。就如其所言：「假如想要超越已被限制住的理想而形成進步，則歷史發展的路徑必須脫離舊有已限制住的路線，且必須沿著混沌的邊緣加以探險，以便形成高級型態的秩序，藉以取代低級型態的秩序。」（PR 111）

上述強調非體系化、另類、邊緣、與混沌、非秩序化對社會進步

的重要性的論點，固然可補充現代主義思潮或大部分人對這方面的忽視。但筆者想補充下列數點：

1. 另類、邊緣思想或事態誠然對社會會產生某些方面的貢獻，而需要獲得尊重，但尊重並不代表將其視為絕對的唯一真理，而且一定要別人及自己接受。
2. 並不是所有「另類、邊緣思想或事態」均會對社會產生相當大的貢獻。
3. 當某些缺少前瞻性與積極建設性的另類思潮或事態被過度誇張其重要的正面價值，而躍居社會的主流，亦即甚至力量大到可宰制非另類，而可「執政」或主導時，則該社會勢必陷入長期的混亂。

但自一九六〇年代，尤其台灣的一九九〇年代更是過份誇大其貢獻，而忽略其對社會所產生的種種負面影響（例如：社會過於失序、治安迅速惡化、道德墮落、暴力壓制了理性等等）。其次，其正面貢獻也比不上主流或被傳統所一直重視的事態與思潮；當然後者對社會也有其負面影響，它們也不應該被視為絕對的真理，而且一定要別人及自己接受，而必須兩者交融互感，以對比整合成和諧的有機整體，才更能促使社會在衝突、和諧中，不斷地創新與進步，以形成更高級的和諧。

也可說，台灣在一九八〇至九〇年代，顛倒離奇或具有顛覆性的非理性新思潮與行為雖然並沒有完全達到可宰制原本被視為主流或重要的核心思潮（例如理性化的思潮）；但也形成一股風潮，而影響少

數喜歡思考且追求流行，但不見得非常有哲學深度及歷史廣度與獨立思考與邏輯論證能力非常強化的人；因此，九〇年代的台灣也形成「顛倒離奇」的社會，每天媒體上都充斥著過多的「怪人怪事」。他們還自認為很有「學問」、很有思考力與「顛覆」性。

但從西方二十世紀思潮的開展，價值的顛覆遠在一九二〇年代即有德國哲學家謝勒（Max Scheller, 1874-1928）著作了《價值的顛覆》，甚至「顛覆」的概念可追溯至蘇格拉底與智者學派的辯論、亞里斯多德的「吾愛吾師，吾更愛真理」、馬克思辯證唯物論的顛覆黑格爾的唯心論等等。但更重要的是，「顛覆」的原意是要顛覆壞的思想與事態，而不是「為顛覆而顛覆」，或把好的思想與事態顛覆掉。也可說，比較值得及應該顛覆的某些具有重大流弊的傳統價值觀念，大部分已在一九七〇年代之前，即已被當時的哲學家指出或批判與顛覆了。換言之，愈往後期的「顛覆」傳統是愈缺少重大價值、愈細節性或「為顛覆而顛覆」，甚至連傳統中不應該被顛覆的，也被一九七〇年代至一九九〇年代或世紀末的某些末流思潮所顛覆。此外，任何一九〇〇至一九七〇年之前的較有價值、較有原創性的哲學，也在俗化及應用過程，逐漸被誤解、曲解、過分簡化，甚至只學習到原有哲學的流弊，而原有哲學的優點卻喪失了。例如俗化及簡化應用至各種社會、政治、藝術、文學思潮（××思潮不等於理論哲學），以及俗化應用及流行至三流教師、大眾文化、一般民眾，再如：某些俗化的解構主義者將God（神）顛覆成蝦子或dog（狗）。某些女性主義的流派顛覆、毀滅性破壞了傳統兩性關係、婚姻與家庭的價值。但又無法積極建構出更好的兩性倫理、更幸福的婚姻與家庭。關於此，可參閱

筆者著《身體、感性與理性》。這種俗化過程所產生的負面現象或許是人類歷史演變的必然存在之惡。畢竟人性的弱點是學壞容易，學好難；消極批評與破壞容易，積極建設難，而多數人又偏好從事容易的工作，而疏於較難、較有深度的工作。因此，上述俗化過程所產生的種種流弊終於導致一九○○年以來，全世界治安的惡化、社會責任感的降低、婚姻與家庭的惡質化等失序亂象。

不過，人們也不需要悲觀，因為哲學家最大的成就感，乃是發現另一位哲學家或上一代哲學家或俗化思潮的流弊；所以，也必然會產生具有豐富原創性的哲學家去糾正現行哲學思潮與文化的流弊，而開展出新時代的新哲學與新文化。

換言之，展望未來，必然是修正二十世紀的現代與後現代思潮的弱點及俗化後所產生的種種流弊，但又吸收了上兩種思潮的優點，並創造出未來的新哲學、新思潮，本人的任何著作均是為此而作。

總之，國人在追求西方流行思潮時，總要再獨立思考作選擇性、批判性的吸收，而不是一味盲目追尋新思潮或任何正在流行的事態。畢竟新思潮及正在流行的事態未必就是好的或合理的，更不必然成為吾人思想與行為所應遵循的準則。

至於如何培養相當強化的獨立思考能力，筆者在《邏輯與人生——語言與謬誤》中曾詳細論述。在這兒，我只提醒讀者：最簡單的方式即多研究和自己目前所偏好的思潮相尖銳對立的流派。如此，不只有助於更深入與整體性理解自己所偏好的思潮，而且更有能力批判它。此處言「批判」意指同時列舉出其優點與缺點，如此，才是較完整的理解該思潮。一個人若連該事態與該思潮的優點與可能產生的流

弊，都不太清楚，即急於推廣或遵循，則就太缺少獨立思考能力了，而且有些不負責任。很可惜，多數人又經常如此。因此，我只好再強調世界沒有十全十美的事物，有好的一面，就有缺憾的一面，「有一好、就沒兩好」。這些雖然是老生常談，但卻蘊含了高深的哲理。

七、本書後續的發展

綜合本書，可發現：若以本書爲基礎，一方面可理解筆者過去所出版的有關邏輯、科學哲學及人生哲學之著作的寫作動機、方式與目的；另一方面則可繼續發展出下列數個方向：(1)走向懷德海所建構的融貫知識、存在、價值、機體、生命與歷程的形上學或宇宙論；(2)銜接歐陸胡塞爾、梅洛龐蒂的現象學；(3)銜接胡塞爾、海德格、羅素及法蘭克福學派，對近代科技思維模式對文化的正負面影響之種種論述，從而建構更完整、更進步、更健康的科技哲學、科技文化與社會哲學；(4)從事東西方哲學的對比、會通與融攝，在相互尊重對方的差異性下，形成多元開放的哲學世界，甚至相互融攝成更廣博圓融的世界新哲學；(5)超越現代、後現代，走向未來。因此，讀者讀完本書，可繼續參閱筆者已出版的有關邏輯、民主、科學系列的「邏輯三書」、「人生三書」與《懷德海哲學》、以及計畫出版的《身體、感性與理性》、《存在、價值與生命》、《懷德海與羅素》、《東方哲學與懷德海》、較通俗的《性、愛慾與兩性平等》、論述過去、現代、後現代與未來藝術思潮的《藝術、美學與人生》、《藝術、美學與社會》以及《民主的哲學》等著作。

註解

❶參閱楊士毅：《邏輯與人生──語言與謬誤》，台北：書林，1998年三版五刷，頁162-163。

❷同上，頁176-179。

❸參閱楊士毅：《邏輯與人生──語言與謬誤》，本書的最主要精神即在培養「就事論事，嚴謹論證」，但要確實做到此，則必須避免犯邏輯謬誤、並建立健全的民主體制，而健全的民主體制的確實實踐，則有賴於避免犯邏輯謬誤，而要避免犯邏輯謬誤，就必須「就事論事，嚴謹論證」。

❹B. Russell, *The History of Western Philosophy,*（Oxford Univ.1946）p.32.

❺詳細內容請參閱楊士毅：《命運與人生》，台北：揚智，1996，頁24-28。

❻B. Russell, *The History of Western Philosophy.* p. 265.

❼Ibid., 275-6.

❽參閱楊士毅：《邏輯與人生──語言與謬誤》，頁264-272。

❾轉引自尤清：〈淺談法治與人權保障〉，台北：美麗島雜誌，第一卷第四期，1978，收錄於《尤清選集》，台北：鹿橋，1985，頁7，10。

❿參閱楊士毅：《邏輯與人生──語言與謬誤》，頁272-276。

⓫參較洪耀勳：《西洋哲學史》，台北：中國文化大學出版部，1983，頁146，160。

⓬關於部分真理的論述，請參閱楊士毅：《邏輯與人生──語言與謬誤》頁33-38。

❸B. Russell, *Mysticism and Logic,* Chapter IX, Norton, New York, 1929. 轉引自《殷海光先生文集》(一),〈因果底解析〉,台北:桂冠,1980,二版,頁304。

❹同上,頁307。

❺R. Carnap, *Logical Foundations of Probability,* IV, 45, D. 轉引自《殷海光先生文集》(一),〈經驗科學的基本謂詞〉,頁577。

❻參較陳奎德:《懷特海》,台北:東大,1994,頁188。

後記——事件、創新與人生

宇宙與人生是由許多事件不斷的發生而形成,其中有的是偶然事件,有的則是必然發生的事件。但無論是偶然或必然,每一個事件的發生總是有意識、無意識地影響著現在及未來,並且構成了現在的某些成分。我很喜歡在人生之旅中,偶然地碰到某些有意義的事件,例如:在路上偶然碰到昔日的學生或多年未聯絡的朋友,或偶然碰到交談得蠻愉快的陌生人。這些偶然事件往往在腦海中留下相當深刻的印象,甚至人生的旅程也經常因為這些偶然的小事件而大拐彎。我常覺得這就是人生最大的樂趣之一;就如同從大學時代迄今,我最喜歡在英式撞球的比賽中,出乎意料地打進球洞而得分。誠然,偶然事件的發生並不見得每次都帶來驚喜,甚至有少數時候會令人感到有些傷感、惘然或悵然。但無論如何,它都可被轉化成某些正面意義。

本書與已出版的《懷海德哲學》(即筆者一九八五年完成的博士論文〈懷海德「實際事物」理論探討〉)及下列計畫出版的著作:《存在、價值與生命》、《身體、感性與理性》、《性愛、兩性平等與家》、《懷德海、羅素與維根斯坦》、《東方哲學與懷德海》、《從圓融到對立》(在本書中,將上列著作簡稱「本系列著作」)等密切相關,但都可獨立閱讀,並可分別產生不同層次的觀念與行動的探險,但又可融貫成一有機整體。其中本書與《存在、價值與生命》係由筆者於一九八〇年五月完成的碩士論文〈懷德海「事件」概念探討〉擴充而成。自寫完此論文到今日補充齊全已近二十年,有時回想過去的

學思歷程，不禁令人感到命運的奇妙與愚弄。

在我念大學物理系時，由於受哲學家方東美教授的啓迪，而對懷德海、東西比較哲學、歐陸哲學非常感興趣。讀哲研所時，碩士、博士論文都是以「懷德海哲學」爲主題，並襯托式地比較了傳統東方哲學。然而，在一九八七年出版《懷海德哲學》後，卻逐漸自我顚覆過去十多年的哲學研究方向，亦即由懷疑到否定「我的碩士、博士論文」、形上學、東西比較哲學、歐陸哲學及方東美哲學的較有效率的社會應用價值。再加上自一九八〇年迄今，一直擔任邏輯教師，所以，在一九八五至一九九三年，我幾乎是偏重邏輯、英美科學哲學與分析哲學的研究。因而於一九八七年出版《邏輯與人生——語言與謬誤》；一九九一年三月，出版《語言・演繹邏輯・哲學——兼論在宗教與社會的應用》，同年十月，出版《邏輯・民主・科學——方法論導讀》；而且十分肯定這方面的研究必然非常有助於亞洲文明的未來發展；即使今日出版和上述系統有些相對立的著作，我仍非常堅持上述論點。更何況，若深入探究上兩種系統，則可發現：兩者並不是不相容的對立，而可相互補充對方之不足。

上述有關邏輯與科學哲學系列的研究，在國內，可視爲殷海光系列的延續與創新；相對的，本系列的著作可視爲方東美哲學的延伸，甚至是嘗試融攝兩者。但更重要的是，透過研究差異性較大或矛盾對立的學派，反而更能深入理解對立兩造所蘊含的更豐富意義及其優缺點，繼而有機會融攝成更廣博圓融的健全哲學。

上述「邏輯三書」出版以來，經常有各種不同階層及不同專長的讀者予以適切的鼓勵。有些年輕一輩的哲學工作者也以爲我是專研邏

輯與科學哲學，但實際上，這方面並不是我最大的專長，但我卻一直有強烈的意願去推廣它，並期望將其內化入整個東方文化系統，因爲這類知識與智慧是傳統東方文化最缺少的，也是最需要補充的。

由於上列因素，所以本系列著作原本不會這麼快就整理出版，因爲「懷德海哲學」或「東西比較哲學」、「歐陸哲學」等領域在我內心深處已是相當遙遠的故事了；甚至在無可奈何的狀況下及爲了知識分子的骨氣，我不得不遠離哲學系所，也很少參加哲學界的盛會……。繼而對哲學界或文化界，感到有些陌生與悵然。

然而，人生與歷史經常由於某些偶發事件，而大拐彎。一九八八年三月二十六日、二十七日，筆者受邀參加台中東海大學哲學研究所召開的「中國哲學與懷德海」研討會。就如前述，離開哲學界（但不是哲學）已是一段不算短的日子，更何況，當時的我仍是到處兼課的半個無業游民，就連大部分懷氏原著及相關資料，都不太清楚置於何處。再加上，我對參加會議的印象並不是非常良好，經常在參加某些會議後，覺得有些浪費時間，甚至某些時候還會感受到一些不值得回味，但也值得記載的人類眞實的痕跡——所謂「人就是人，根本就不是傳統中國哲學所說的『內聖外王』、『聖者氣象』、『眞人』、『神人』、『爲往聖繼絕學、爲萬世開太平』……等說大話的空想事態」；偏偏有些會議常常在論述這類過於理想化的人格。因此，我相當厭惡開會，而且常覺得還有許多比參加這種會議更重要的事情要做。例如：週六、日與妻兒去郊遊（畢竟沒有幸福的家，那有幸福的國，這也是二十世紀末，顚覆「沒有國，那有家」的專制封建的父權思想的新倫理思潮），或參與某些社會改革運動。因此，我一開頭即

堅定地表明不參加，當然也不想提會議論文；然而，東海大學哲研所程石泉所長再度來函，並提供這方面最新英文資料的目錄（但依當時工作情境，我根本不可能去參閱），乃改成參加，但不提論文。不久，程所長又來函督促與鼓勵，更使我必須在矛盾中求統一。

程教授是我念物理系時，教我「普通物裡學」與「理論力學」的孟寰雄教授在浙江大學物理系修哲學課時的老師。孟教授結合古典與近代物理學、數學魔方陣、而對易經河圖洛書中之易數，建構出非常富於原創性的詮釋，並融攝拓樸學與佛學，開展出獨特的時空觀；此外，更對美學與東西方音樂中有關自然音階的理論有其豐富原創性的見解，繼而提出新鋼琴的設計方式，可惜沒有任何工廠願意嘗試。孟教授的多才多藝、淡泊名利與對哲學的研究方式強化了我的哲學志趣。

總之，由於程所長的誠意與熱情及上述師生關係，乃勉強自己追尋那往日的夢想。但一提筆，腦海中所浮現的卻多是戒嚴時期與解嚴初期，種種社會的苦難、某些政客的醜陋面與為了維持其既得利益所編織的政治神話、以及某些主流媒體過於偏差報導的政治「新聞」；當時真的不太願意花太多時間去論述這種似乎是「象牙塔中，不食人間煙火」的純粹理論哲學，尤其是玄之又玄的懷氏形上學。但會議日期愈來愈逼近，最後就在兩位同學趕夜車的抄寫下，匆促繳交〈懷德海與易經〉之初稿。繳交後，我發現所謂「不食人間煙火」的理論哲學，竟然也外顯出許多的社會關懷。

在這次會議中，除了遇到大學時代參與哲學界時所熟悉的師友，也偶然地碰到一些初次相識的「某些陌生人」。在「陌生人」隻字片

語及眼神的傳遞中，我感受到某種特殊的人情溫暖，這種溫暖和師生、同學之情所帶來的相當不同。因而，帶著某種愉快的回憶，回到了台北，並順手整理了碩士論文。但其後又中斷了近七個年頭。換言之，這也是八八年至九五年，我直接接觸懷德海原著的唯一機緣。或許因此埋下日後重新肯定以往研究方向的伏筆。在此，我先對程教授的鼓勵，表達誠摯的謝意。

其次，在這二十年中，筆者為了懷德海所說的「生存得好及生存得更好」，亦即為了教學、生計與滿足自己多樣性的志趣，乃努力鑽研及任教下列各種領域：邏輯、科學哲學、當代西洋哲學、倫理學、人生哲學、西洋思想史、中國哲學專題、東西比較哲學，甚至在哲學領域外，還講授「台灣文化的變遷」、「心理學」以及「藝術概論」、「藝術史」（不是侷限於繪畫與雕塑之美術，也不是哲學系的美學及藝術哲學，但確實靈活應用上述種種哲學理論，以便去創造性詮釋各種藝術創作歷程、作品欣賞與藝術史的如何開展，尤其是生活的藝術化，這種非常寬廣的藝術觀與審美觀正好是懷氏哲學的最重要精神之一）。

此外，為了更深入研究各種藝術，我還在一九九三年，近四十歲且獲得教育部末屆特優教師（非資優）的「虛名」時，仍持續學習繪畫、雕塑及建築。透過建築概論、建築史、古蹟與聚落保存的理論與實際、現代與後現代建築、基本的建築設計及當代繪畫與雕塑等課程，再配合自己高中、大學時代的種種舞台表演經驗，使我逐漸深入體悟（不只是文字的理解）現代與後現代、東方與西方思潮根源性的衝突及其融貫性。甚至，為了使藝術教學更有臨場感，我還和妻子、

小孩兩度遊歐，實地拍攝上課資料。雖然行程匆匆，無緣深入造訪和本書密切關聯的英國劍橋大學。然而倫敦街頭的多樣化、古典與現代的融合以及多種族的和諧交往，卻留下相當深刻的印象。此外，在經過義大利西班牙廣場旁的羅馬傳信大學之舊址時，我想起博士論文指導教授羅光先生在年輕時，就是在這裏攻讀哲學、法學與神學博士的學位。

更重要的是，在二度赴歐的旅程中，有一次在前往德奧邊界附近的一個以水上音樂聞名的聚落之途中，偶然看到「哲學研討會」的廣告，再加上在奧地利、義大利等地區，所居住及活動的場域大多是古蹟聚落保存區及博物館、美術館。也可說，大部分行程都浸潤於美侖美奐煥的建築、音樂、雕塑與繪畫所構成的藝術氛圍中。這一切使我回想起被譽為「哲學界的藝術家與詩人」的方東美先生。

就如前述，我之所以研究懷德海哲學主要是受方先生的影響。在古典希臘與近代歐洲、以及英美與歐陸哲學之方便區分中，方教授相當偏好古希臘、及位於英美與歐陸、東方與西方的平衡點的懷德海、以及近代與當代歐陸的斯賓諾莎、黑格爾、尼采、胡賽爾現象學與海德格，當然都是批判性的吸收。雖然他也盡力吸收英美主流系統中有助於建構其哲學體系的某些內容，但方先生對這方面存有某些整體性的偏見，而造成其與殷海光學派的對立。此外，他更強調以生命與價值為中心去建構哲學，這也是懷德海中後期哲學的最重要特色。表現在藝術上，則方先生非常讚美古典系列，而貶低巴洛克與洛可可的藝術。

總之，上列種種富於藝術性的事件以及企圖化解方東美與殷海光

不同理路的對立，使我加速整理舊稿，並使本系列著作增強了藝術面向的開展，並更深入反省邏輯與科學化論述的優缺點。

此外，我的祖母與姑媽都是戒律非常嚴謹的先天派齋教的出家居士，她們所修行寺院之願興住持由於精通命理風水。這也影響我對佛學、易經與命理的特殊偏好。大二暑假，願興住持更拿《圓覺經》與命理書籍給我閱讀。更重要的是，祖母與姑媽雖然沒有閱讀許多佛學理論，但卻是真實的實踐者；透過這種身體實踐行動與身體感受，使她們享有許多美好單純的時光與多重複雜的宇宙觀。或許年齡的關係，我不曾看到祖母表現出急燥或生氣，她的言談始終是那麼溫和與輕柔，甚至在圓寂後，仍端坐於椅上，而且在迴向時，膚色仍相當紅潤細緻且有點彈性。她與祖父及願興住持都非常平和地度過近百年的塵世之旅。

記得祖父在晚年時，視力非常薄弱，但仍透過身體感受、豐富的生活體驗、台灣民間信仰的實踐以及非常強化的思辨力，與許多階層的人，侃侃而談。「蓋」到高潮時，就自然地吟唱起詩歌。有時還會請聽眾應「下一句」。換言之，狹隘的視覺經驗並不是追求最高智慧與真理的最重要工具。這也是柏拉圖、懷德海哲學的特色之一。

上述經驗都使我更堅信，實踐行動與身體感受對人生的特殊重要價值。尤其對佛與不同宗教的種種神明的感應，並不能只依賴想像、信或不信，最重要的是，必須透過種種修行與身體感受，才能達成。此處的「修行」包含個人的獨善其身、積陰德、與慈濟功德會式的社會實踐。所以，我在本系列著作中，都非常強化身體感受與生命實踐行動的意義與價值，以便更適切、更具體化地詮釋原本即強調生命實

踐與身體感受的懷德海的自然哲學、認識論、歷程形上學及宗教哲學。

此外，祖父、父母與我都是台灣民間信仰所蘊含的「宗教自由人」與「多元開放的信仰」的澈底實踐者，因此，對於各種宗教、各種神明或無神論的信仰都相當尊重與體諒；而我則增添了從宗教哲學、科學與理性等多重角度，去儘量寬容與適切的詮釋各種宗教，但也批評其缺憾，以避免由於宗教的威權而導致專制獨裁的封閉信仰，甚至因此而形成種種宗教紛爭與宗教性偏差行為，當然更積極宣揚與實踐「宗教自由人」、「多元開放的信仰」與「宗教民主化」等信念。碰巧懷德海有關宗教與神明的論述，正是企圖融貫古今與世界各地的各種宗教信仰，以化解各種宗教衝突，同時更可為筆者近十年所宣揚的「宗教民主化」、「宗教自由人」、「開放的信仰」等信念與行動，提供深厚的哲學與理性的基礎，我堅信這將是未來新宗教思潮的主流。所以，筆者在《懷德海哲學》曾特立專章，深入論述此議題。

此外，我又為了教學與志趣，沉潛精讀了羅素的名著《西洋哲學史——其與自古至今的政治及社會環境的相關性》與洪耀勳教授的《哲學導論》及《西洋哲學史》，並重新研究胡塞爾、海德格的哲學。沒想到，它們使我豁然頓悟許多關鍵性的知識、智慧與字眼。這使我更有能力去更清晰地去創造性詮釋、補充與應用懷氏哲學。這些都將直接或間接的呈現在本系列著作中。

就是在上述多種生活方式的交互融攝下，使我重新肯定當年研究懷德海、方東美與相關學派的許多價值。若用黑格爾、馬克思辯證法的術語，則一九七四年開始旁聽方東美教授的課程至一九八六年前後

乃是「正」，一九八六至一九九三年則是「反」的時期，一九九三年迄今乃透過揚棄（Aufheben）的過程（即保留、打破、提升），進入「合」的階段。但這「合」的階段也有其過渡期，亦即在一九八五至八七年寫作「邏輯與人生」等三本書時，即已嘗試以殷海光先生所論述的有關邏輯上非形式的謬誤與語言分析及演繹、歸納、科學哲學為基礎，去闡揚基礎的民主與科學理論，並旁通至方東美哲學的某些重要內容。而在「合」的階段，則是先透過人生哲學去初步融攝懷德海及相對立學派，因而於一九九三年，出版了《藝術與人生》，這是一本論述廣義的藝術與生活美學的入門書，而不是專論菁英藝術，這也是懷德海的美學與審美教育理論的重要特色之一。一九九六年七月出版《命運與人生》、《命運與姻緣》，這兩本是應用懷氏事件與機體哲學、邏輯、語言分析、科學哲學、傳統與現代的倫理學及美學去提升普遍流傳於民間的「命相、卜卦與風水」之思想，以改造成學術化，但又不失生活化的「民間哲學」。同年底，又用上述方式出版了《愛‧婚姻‧家庭——差異‧衝突與和諧》。至於本系列著作則是更深一層的由知識論、形上學、倫理學去融貫與懷德海、方東美相對立的學派。

在傳統學術界，往往將英美與歐陸、東方與西方、哲學科學化與哲學非科學化、理性與非理性、邏輯與非邏輯、科學哲學分析哲學與形上學、現代與後現代、科技與人文、藝術與科學、科學與宗教……等兩種理路，視為強烈的對立事態；繼而形成各門派各據哲學系山頭。良性一點的，或可形成學派民主；若墮入惡性的鬥爭，則往往不擇手段，運用種種不合理的藉口，強烈排斥異己，形成結構性暴力，

儼然像「學術黑道」，偏偏這種人往往在戒嚴與解嚴初期握有某些行政權力。誠然，學術教育界為了追求自己學派的理想，以及受制於現實社會人事與經濟資源的有限，而集中人力資源去深入鑽研某一學派，或許值得體諒。但是一個系所或學校，若只讓學生偏食某特定學派（無論是學術的或政治的）的偏見，總是會患了「營養不良症」。這種教育反而成了社會邁向民主、開放與多元化的絆腳石，這顯然不是研究哲學者應有的行為，更不是研究哲學的目標。有時，也慶幸自己剛好為了知識分子的一點骨氣，而「無緣」久留國立大學與哲學系所任教（羅素、佩爾士也是如此，而懷德海則到六十三歲才任教哲學系所），但也由於與學院哲學界保持一點適切的無利害關係的距離，反而更容易看清楚各學派的優缺點，較不受制於派系主義與學院主義的限制，而得以悠遊於廣大浩瀚的哲學領域及各門學科的海洋裏，並形成真正的「通識」。正好我也一直主張健全完整的哲學應該是整合人文、自然、社會與形式科學所構成的通識之學，並可提供上述諸學科往前創新的理論基礎，就如懷德海哲學與歷代大哲學家所顯示的。換言之，這十多年來與學院哲學界的無緣，雖然失去非常多；但相對的，也在自我要求與外界刺激下，開發不少潛能，最基本的即力圖解消與融貫上述對立。俗謂「禍福相依」、「失之東隅，收之桑榆」或許相當接近真理，甚至也是筆者十多年來聊以自慰、以維持達觀開朗的方式之一。

　　本系列著作即力求解消上文所提及的種種對立，以廣納各種學派，並延伸應用到各個分殊學科。畢竟上述種種對立，是可相互補充對方的不足。例如：懷德海雖然曾批判哲學科學化的缺失，但這並不

意味著「反科學」、也不意味著科學化的哲學是無價值；相反的，哲學非科學化與科學化必須相互補充，才更有益於人類社會。這種化解學派對立，而力圖建立廣博圓融的哲學與開放的心態，也是筆者在教授各種傳統上視為對立的學派與各種學術領域時，所努力的方向。換言之，培養開放、寬容與充滿創造力的心靈，以及具備通識的素養，而不是只當個專家或「訓練有素的狗」，乃是本系列著作所刻意強調的重要精神之一。在此種背景下，筆者乃大幅修訂早期的論文，因而出版此書。

雖然十多年來，筆者的碩士論文〈懷海德「事件」概念探討〉（1980年）並未廣為發行，但其中有關「具體性誤置的謬誤」的詮釋、我自己對牛頓物理學所使用的微積分及孤立系統之詮釋與批判、以及將「科學的結構」區分成形上預設或預設、基本設定、理論及經驗資料或實驗等數層次，及由此導致的科學的本質——抽象性、修正性、近似性、孤立性……等，主要是我在研究科學的結構與科學方法學上的一些心得，並將其用於分析懷德海的科學哲學等，以及將「簡單定位」區分成狹義與廣義，甚至對事件與對象之特性等方面的詮釋，卻也經由某些書籍與論文傳播出去。但由於筆者在碩士論文並不是非常清晰地區分筆者的觀念、分析方法與懷德海原著的差異，而似乎都是以懷德海原著之所述去表達。由於上述表達的缺憾，導致日後有些著述懷德海哲學的人均依照筆者碩士論文或某些書籍的表達方式去表述。在本書中，我則更嚴謹的表達出筆者與懷氏觀點的區分、與如何補充懷氏之不足。

本書的完成，必須優先感謝家姐楊珍玲在一九八〇年幫忙謄寫碩

士論文。其次，必須感謝下列諸位師友與學生：碩士論文指導老師高懷民教授當年的協助；程石泉教授的強力催稿與對後輩誠懇的鼓勵；輔大王聰智、台北師範學院張炳陽、政大彭文林、靜宜大學楊植勝等教授對本書部分內容的評論與建議。陳秀娥、馮曉雙、黃小菁、游雅惠、賴靜儀、蘇曉屏、張依平、楊惠儀、孫天美等人接力賽式的打字；林春枝幫忙解讀某些英文語句。並感謝二十多年前，大學物理系與哲研所時代所交往的以方東美為中心的哲學界師友。這些師友大多會出現在本系列著作中。雖然十多年來，很少碰面，但那段充滿天眞熱情的日子確實是我人生旅程的重要轉捩點之一。本系列著作也可說是對當年的思維內容作一歷史的回顧與創造性的轉化。

　　同時謹以本系列著作獻給方東美先生與殷海光先生。雖然方先生及殷先生的思路在台灣學術界乃長期對立，但筆者卻透過他們異質性的啓發，以及筆者長期的哲學思索與社會改革的實踐行動中，自然而然地解消上述對立。這其中的重要外在因素乃是一九七九年所發生的「美麗島事件」。當時「美麗島七君子」在軍法大審中的公開辯白與民主行動，震醒了我獨斷的美夢，使我驚覺到台灣非常需要殷海光式的自由民主與科學的哲學。很幸運地，在腦袋更清醒後的那年，我開始正式教授邏輯與哲學，因此，並未「誤人子弟」。這是我永遠感到快慰的一個事件。然而，我又發現：若要使自由民主更健全，除了培養多元化的思維方式與高尚的道德外，更需要培養藝術欣賞與審美能力以及和平心境的宗教情操，後兩者是殷海光學派較欠缺的，但正好是方東美學派之所長。總之，一個社會若要建構優質的自由、民主、科學、藝術與宗教，則上兩套哲學是必須同時具備的。所以，我在參加

一九九三年「419」「總統直選」的街頭運動後，即不再直接參與社會改革運動，而重新回到書房繼續著述。這期間除了從影響人生的七大要素去論述人類自由從何而生及如何改造命運外，並將上述命理哲學應用於闡明多元化、民主化社會及台灣文化與台灣的命運，而完成《命運與人生》；此外，也由命理哲學去論述自由、命定及責任的真諦，並從科學哲學去深入反省算命的科學性與民主性，這就構成《命運與姻緣》的部分重要內容。至於純理論哲學的著述，則是完成本書。

　　回顧多年的自我顛覆歷程，而至今日才有充分的能力對以往的研究內容重新價值定位，不禁令人感到命運的奇妙。本系列著作就是在上述種種因緣和合或諸多事件的相互融攝下，斷斷續續整理出來的。

楊士毅

台灣台北

一九八一年五月初稿

一九九九年八月定稿

參考書目

懷德海的英文原著

Principia Mathematica. 3vols.（With B. Russell）（Cambridge: Cambridge Univ. Press, 1910~1913）

An Introduction to Mathematics（New York: Oxford Univ. Press, 1978）

An Enquiry Concerning the Principles of Natural Knowledge. 1st. ed.（Cambridge: Cambridge University Press, 1919）

The Principle of Relativity.（Cambridge: Cambridge Univ. Press, 1922）

The Concept of Nature. 3d ed.,（Cambridge: Cambridge University Press, 1978）

Science and the Modern World. 1st ed.,（New York: The Free Press, 1967）

Religion in the Making. 3d ed.,（New York: The Macmillan Publishing Co., Inc., 1963）

Symbolism, Its Meaning and Effect（New York: The Macmillan Publishing Co., Inc., 1958）

The Aims of Education and other Essays（New York: The Macmillan Co., 1953）

Process and Reality. Corrected ed., edited by David Ray Griffin and Donald W. Sherburne 1st ed.,（New York: The Free Press, 1979）

Adventures of Ideas. 1st ed.（New York: The Free Press, 1967）

Modes of Thought. 1st ed.,（New York: The Free Press. 1968）

Essays in Science and Philosophy（New York: Philosophical Library, 1948）

Dialogues of Alfred North Whitehead, as recorded by Lucien Price,（Boston: Little, Brown and Co., 1955）

懷德海原著的中譯本

懷德海著，謝幼偉譯：《理性的職能》（*Function of Reason*），附於《懷黑德的哲學》（台北：先知出版社，1974）

懷德海著，謝幼偉譯：《思想之方式》（*Modes of Thought*）（台北：德華出版社，1976）

懷德海著，傅佩榮譯：《科學與近現代世界》（*Science and the Modern World*）（台北：黎明出版社，1981）

懷德海著，吳志宏譯：《教育的目的》（*The Aims of Education*）（台北：桂冠出版社，1994）

懷德海著，蔡坤鴻譯：《宗教的創生》（*Religion in the Making*）（台北：桂冠出版社，1996）

懷德海著，張旺山譯：〈思辨哲學〉（台北：《台灣大學哲學年刊》，第二期，1983年10月，頁74-82），譯自《歷程與真實》。

懷德海著，張旺山譯：〈哲學方法〉（上、下）（台北：《哲學與文化月刊》，第十卷第十期，1983年10月，頁33-37、第十卷第十一期，1983年11月，頁50-55），譯自《觀念的探險》。

懷德海其人其事

洛伊（Victor Lowe）著，杜文仁譯：〈懷海德小傳〉，1970年版大英
　　百科全書，刊於《台灣大學哲學年刊》，創刊號，1983。

羅素著，林衡哲譯：《羅素回憶集》（台北：志文出版社，1967）

羅素著，宋瑞譯：《羅素自傳》（台北：水牛出版社，1971）

導論

謝幼偉：《懷黑德哲學》（台北：先知出版社，1974）

陳奎德：《懷特海》（台北：東大圖書公司，1994）

沈清松：《現代哲學論衡》（台北：黎明，1985）

波亨斯基著，郭博文譯：《當代歐洲哲學》（台北：協志出版社，民
　　國58年3月初版）

綜合型

Schilpp, Paul A. ed., *The Philosophy of Alfred North Whitehead,* 2d ed.,
　　（New York: Tudor Publishing Co. for The Library of Living
　　Philosophers, 1951）此書乃結合當時的懷氏哲學專家，就懷氏哲
　　學的各個面相予以探索。

George, L. ed., *Alfred North Whitehead: Essays on His Philosophy*
　　（Cliffs. N. J.: Prentice-Hall, Inc., 1963）

Lawrence, Nathaniel, *Whitehead 's Philosophical Development.* With
　　Foreword by Stephen C. Pepper（Berkeley and Los Angeles: Univ.

of California Press, 1956）

楊士毅：〈論懷海德科學哲學的沒落及其形上學興起的原因〉，《東
　　　吳大學傳習錄》第五期，1985年，頁351-366。

從哲學史的開展與後現代論懷德海哲學

Hartshorne, Charles, *Insights & Oversights of Great Thinkers, A Evolution
　　of Western Philosophy*（New York: Albany State Univ. of New York
　　Press, 1983）。《偉大思想家的洞觀與超越洞觀──西洋哲學的演
　　化》此書乃傳承自羅素西洋哲學史，論述歷代哲學家，並藉此凸
　　顯懷德海──哈次宏系列的哲學。例如：懷德海與羅素、懷德海
　　與胡塞爾的對比。

Resche Nicholas, *Process Metaphysics, An Introduction to Process
　　Philosophy*（New York: State University of New York Press,
　　1996）。此書追溯歷史上各種懷德海式的歷程哲學的開展。

Levi, Albert W., *Philosophy and the Modern World.*〔Midway Reprint,
　　Chicago: University of Chicago Press, 1977）

Griffin, David Ray, *Founder of Constructive Postmodern Philosophy:
　　Peirce, James, Bergson, Whitehead and Hartshorne*,《後現代哲學的
　　建立者：佩爾士、詹姆士、柏克森、懷德海及哈茨宏》（New
　　York: Albany State Univ. of New York Press, 1993）。此書及從後現
　　代的角度去闡明懷氏的部分哲學精神。

知識論與科學哲學

楊士毅：〈懷德海「事件」概念探討〉（文化大學哲學研究所，碩士
　　　論文，1980）此論文也初論存在、價值、歷程與生命融為以
　　　一體的宇宙觀。

_____：〈從自然二分法與簡單定位論事件與機體理論的起源〉（《世
　　　新人文學報》第五期，1996年7月，頁1-41）

_____：〈身體‧感性與理性──懷德海「身體感受」理論之分析、
　　　延伸與應用〉（台北：《世新人文學報》第六期，1997年1
　　　月，頁1-44）

_____：〈具體事件與抽象對象的對比及對象的層級〉（台北：《世
　　　新人文學報》第七期，1997年7月，頁55-93）

趙之振：〈論懷德海哲學中之主體概念（台北：台灣大學哲學哲研所
　　　碩士論文，1984）

俞懿嫻：〈懷德海與簡單定位〉（《中國文化月刊》，第109期，1988年
　　　11月，頁46-64）

吳金星：〈懷德海歷程觀〉（台中：東海大學哲學研究所，博士論
　　　文，1997）此論文也涉及擴延連續體與生命的宇宙觀。

Palter, Robert M., *Whitehead's Philosophy of Science*. 2nd ed.,
　　（Chicago: The University of Chicago Press, 1970）

Russell, B., *The Problems of Philosophy*（New York: Oxford Univ. Press,
　　1982）

_____, *Our Knowledge of the External World*（London: George Allen &

Unwin Ltd., 1952）上兩本羅素的著作有益於理解與對比懷德
海。

形上學

楊士毅：《懷海德哲學》（台北：東大圖書公司，1987）此書對於懷
　　　　氏的實際事態與歷程諸面相、形上社會理論、神明詳細描述
　　　　形上學有相當充分的分析與補充，有助於讀者閱讀那深奧難
　　　　懂的《歷程與眞實》。此外，更論述社會等級的評鑑標準，
　　　　而從形上宇宙論論證出自由民主且能協調創新的社會乃是較
　　　　高級的社會，並透過懷氏神明理論去融貫各種不同宗教的神
　　　　明信仰，包含台灣民間信仰。

_____：〈從相對論談多重宇宙與人生即是夢〉（台北：《世新傳播
　　　　學院人文學報》第一期，1994年7月，頁237-276）

_____：〈懷德海論事件、價值與攝受的相關性〉（世新傳播學院84
　　　　學年度共同科第一次學術討論會，1995年10月13日）

沈清松：《物理之後——形上學的發展》（台北：牛頓，1994）本書
　　　　配合海德格的存有論去詮釋創造力與存在範疇，並附簡單圖
　　　　解說明形上宇宙論的大致結構，而有助於吾人理解懷氏形上
　　　　學與神的功能。但讀者切記，這是一種方便，具體眞實的整
　　　　體宇宙與神的多重、深奧、複雜與寬廣仍有帶人們更深一層
　　　　去理解與體驗。

Johnson, A. H., *Whiteheads Theory on Reality*（Boston: The Beacon
　　　　Press, 1952）詹森（Johnson）的英文表達清晰流利、詮釋相當精

確，因此其著作非常適合非英語系統的人閱讀的英文入門書。

Lowe, V., Hartshorne, C., Johnson, A. H., *Whitehead and the Modern World*（Boston: The Beacon Press, 1950）。其中哈茨弘曾列舉十大創見。此書英文也相當易讀。台大圖書館有此書。讀者可立即全體性或整體性了解懷氏哲學的創見。

Sherburne, Donald W.所編的*A Key to Whitehead's Process and Reality*（Chicago and London: The Univ. of Chicago Press, 1981）。此書節錄自《歷程與真實》原文所編成的手冊。更重要的，此後半部附有懷氏專用術語的解釋，可視爲懷氏《歷程與真實》的專用字典。不過，筆者仍然覺得不夠精確與完整，這是「字典」所難免的缺點。但無論如何，幫助相當大。

Wallack, F. Brandford, *The Epochal Nature of Process in Whiteheads Metaphysics*（Albany: State Univ. of New York Press, 1980），此書後的參考書刊、期刊種類甚多，可參閱之。

Christian, William A., *An Interpretation of Whitehead's Metaphysics*（Connecticut: Greenwood Press, Inc., 1977）此書深入且細節化，甚至超出懷氏形上學的細節。

Rapp, Friedrich, Wiehl Reiner,（ed.）德文版*Whitehead metaphysik der Kreativitat*（Freibrug Munchen: Abler, 1986）；英文版*Whitehead's Metaphysics of Creativity*《懷德海「創造力」之形上學》（Albany: State Univ. of New York Press, 1990）

倫理學與政治、社會哲學

Johnson, A. H. *Whitehead's American Essays in Social Philosophy*（New York: Harper Brothers, 1959），1975年改由Greenwood Press, Inc. 出版。

Morris, Randall C. *Process Philosophy and Political Ideology: The Social and Political Thought of A. N. Whitehead and C. Hartshorne*《歷程哲學與政治意識型態 —— 懷德海與哈茨弘之社會與政治思想》（State Univ. of New York, Press, 1991）

Hartshorne Charles, *Wisdom as Moderation: A Philosophy of the Middle Way*《中觀的智慧 —— 中道哲學》（State Univ. of New York Press, 1987）以龍樹中道論與懷德海的圓融哲學與哈次宏哲學為本，去批判各流派的應用倫理學之著作。

文化哲學

Johnson, A. H. ed. *Whitehead's Philosophy of Civilization*《懷德海的文明哲學》（台北：泛美，1967）。此書表達非常清晰且容易理解。

宗教哲學

Hartshorne, Charles, The Divine Reality: *A Social Conception Of God*（New Haven and London: Yale Univ. Press, 1948初版，1976）

Conneley, R. J., Whitehead VS Hartshorne: *Basic Metaphysical Issues*（Washington: University Press of America, 1981）

蘇景星：〈懷德海的上帝觀〉（台中：東海大學哲研所，博士論文，
　　　　1991），此論文深入闡明上帝與文明各種價值，尤其對「和
　　　　平」的論述更有深刻的理解與體驗。

林如心：〈從懷德海與哈茨宏的形上學比較二者的上帝觀〉（台北：
　　　　台灣大學哲研所，碩士論文，1987）

張訓義：〈懷德海宗教思想探討〉（台北：文化大學哲學研究所，碩
　　　　士論文，1995）

教育哲學

趙一葦：《懷德海的價值哲學與教育》（台北：文源書局，1988）

趙一葦：《懷德海的哲學、教育與宗教論文集》（台北：文源書局，
　　　　1989）

上兩本著作也可視爲懷德海哲學的綜論。

美學與藝術哲學

Susanne K. Langer, *Philosophy in a New Key*（New York: Mentor Books,
　　　1942）

Susanne K. Langer, *Feeling and Forms*（New York：Charles Scribner's
　　　Sons, 1953）。

蘇珊‧朗格著，劉大基等譯：《感情與形式》（台北：商鼎文化出版
　　　社，1991）

米德（Sir Herdert Read）著，孫旗譯：《現代藝術哲學》（The
　　　Philosophy of Modern Art, 1953）《現代藝術哲學》（台北：東大圖

書公司，1989）

物理與哲學

Heisenberg, Wener, *The Physicist Conception of Nature.* Trans. by Arnold
J. Pomerans（New York: Harcourt, Brace Company, 1958）

_____, *Physics and Philosophy*（New York: Harper and Row, 1962）

Capra, Fritjof, *The Tao of Physics.* 4th ed.（New York: Bantam Books,
Inc., 1977）

伊利亞、普里戈金（Ilya Prigogine）著，沈力譯：《混沌中的秩序》
（台北：結構群，1990）

懷德海與黑格爾、海德格等的對比與創新

George R. Lucas, JR. ed. *Hegel and Whitehead: Contemporary
Perspectives on Systematic Philosophy*《黑格爾與懷德海：系統哲
學的當代透視》（State Univ. of New York Press, 1986）。本書共分
為四大部分：(1)歷史透視；(2)形上學與系統哲學；(3)自然與心
靈；(4)道德、美學與宗教經驗。內容包含當代形上學、科學哲
學、心靈哲學、倫理學、社會學、宗教哲學、歷史哲學、文化哲
學。

Darrel E. Christensen, *The Search for Concreteness: Reflections of Hegel
and Whitehead, a Treatise on self-evidence and Critical method in
Philosophy,*《具體性尋求：對黑格爾與懷德海的反思；論哲學中
的自明性與批判方法》（PA: Suspuehanna Univ. Press 1986）

Ron L. Looper, *Heideger and Whitehead: A Phenomenolohical Experience*
《懷德海與海德格》（Ohio: Ohio Univ. Press, 1993）

關於東西比較哲學

東海大學哲學研究所主編：《中國哲學與懷德海》：（台北：東大圖
書公司，1989）。

Stere Odin, *Process Metaphysics and Hua-Yen Buddahism*《歷程形上學
與華嚴佛學》（Albany: State Univ. of New York Press, 1982）

方東美：《科學哲學與人生》（台北：黎明，民國54年9月，台二版）

_____：《生生之德》（台北：黎明，1979）

_____：《中國大乘佛學》（台北：黎明，1984）

_____：《華嚴宗哲學》（上冊）（台北：黎明，1981）

_____：《華嚴宗哲學》（下冊）（台北：黎明，1981）

_____：《新儒家哲學十八講》（台北：黎明，1983）

_____：《人生哲學講義》（黃振華筆記）（台北：時英出版社，
1993）

Fang, Thom 'e H.,（方東美）, *Chinese Philosophy: Its Spirit and Its
Development*《中國哲學之精神及其發展》（台北：聯經出版公
司，1981）

_____, *The Chinese View of Life.*（Taipei: Linking（聯經）Publishing
Co., 1980）Preface. 此書於1956年，由Hong Kong: The Union
Press 出版。

_____, *Creativity in Man and Nature.* Taipei: Linking Publishing Co.,

1980.

唐君毅：《中國文化的精神價值》（台北：正中，1968）

唐君毅：《哲學概論》（台北：學生書局，1974）

唐君毅：《唐君毅全集》卷二十六《書簡》（台北：台灣學生書局，
　　　　1990）

牟宗三：《理則學》（台北：正中書局，1981）

＿＿＿：《周易的自然哲學與道德函義》（台北：文津出版社，1988）

程石泉：《文哲隨筆》（台北：先知出版社，1976）

＿＿＿：《哲學文化與時代》（台北：師範大學，1981）

＿＿＿：《中西哲學比較論叢》（台中：東海大學出版社，1980）

＿＿＿：〈華嚴與西方新神學〉（台北：《十方月刊》第一卷第一
　　　　期，民國七十一年十月）頁10-12。

＿＿＿：〈思想點滴〉（五）（十）（十二）分別刊於《十方月刊》（第
　　　　一卷八期七十二年五月）頁9-12、（二卷六期，七十三年三
　　　　月）頁10-12、（十一期七十三年八月）頁6-7。

＿＿＿：〈懷德海自然哲學中「事」與「相」〉，《中國文化月刊》，
　　　　第109期，1988年11月，頁4-17。

羅　光：《生命哲學續編》（台北：學生書局，1992）

成中英：《知識與價值——和諧、眞理與正義的探討》（台北：聯
　　　　經，1985）

唐力權：《周易與懷德海之間》（台北：黎明公司，1989）

吳　森：《比較哲學與文化》（台北：東大，1978）

郭文夫：《思想論集》（台北：全覽圖書公司，1993）

李日章：《佛學與當代自然觀》（台北：東大，1998）

葉海煙：《莊子的生命哲學》（台北：東大圖書公司，1993）

基本上，台灣有關懷德海的著述，即使未表明比較哲學，也大多涉及與易經、佛學、儒學、道家的對比，但更全面性的對比、整合與創新，仍有待未來。

其他相關參考書目

《大正藏》，第二冊（台北：新文豐出版公司，民國六十七年）

《大正藏》，第九冊（台北：新文豐出版公司，民國六十七年）

《大正藏》，第三十冊（台北：新文豐出版公司，民國六十七年）

《大正藏》，第四十六冊（台北：新文豐出版公司，民國六十七年）

洪耀勳：《哲學導論》（台北：協志出版社，1973）

洪耀勳：《西洋哲學史》（台北：中國文化大學出版部，1983）

殷海光：《殷海光先生文集》（一）（台北：桂冠，1980，二版）

楊士毅：《邏輯與人生——語言與謬誤》（台北：書林，1976）

＿＿＿＿：《語言·演繹邏輯·哲學——兼論在宗教與社會的應用》（台北：書林，1991）

＿＿＿＿：《邏輯·民主·科學——方法論導讀》（台北：書林，1991）

＿＿＿＿：《命運與人生》（台北：揚智，1996）

＿＿＿＿：《命運與姻緣》（台北：揚智，1996）

＿＿＿＿：《愛、婚姻、家庭——差異、衝突與和諧》（台北：揚智，1996）

楊惠南：《龍樹與中觀哲學》（台北：東大，1988）

吳汝均：《印度佛學的現代詮釋》（台北：文津，民國八十四年二刷）

張佛泉：《自由與人權》（台北：台菁出版社）

張巨青，吳演華：《邏輯與歷史——現代科學方法論的嬗變》（台北：淑馨，1994）

法蘭克著，謝力中譯：《科學的哲學》（台北，世界書局，民國55年5月再版）

尾山雄一著，釋依馨譯：《空入門》（台北：佛光，1996）

何伯爾（W. Hoerber）著，祁登荃譯：《哲學之科學基礎》（下冊）（台北：國立編譯館出版，大聖書局印刷，1972）

Fritz Wallner著，王榮麟、王超群合譯：《建構實在論》（*Introduction to Constructive Realism*）（台北：五南，1987）

巴涅特著，楊葆樑譯：《愛因斯坦與宇宙》（台北：廣文書局，1970）

周東川審定：《相對論的宇宙論》（台北：銀禾出版社，1984）

羅素著，譯者不詳：《西洋哲學史——其與自古至今的政治及社會環境的相關性》（上、下冊）（台北：五南出版社，1991）

F. Gilbert and Stephen R. Graubard著，李豐斌譯：《當代史學研究》（台北：明文書局，1982）

Boundas, C. V. & Olkowski, D., ed., *Gilles Deleuze and the Theater of Philosophy*（New York：Routeldge, 1994）

Bakthin, M. M., *Toward a Philosophy of the Act*（Austin: Univ. Of Texas Press, 1993）

Deleuze, Gilles, *Difference & Repetition,* trans. by Paul Patton（New York: Columbia Univ. Press, 1994）

Einstein, A., *Ideas and Opinions*（New York: Wings Books, 1954）

Feyerabend, P. K., *Against Method*（London: Verso, 1990）

＿＿＿, *Science in a Free Society*（London: New Left Books, 1978）

Feynman, R. P., *Lectures on Physics,* 2nd. ed.,（Massachusetts: Addison-Wesley Publishing Co, 1970, Reprinted by Mei-Ya Publications, Taipei, 1970）

Hoffmann, B. & Dukas, H., *Albert Einstein, Creator & Rebel*（N. Y: New American Library, 1973）

Kazin, Alfred（ed.）, The Portable Blake（New York: Viking Press, 1963）

Kuhn, T. S., *The Structure of Scientific Revolutions,* 2nd ed.（Chicago: The Univ. of Chicago Press, 1970）

Locke, J., *An Essay Concerning Human Understanding*（Oxford: at the Clarendon Press, 1975）

Mckeon, R.（ed.）*The Basic Works of Aristotle*（台北：馬陵出版社，民國六十四年）

Moore, A. W.（ed.）*Meaning and Reference*（New York: Oxford Univ., 1993）

Quine, W. V., *The Time of My Life, An Autobiography*（Cambridge, Mass: The MIT Press, 1985）p. 84.

Richtmyer, F. K., Kennard, E. H. and Cooper, John N. *Introduction to Modern Physics*（台北：豪華書局，民國59年）

Russell, B., *History of Western Philosophy, and its Connection with*

Political and Social Circumstances from the Earliest Times to the Present Day（George Allen Unwin, 1946）

Shakespeare, The Complete Works, ed. by G. B. Harrison（Harcourt, Bracf and Company, 1973）

Wu, Ta-You, *The Physical and Philosophical Nature of the Foundation of Modern Physics*（Taipei: Linking Publishing Co., 1975）

楊士毅：〈庫恩「典範」概念之分析——修正或革命〉（台北：《世新傳播學報》第二期，1992年10月，頁151-179）

_____：〈論佛學空之眞諦與中道〉宣讀於世新通識教育中心八十六學年，第四次學術討論會，87年6月3日（未出版）。

懷德海哲學入門——超越現代與後現代　　　　Cultural Map 08

著　　者／楊士毅
出 版 者／揚智文化事業股份有限公司
發 行 人／葉忠賢
執行編輯／鄭美珠
登 記 證／局版北市業字第 1117 號
地　　址／台北市新生南路三段 88 號 5 樓之 6
電　　話／(02)2366-0309　2366-0313
傳　　真／(02)2366-0310
Ｅ－ｍａｉｌ／tn605547@ms6.tisnet.net.tw
網　　址／http://www.ycrc.com.tw
郵政劃撥／14534976
戶　　名／揚智文化事業股份有限公司
印　　刷／偉勵彩色印刷股份有限公司
法律顧問／北辰著作權事務所　蕭雄淋律師
初版一刷／2001 年 1 月
Ｉ Ｓ Ｂ Ｎ ／957-818-223-6
定　　價／新台幣 380 元

國家圖書館出版品預行編目資料

懷德海哲學入門：超越現代與後現代 / 楊士毅著.
-- 初版. -- 台北市：揚智文化，2001 [民 90]
　面；　公分. -- （Cultural Map；8）
參考書目：面
ISBN　957-818-223-6（平裝）

1. 懷德海（Whitehead, Alfred North, 1861-
1947）- 學術思想 - 哲學

144.72　　　　　　　　　　　　89016165